DROEMER

Maren Urner

RAUS AUS DER EWIGEN DAUERKRISE

Mit dem Denken von morgen die Probleme von heute lösen

DROEMER

Besuchen Sie uns im Internet:
www.droemer.de

Aus Verantwortung für die Umwelt hat sich die Verlagsgruppe Droemer Knaur zu einer nachhaltigen Buchproduktion verpflichtet. Der bewusste Umgang mit unseren Ressourcen, der Schutz unseres Klimas und der Natur gehören zu unseren obersten Unternehmenszielen. Gemeinsam mit unseren Partnern und Lieferanten setzen wir uns für eine klimaneutrale Buchproduktion ein, die den Erwerb von Klimazertifikaten zur Kompensation des CO2-Ausstoßes einschließt.
Weitere Informationen finden Sie unter: www.klimaneutralerverlag.de

FSC www.fsc.org MIX Papier aus verantwortungsvollen Quellen FSC® C083411

Originalausgabe Mai 2021

Ein Imprint der Verlagsgruppe Droemer Knaur GmbH & Co. KG, München

Lektorat: Dr. Ulrike Strerath-Bolz, Friedberg
Covergestaltung: total italic, Thierry Wijnberg
Abbildungen im Innenteil von le-tex publishing services GmbH nach Maren Urner, außer S. 80 nach Hickel, J. (2020).
Satz: Adobe InDesign im Verlag
Druck und Bindung: CPI books GmbH, Leck
ISBN 978-3-426-27841-3

5 4 3 2 1

Die größte Revolution unserer Generation
ist die Entdeckung, dass menschliche Wesen die
äußeren Aspekte ihres Lebens verändern können, indem sie
die inneren Einstellungen ihres Geistes verändern.

William James,
Begründer der Psychologie (1842–1910)

Die Verlagsgruppe Droemer Knaur ist in ihrem Handeln wie in den Inhalten ihrer Bücher dem hohen Wert der Diversität verpflichtet und möchte dabei eine möglichst gute Lesbarkeit gewährleisten. Um beiden Zielen gerecht zu werden, verwendet der Text dieses Buches eine geschlechtersensible Sprache.

Inhalt

III
Raus aus der Dauerkrise. Was kann ich tun?

Warum wir immer bei uns selbst anfangen müssen

»Glaubst du, das Leben verstanden zu haben?«

Während ich meinen Koffer im Raum so platziere, dass wir nicht bei nächster Gelegenheit darüber stolpern, merke ich, dass die Frage nun den kompletten Raum erfüllt. Einen Raum, den wir vor wenigen Stunden zum ersten Mal betreten haben. Irgendwo im Nirgendwo. Irgendwo in Frankreich kurz vor der Normandie. Vielleicht genau der richtige Ort für diese Frage nach dem großen Ganzen, die mir so unerwartet in den Kopf gekommen ist und wie von selbst ihren Weg von meinen Gedanken zum ausgesprochenen Satz gefunden hat. Der Raum steht symbolisch für das Spannungsfeld, in dem wir uns gerade befinden. Hier das kleine Paradies irgendwo im Nirgendwo mit Hühnern, Ziegen, Ponys und Schotterstraße, dort draußen eine Welt in Unsicherheit angesichts einer Pandemie, die seit Monaten unser Leben in jeder Hinsicht auf den Kopf gestellt hat oder zumindest den Anschein erweckt, dies getan zu haben. Nichts auf der Welt scheint mehr, wie es mal war. Das Spannungsfeld begegnet uns auf so vielen Ebenen. Zwischen Glauben und Wissen, wenn wir das Gefühl haben, die Welt zu verstehen oder aber den Verstand zu verlieren. Zwischen Banalem und Wichtigem, wenn wir das Gefühl haben, nicht mehr hinterherzukommen, weil sich alles zu überschlagen scheint.

»Und? Glaubst du, das Leben verstanden zu haben?« Meine Begleitung lässt nicht locker.

Es gibt Momente, in denen ich das tatsächlich denke. Wenn ich den Eindruck habe, jeden Gedanken mit Blick auf die großen Fragen des Lebens nach Sinn und Unsinn durchdacht zu haben oder gar jede Gefühlslage durchlebt zu haben. Das hält exakt so lange an, bis mir ein neuer Gedanke begegnet, ich einen dieser Aha-Momente erlebe, weil ich einen Zusammenhang verstehe, der mir bis dahin unklar war. Gefühlt macht es dann laut »Plopp« in meinem Kopf, weil Groschen, Euro, Kreditkarte oder Bitcoin gefallen sind. Stelle ich mir meine Gedankenwelt wie eine riesige Rubbel-Weltkarte vor, sind das die Momente, in denen eine weitere Straße oder gar eine Verbindung zwischen zwei Orten freigerubbelt wird. Der kurze Moment der Gewissheit, es nun verstanden zu haben, hält genau bis zum nächsten »Plopp« an.

Wie schnell diese Momente aufeinander folgen, hängt davon ab, wie lange es dauert, bis ich mich erneut auf einen interessanten Diskurs einlasse, ausgelöst durch einen Gedanken, den mir eine Unterhaltung, ein Artikel oder eine Studie beschert. In jedem Fall sind diese Momente begleitet von der ernüchternden bis schmerzhaften Einsicht: *Ich weiß so wenig!* Je nach Gemütslage lautet der Gedanke in meinem Kopf dann möglicherweise auch: *Ich weiß doch gar nichts!* In diesen Momenten gewinnt das große Ganze die Oberhand über die banalen Dinge, die unseren Alltag ausmachen, und sorgt mit seiner Komplexität und Größe für ein überwältigendes Gefühl des Kontrollverlusts. Was kann *ich* kleiner Mensch auf diesem Planeten, dessen Komplexität ich niemals begreifen werde, schon tun geschweige denn beeinflussen oder verändern?

Was in solchen Momenten hilft? In diesen Momenten der schmerzhaften Ungewissheit und Überforderung? Das beste Gegenmittel zum Kontrollverlust sind meine Laufschuhe.

Wer läuft, setzt einen Fuß vor den anderen – meist kontrolliert und bestimmt. Wer läuft, ist bei sich und seinem Körper. Laufend fällt es leichter, sich den unzähligen Informationskanälen zu entziehen, die in Zeiten von Smartphone, Dauererreichbarkeit und Nachrichtentickern auf uns einprasseln. Es fällt leichter, sich zu fokussieren. Ein wenig ist Laufen das Gegenmodell zur Komplexität der blinkenden und immer schreienden Welt des 21. Jahrhunderts.

Aber auch dieses Gefühl der Kontrolle ist natürlich nur in meinem Kopf. Denn auch das Laufen verstehe ich auf zahlreichen Ebenen nicht. Angefangen bei den Vorgängen in meinem Fuß, wenn dieser gefedert durch Socken und Schuh den Waldboden berührt. Mein Verständnis ist auch hier »relativ«. Genau wie mein Smartphone, das ich zu verstehen glaube, nur weil ich verstanden habe, dass es beim Nachrichteneingang blinkt oder je nach Werks- oder von mir gewählten Einstellungen anders auf sich aufmerksam macht. Sollte ich es einmal aufschrauben und auf die Einzelteile schauen, wäre es mit dem Verständnis schnell vorbei.

Ganz abgesehen davon, dass auch das Gefühl von Sicherheit beim Laufen nur in meinem Kopf ist. Genauso wenig wie ich weiß, wie sich die geopolitische Lage im Nahen Osten in den kommenden Monaten entwickeln wird, weiß ich nicht, was hinter der nächsten Kurve auf mich wartet oder ob ich mir auf einer Wurzel den Fuß vertreten werde.

Ziemlich genau einen Monat nach dem Koffergedanken, bin ich mal wieder laufend unterwegs. Bis eben habe ich am Schreibtisch gesessen und am Manuskript für dieses Buch gearbeitet. Plötzlich und ungefragt kommt mir auf dem Rückweg wieder der Koffergedanke in den Sinn.

»Glaubst du, das Leben verstanden zu haben?«

Die letzte Kurve, kurz hinterm Waldausgang, danach geht es nur noch geradeaus. Ich mag die Frage, weil sie eine Einladung für dieses Buch sein kann. Eine Einladung, sich bewusst zu machen, dass alles im Leben in unserem Kopf – unserem Gehirn – beginnt. Und dass wir uns immer Geschichten erzählen. Angefangen bei der Geschichte einer flüchtigen Begegnung über die Geschichte unseres Lebens hin zur Geschichte von Werten wie Freiheit, Sicherheit und Frieden. Sie ist eine Einladung, ebendiese Anfänge der Geschichten, die unser Leben ausmachen, immer wieder zu suchen und dabei immer wieder zu erkennen und zu akzeptieren: Alles ist ungewiss und komplex – egal, ob es um den nächsten Schritt auf dem Waldboden, die Eindämmung einer Pandemie oder die Anpassung an die Klimakrise geht. Deshalb bleibt uns nichts anderes übrig, als einen Schritt vor den anderen zu setzen.

»Glaubst du, das Leben verstanden zu haben?«

Die Frage ist auch eine Einladung zum dynamischen Denken – was logischerweise eine Verabschiedung vom statischen Denken bedeutet. Dynamisches Denken lässt uns erkennen, dass alle Anfänge in unseren Gedanken liegen. Egal, ob diese Anfänge uns, unsere Beziehungen oder Politik und Gesellschaft betreffen. Und wenn wir eins ändern und beeinflussen können, dann sind es unsere Gedanken.

Die Unterscheidung zwischen »statischem« und »dynamischem« Denken durchzieht dieses Buch wie ein roter (oder eigentlich bunter) Faden. Im ersten Teil des Buches zeige ich, wie das statische Denken uns auf allen Ebenen – persönlich, wissenschaftlich und gesellschaftlich – in den »Krisenmodus« versetzt (hat). Im zweiten Teil beschreibe ich die Funktionsweisen unseres Gehirns, die uns dorthin gebracht haben. Im dritten Teil stelle ich das Gegenmittel vor: das dynamische Denken, das es uns ermöglicht, diesen Modus hinter uns zu lassen.

An dieser Stelle die beste Nachricht vorab: Unser Gehirn bringt zwar einige Tücken mit sich, die das statische Denken so verlockend machen. Der weitaus größere Teil unserer »wahren Natur« ist aber am dynamischen Denken interessiert – wir müssen es nur wollen.

Ausgerüstet mit dieser Erkenntnis, beginnt das dynamische Denken immer bei der Frage: Welche Rolle spiele ich gerade? Damit meine ich keine Theaterrolle, sondern die vielen Gruppen, zu denen wir häufig ganz automatisch und manchmal auch durch bewusste Entscheidungen, dazugehören – oder eben nicht. Weiblich oder männlich, Boomer oder Millennial, Sommersprossen oder keine, progressiv oder konservativ, auf dem Rad oder im Auto. In jedem Moment bin ich mit vielen unterschiedlichen Titeln auf der Stirn unterwegs. Diese Titel und Rollen gehen mit Werten, Erwartungen und Regeln einher, die wir häufig als statisch betrachten. Wir kategorisieren und ordnen zu, schließen ein und aus, ziehen Grenzen und meiden Veränderungen.

Genau wie alles andere sind auch diese Grenzen, Zuordnungen und Aufteilungen nur in unserem Kopf. Sie sind Ausdruck unseres Denkens, das uns eine Kontrolle und vermeintliche Sicherheit weismacht, die es nicht geben kann. Denn Normen, Wertvorstellungen und damit verbundene Rechte und Pflichten sind keine Naturgesetze, sondern immer menschengemacht und damit alles andere als statisch.

»Glaubst du, das Leben verstanden zu haben?«

So also soll dieses Buch beginnen. Und dann? Wie geht es dann weiter?

I

Dauerkrise?
Worum geht es wirklich?

1 Wahrnehmen, was ist

Wenn es um Antworten auf große Fragen geht, hilft als erster Schritt meist eine Bestandsaufnahme.

Also: Wo stehen wir gerade?

Klimakatastrophe, Corona-Pandemie und Vermüllung der Ozeane – täglich prasseln neue Hiobsbotschaften auf uns ein, denen wir uns häufig hilflos ausgeliefert fühlen. Die Menschheit bringt den Planeten Erde im wahrsten Sinne des Wortes an seine Grenzen: 2009 stellte eine Gruppe aus achtundzwanzig Wissenschaftlern aus den Bereichen Erdsystem- und Umweltwissenschaften neun »planetare Grenzen« auf.[1] Von diesen Belastungsgrenzen unseres Planeten waren schon damals drei überschritten. In der Folgeveröffentlichung von 2015 waren es bereits vier.[2]

Gleichzeitig stehen wir vor zahllosen alltäglichen, persönlichen Herausforderungen an uns und unser Leben, inklusive Zehntausender Entscheidungen, die von uns täglich getroffen werden wollen. Wir sind also »im Großen« und »im Kleinen« kontinuierlich überfordert. Denn längst ist aus der persönlichen Generalentschuldigung »Du, ich hab's nicht geschafft, es war einfach zu stressig!« ein Mantra geworden, das eine ganze Gesellschaft prägt, die täglich den Spagat übt. Eben weil wir ständig versuchen, eine Balance zwischen »Klar kann ich Kinder und Karriere unter einen Hut bringen!« und »Digitalem Detox- und Yogawochenende« zu finden.

Die Krise herrscht also auf allen Ebenen: persönlich, beruflich und auf der Welt sowieso. Und zwar dauerhaft und sehr wahrscheinlich für immer, mindestens aber noch sehr lange. Weder ausreichend Impfstoffe noch das Pflanzen von Millionen

Bäumen,[3] noch Bankenrettungen werden das Steuer herumreißen. Die Welt ist gefangen in der Dauerkrise.

Moment mal! Das ist doch Quatsch! Halten wir einen Moment inne und schlagen kurz nach, was das Wort »Krise« bedeutet. Die »krísis« meint im Altgriechischen ursprünglich nichts weiter als »Beurteilung«, »Entscheidung« und »Meinung«. Daraus wurde die »Zuspitzung«, die wiederum zum Verb »krínein« führte, das »trennen« und »(unter)scheiden« meint. In der deutschen Sprache kommt die Krise vom lateinischen »crisis«[4] und meint einen »Wende- oder Höhepunkt einer bis dahin kontinuierlich verlaufenden Entwicklung«[5]. Die erste Anwendung fand der Begriff Krise im Deutschen in der Medizin. Vor allem bei fieberhaften Erkrankungen beschrieb sie die »Entscheidung« oder den »Wendepunkt« und bezieht sich auf die Krankheitsphase, nach der bei gutem Verlauf die Besserung einsetzte.[6] In ihren ursprünglichen Bedeutungen ist die Krise also ein Zeitpunkt oder eine nicht besonders lang anhaltende Phase der Entscheidung mit ungewissem Ausgang: Nach der Krise kann es besser oder schlechter werden.

Erst in der heutigen Verwendung ist die Krise durchweg negativ konnotiert. Heutzutage sind Krisen bedrohlich und lösen bei den Betroffenen Unsicherheit aus. Häufig sorgen sie für Konflikte oder andere negative Folgen. Aus dem einstigen Wendepunkt mit offenem Ausgang ist ein Bedrohungszustand geworden. Der US-amerikanische Politikwissenschaftler und Fachmann für Krisenmanagement Charles F. Hermann definierte 1969 drei Zutaten für eine so verstandene Krise:[7]

1. Sie bedroht Ziele von höchster Priorität der Akteure in Entscheidungspositionen.
2. Sie kommt für die Betroffenen überraschend.
3. Sie limitiert die Zeit, die bleibt, um zu reagieren.

Aktuellere Definitionen aus der Wissenschaft haben immer eins gemeinsam: Auch wenn die genaue Dauer einer Krise, während sie herrscht, meist nicht absehbar ist, ist sie zeitlich begrenzt.[8] Mit anderen Worten: Auch wenn die Krise ihren offenen Ausgang mit möglicher Chance in unserem Sprachgebrauch irgendwo auf dem Weg ins 21. Jahrhundert verloren hat, gilt – zumindest laut aktueller Definition – weiterhin, dass Krisen ein Zeitfenster meinen, sie also einen Anfang und ein Ende haben.

So wird die vermeintliche »Dauerkrise« oder die »ewige Krise« schnell ihrer Daseinsberechtigung beraubt. Sie ist genauso unmöglich wie der tägliche Weltuntergang, der sich jeder Logik widersetzt. Spontan muss ich an das Gedicht denken, bei dem lauter Widersprüche zu einer auf den ersten Blick sinnvollen Erzählung zusammengebastelt wurden.[9] Die ersten beiden Verse bringen das trefflich auf den Punkt:

Dunkel war's, der Mond schien helle,
schneebedeckt die grüne Flur,
als ein Auto blitzeschnelle
Langsam um die Ecke fuhr.

Drinnen saßen stehend Leute,
schweigend ins Gespräch vertieft,
als ein totgeschossener Hase
auf der Sandbank Schlittschuh lief.

So in etwa verhält es sich mit der »ewigen Dauerkrise« – es kann sie genauso wenig geben wie den totgeschossenen Hasen, der auf der Sandbank Schlittschuh läuft. Statt also von »Dauerkrisen« und »Krisenmodus« zu sprechen, sollte uns bewusst werden: Was wir häufig mit Blick auf Klima-, Finanz- und Flüchtlingskrise eigentlich meinen, sind keine Krisen, sondern dauerhafte Zustände, vielleicht eingeleitet durch Wendepunkte in der Geschichte. Diesen Zuständen sind wir nicht hoffnungslos ausgeliefert – wie das Rutschen von der einen in die nächste Krise suggeriert –, sondern wir können sie aktiv mitgestalten!

Der Kernbegriff dieses ersten Teils lautet dementsprechend: ***Krise*** und die dazugehörige Kernfrage: ***Worum geht es wirklich?***

2 »It's all in your head!«

Mich als Neurowissenschaftlerin fasziniert die Frage, wie unser Gehirn Informationen verarbeitet und wie genau das unweigerlich dazu führt, dass wir die Welt alle unterschiedlich sehen und wahrnehmen. Auch wenn wir beide auf dasselbe Bild schauen, den gleichen Satz lesen oder eine Erdbeere teilen, unterscheiden sich unsere Wahrnehmungen. Immer. Genauso, wie sich unsere Erinnerung an die jeweilige Erfahrung unterscheiden wird. Sei es an den Blick auf das Bild im Pariser Louvre oder an die gemeinsame Erdbeerernte im Sommer.

Das liegt daran, dass zwei Gehirne niemals gleich sind und wir die Welt stets aufgrund unserer individuellen Biologie, Erfahrungen, Hoffnungen und Erwartungen sehen. An dieser Stelle möchte ich zum ersten (und nicht zum letzten) Mal Bezug auf das Zitat von William James nehmen, das ich diesem Buch vorangestellt habe.

Warum? Weil William James mit seiner Aussage noch einen Schritt weitergeht als mit seiner Erkenntnis, dass unser Leben nichts anderes ist als das, worauf wir unsere Aufmerksamkeit richten. Dieses Zitat habe ich übrigens meinem vorherigen Buch *Schluss mit dem täglichen Weltuntergang* vorangestellt. Darin geht es unter anderem darum, wie unsere Aufmerksamkeit zur wichtigsten Ressource des digitalisierten 21. Jahrhunderts geworden ist. Und auch darum, wie jeder Einzelne besser mit dem Dauerfeuer aus Informationen und Ablenkungsangeboten umgehen kann, wie wir also die von mir beschriebene »digitale Vermüllung unserer Gehirne« abwehren können. Es geht also vor allem um eine Bewältigungsstrategie, ein Reagieren und das dafür notwendige Rüstzeug auf gedanklicher und Verhaltensebene angesichts der Informationsflut, der wir alltäglich ausgesetzt sind.

Jetzt und im Rahmen dieses neuen Buches lade ich gemeinsam mit William James ein, (mindestens) einen Schritt weiterzugehen. Denn wenn wir begreifen, dass die »größte Revolution unserer Generation die Entdeckung [ist], dass menschliche Wesen die äußeren Aspekte ihres Lebens verändern können, indem sie die inneren Einstellungen ihres Geistes verändern«, bedeutet das: Wir können uns nicht nur »wehren«, indem wir bestimmen, worauf wir unsere Aufmerksamkeit richten, sondern wir können durch die aktive Beeinflussung unserer Gedankenwelt – also unseres Gehirns – die Welt selbst verändern.

Ein großes Versprechen, und vielleicht klingt es an dieser Stelle noch kryptisch und wenig greifbar. Es ist aber in jedem Fall die fundamentale Erkenntnis, auf der alles, was nun folgt, aufbaut.

So hat William James es auch schon vor digitalen Zeiten und Smartphone auf das beschriebene Stress-Mantra bezogen, als er feststellte: Die beste Waffe gegen Stress ist unsere Fähigkeit, einen Gedanken nach dem anderen zu wählen. Jedes Handeln und damit auch jede Lösung für eine Herausforderung beginnt also bei uns – oder besser gesagt: in unserem Kopf. Und um es nicht bei dem alten William James zu belassen, möchte ich die ugandische Luftfahrttechnik-Ingenieurin, Frauenrechtlerin und Politikerin Winnie Byanyima zitieren, die seit 2019 geschäftsführende Direktorin des Gemeinsamen Programms der Vereinten Nationen für HIV/Aids (UNAIDS) ist. Im März 2019 hat sie in einem Twitter-Post geschrieben: »Als ich jung und clever war, wollte ich die Welt verändern, jetzt, wo ich älter und weiser bin, möchte ich mich selbst verändern.«[1]

Anknüpfend an diese sehr weisen Worte mache ich einen praktischen Vorschlag: Wir müssen nicht erst alt sein oder werden, um diese Erkenntnis zu verstehen und anwenden zu können, sondern wir können sie in jedem Alter und jetzt sofort nutzen. Stärker noch: Wenn wir verstehen und akzeptieren, dass »alles in unserem Kopf« beginnt, ist plötzlich vieles möglich. Im Englischen bringt es der Ausdruck »It's all in your head!« gut auf den Punkt. Dabei wird der Ausdruck manchmal fast vorwurfsvoll benutzt, wenn jemand einer übermäßigen Vorstellungskraft beschuldigt wird, die wenig mit der Realität zu tun zu haben scheint. Mit Ausrufungszeichen und mahnendem Unterton klingt das »It's all in your head!« dann wie eine Zurechtweisung, verbunden mit dem gut gemeinten Rat, die eigene Welt zu verlassen und »zurück zur Realität« zu kommen. Was aber unmöglich ist, weil wir immer in unserem Kopf und unserer Welt »gefangen« sind.

Doch was, wenn wir das nicht länger als Einschränkung, sondern als Gewinn sehen? Was, wenn wir begreifen: Wir haben es im Hirn und damit in der Hand – egal, ob es um die Frage geht, worauf wir unsere Aufmerksamkeit richten und somit wie wir unsere Zeit verbringen, oder ob es um unsere Zufriedenheit, die anderer Menschen oder gar unsere gemeinsame Zukunft auf diesem Planeten geht?

Denn egal, wen oder was wir ändern, verbessern oder gar retten wollen: Die Veränderung und die Rettung beginnt bei uns. Genauer gesagt, beginnt sie bei jeder einzelnen Entscheidung, die jeder Einzelne von uns trifft. Welche Dinge dabei eine Rolle spielen und worauf wir bei unseren Entscheidungen achten können, zeigen uns zahlreiche Erkenntnisse aus den Neurowissenschaften und der Psychologie – vor allem der Positiven Psychologie, die sich im Gegensatz zur traditionellen Psychologie viel mehr mit positiven Aspekten wie Glück, Vertrauen und Solidarität beschäftigt. Die zentrale Frage ist dabei, unter welchen Bedingungen Menschen ein gutes und zufriedenstellendes Leben führen.[2] Statt also wie in der traditionellen Psychologie Faktoren ausfindig zu machen, die uns ängstlich und krank machen, geht es bei der Positiven Psychologie im Kern darum,

Faktoren zu identifizieren, die glückliche und gesunde Menschen auszeichnen.

Eine der wichtigsten Erkenntnisse zahlreicher Forschungsarbeiten aus diesem Bereich mit Blick auf die Frage, wann wir gute Entscheidungen treffen, lässt sich in etwa so zusammenfassen: Stress, Angst und das Gefühl von Machtlosigkeit sind keine guten Berater. Wenn wir uns hingegen sicher, befähigt und gut fühlen, sind wir sehr viel besser in der Lage, clevere und weise Entscheidungen zu treffen. Es sind ebendiese Gefühle, die uns lösungs- und zukunftsorientiert denken und handeln lassen. Außerdem fällt es uns leichter, Gewohnheiten zu entwickeln, die uns befähigen und helfen, mutig zu sein. Der Clou besteht darin, dass die wissenschaftlichen Ergebnisse immer wieder eins bestätigen: Die »richtigen« Entscheidungen machen im Kleinen, also bezogen auf die klassischen »Ich-Themen« von Gesundheit bis Geld, nicht nur jeden Einzelnen von uns zum glücklicheren und gesünderen Individuum, sondern beeinflussen gleichzeitig auch unser Umfeld und unsere Umwelt positiv. Jackpot sozusagen. Oder anders ausgedrückt: Wäre dies ein Businessbuch und der beschriebene Zusammenhang eine dort behandelte Fallstudie, würde das Urteil lauten: »win-win«!

Doch bevor wir uns nun alle entspannt zurücklehnen und auf die Erlösung warten, kommt hier die »schlechte Nachricht«: Was wir aktuell sowohl im Kleinen als auch im Großen je nach Wetter- oder Krisenlage häufig bis meistens machen, gleicht eher dem Gegenteil und würde im Businessbuch als Paradebeispiel für »lose-lose« – also beiderseitiger Verlust – geführt.

Kein Thema, sondern eine Methode (zu denken und zu leben)

Wichtige Zwischenerkenntnis ist also: Es geht hier nicht um ein *Thema,* sondern um eine *Methode.* Und weil sich unser Gehirn Geschichten besser merken kann als Fakten oder einfache Aussagen, vielleicht hier kurz die Einbettung der Zwischenerkenntnis in die Geschichte meiner »Weisheit«. Ich hatte im Sommer 2019 im Fernsehen über mein erstes Buch gesprochen und erhielt daraufhin Anfragen aus den unterschiedlichsten Richtungen. Bis dahin hatte ich meinen Schwerpunkt vor allem im Journalismus und in der Bildung gesehen, hatte Redaktionen, Konferenzen und Bildungseinrichtungen besucht, um über den aus meiner Sicht notwendigen Wandel im Journalismus zu sprechen. Hin zu einer konstruktiven und lösungsorientierten Berichterstattung, wie ich sie mit dem von mir mitgegründeten Online-Magazin *Perspective Daily* praktiziere. Nun klopften plötzlich Vertreter aus Politik und Wirtschaft an meine Tür. Verbände, Stiftungen, Nichtregierungsorganisationen und sogar der DFB fragten Vorträge, Workshops und Seminare an. Als ich schließlich auch noch eine Einladung vom Bundespräsidenten erhielt, erreichte – neben der Freude darüber – meine Verwirrung ihren Höhepunkt, und ich fühlte mich zugegebenermaßen auch ein wenig überfordert angesichts der vielen Entscheidungen, die so viele Menschen auf einmal von mir erwarteten. Vor allem beschäftigte mich aber die Frage: »Wo ist die Verbindung in dieser bunten Mischung aus Anfragen?«

Erst als ich meine Verwirrung in einem Gespräch zum Ausdruck brachte, machte es – mal wieder – »Plopp« in meinem Kopf: »Du hast kein Thema, sondern eine Methode. Und die kann potenziell jeder nutzen!« Als mir die anscheinend »globale« Anwendbarkeit meiner Überlegungen und meiner sich weiter entwickelnden Arbeit klar wurde, begann ich die Struktur eines zweiten Buches zu skizzieren.

Die darauffolgenden Monate waren davon geprägt, dass ich ebendiese Struktur immer wieder hinterfragte, anpasste und mehr als einmal davor stand, alles über Bord werfen zu wollen, da mir das Ausmaß meiner Thesen zu groß erschien. An manchen Abenden, die auf Tage voll thematischer Pingpongspiele in meinem Kopf folgten, lag ich frustriert im Bett, weil mein Gehirn nicht zur Ruhe kommen wollte. Das war doch alles eine Nummer zu groß! Fast bockig dachte ich: »Sollen sich doch andere damit beschäftigen! Ich habe auch mit meiner bisherigen Arbeit genügend zu tun.« Der mühselige Prozess und der damit verbundene Versuch, aus einem Netzwerk von Gedanken, Ideen und Konzepten einen linearen Verlauf zu stricken, den ich aufschreiben kann, führte mir ironischerweise ganz häufig auf der Metaebene die erste zentrale Erkenntnis des Buches vor Augen: »It's all in your head!« – »Alles nur in deinem Kopf!«

Es geht also darum, uns selbst besser zu verstehen. Lange bevor das mit Hilfe von Neurowissenschaften und Positiver Psychologie erforscht wurde, hatten das schon die alten Griechen erkannt. Sie nannten es »Gnothi seauton – Erkenne dich selbst« Damit einher ging für sie die Aufforderung »gut zu leben« was natürlich einer weiteren Definition bedarf.

Der erste Schritt, um aus der vermeintlichen »ewigen Dauerkrise« zu kommen, ist also getan, wenn wir erkennen, dass wir in unserem Kopf beginnen müssen.

Das gelingt am besten, wenn wir uns fokussieren und sämtliche Ablenkungen, die um uns herum so viel und häufig vorhanden sind, ignorieren beziehungsweise sie erst gar nicht wahrnehmen. Wer ein Smartphone besitzt und täglich nutzt, weiß, wie schwierig es sein kann, sich dem Blinken, Vibrieren und Pingen, dem ständigen digitalen Geschrei zu entziehen. Den Fokus zu finden fällt uns so schwer, weil unser Gehirn sich so herrlich gern ablenken lässt – in Zeiten von Säbelzahntiger und Mammut eine gute bis überlebenswichtige Eigenschaft. Denn hätten wir weiter konzentriert auf die mathematischen

Gleichungen gestarrt oder unsere Aufmerksamkeit kompromisslos auf den neuesten Roman gerichtet, wäre das im Angesicht des Raubtiers vor unserer Nase potenziell das Letzte gewesen, was wir jemals getan hätten.

Die Herausforderung ist mir als Neurowissenschaftlerin wie auch als Mensch, der sich selbst ständig mit diversen Ablenkungen konfrontiert sieht, bewusst und bekannt. Dennoch bin ich nicht nur aufgrund der weisen Worte von Winnie Byanyima und William James davon überzeugt, dass wir bei uns selbst beginnen *müssen,* wenn es darum geht, die Welt besser zu verstehen und vielleicht sogar positiv zu beeinflussen. Und so beginne ich mit dem zentralen Begriff der »Krise« genau dort: auf der persönlichen und individuellen Ebene.

3 Die »persönliche Krise«

Vor einigen Jahren – manche mögen sagen, »früher« – sprachen wir im Zusammenhang mit persönlichen Krisen häufig von der Midlife Crisis. Diese »Krise in der Mitte des Lebens« trifft vor allem Männer irgendwo zwischen vierzig und fünfzig. Vielleicht kaufen sich die hadernden Herren dann einen Sportwagen oder zumindest ein dickes Motorrad, haben eine Affäre mit einer viel zu jungen Frau oder sprechen wiederholt davon, nun endlich ihren Lebenstraum wahr werden zu lassen, endlich den richtigen Weg zu gehen und mit gesellschaftlichen Erwartungshaltungen zu brechen.

Ja, das ist natürlich eine sehr klischeebehaftete Zusammenfassung. Doch sie zeigt: Die »Midlife Crisis« passt in die eigentliche Bedeutung des Begriffs Krise, weil sie einen Wendepunkt darstellt, der je nach Individuum ein paar Wochen, einige Monate oder wenige Jahre umfassen kann.

Was wir dagegen aktuell beobachten, ist der inflationäre Gebrauch des Begriffs der Krise mit Bezug auf die persönliche Ebene. Es scheint, als rauschten viele Menschen von der einen Sinnkrise in die nächste. Irgendwo zwischen Karriere, Kindern und Kochkurs suchen Menschen in der zivilisierten, aufgeklärten Welt täglich oder wenigstens am Wochenende nach dem oder einem Sinn. Die einen versuchen es mit Spaß, die anderen mit Selbstkasteiung. Vom Büro direkt in die Boulderhalle inklusive Feierabendbier und Feierlaune oder alternativ mit dem Tesla ins Schweigeretreat, zum ayurvedischen Yogawochenende, Räucherstäbchengeruch und Mantrasingen inklusive. Die einen zählen Kalorien und berechnen die Differenz aus den aufgenommenen und den verbrauchten Energieeinheiten. Sie betreiben Selbstoptimierung oder gar Selbstkasteiung. Früher stellten sie sich morgens und abends auf die Waage im Badezimmer, heute sind sie vielleicht Mitglied der Quantified-Self-Bewegung. Während bis vor wenigen Jahren das ständige Messen und Auswerten möglichst vieler personenbezogener Daten chronisch Kranken und Spitzensportlern vorbehalten war, ist die Vermessung des Selbst längst zu einer internationalen Bewegung geworden. Dank Fitnessarmbändern und Self-Tracking-Apps versammeln sich in knapp zweihundert Quantified-Self-Gruppen knapp hunderttausend Menschen weltweit regelmäßig, um sich auszutauschen.[1]

Die anderen wollen frei und selbstbestimmt sein oder sich zumindest so fühlen. Da passen weder Ernährungsampeln noch Tempolimit in den (Speise)Plan. Sie suchen den Sinn vielleicht in Grenzerfahrungen, im Besonderen, im nächsten Adrenalinkick, der nie lange allzu lange auf sich warten lassen sollte.

Natürlich ist auch diese Beschreibung eher eine Zeichnung der Extreme. Dennoch kann sich wohl jeder irgendwo dazwischen (und in einzelnen Erfahrungen vielleicht auch bei den Extremen) wiederfinden.

Die wichtige Frage, die sich hinter der Sinn- und Seinskrisen versteckt, ist ja: Wonach suchen wir alle? Oder anders formuliert: ***Worum geht es wirklich?*** Diese letzte Frage wird hier noch öfter vorkommen, sie ist für diesen ersten Teil des Buchs von zentraler Bedeutung.

Auf der Suche nach dem Glück

Beginnen wir also ganz naiv, uns einer möglichen Antwort auf die große Frage nach dem Sinn anzunähern. Abgesehen von konkreten Zielen, die $eine jede im Leben vielleicht verfolgt, sollen ebendiese Ziele am Ende des Tages ja dazu führen, dass wir uns gut fühlen. Manche nennen es zufrieden, andere glücklich. So wird Glück oft als ein kurzfristiger Zustand beschrieben, der nur möglich ist, gerade weil wir nicht dauerhaft glücklich sein können. Vergleichbar mit der Erkenntnis, dass wir die Dunkelheit kennen müssen, um Licht wahrnehmen zu können. Dagegen meinen Wissenschaftler, die sich ernsthaft mit der Thematik beschäftigen, mit »Zufriedenheit« oder auch dem »subjektiven Wohlbefinden« weniger einen akuten Zustand als einen messbaren langfristigen Daseinszustand, der natürlich gewissen Schwankungen unterworfen ist. Anders formuliert: Ein zufriedener Mensch durchlebt neben Glücksmomenten auch Phasen von Trauer, Angst und anderen negativen Emotionen.

Im Englischen gibt es ähnlich verschiedene Auslegungen des mittlerweile fast eingedeutschten Begriffs »Happiness«. Wann sind wir »happy«? Ist die »Happiness«, die der US-amerikanische Musiker Pharell Williams in seinem preisgekrönten Song »Happy« besingt, die gleiche, die Menschen in Berlin am 9. November 1989 beim Fall der Berliner Mauer und des Eisernen Vorhangs fühlten? Mal sind Momente wie eine Achterbahnfahrt, ein berufliches Erfolgserlebnis oder ein schöner Tag am Strand gemeint. In anderen Zusammenhängen meint »Happiness« eher das allgemeine Wohlbefinden, das anhand verschiedener Kriterien gemessen wird.

Seit Jahrtausenden diskutieren Gelehrte und Philosophen darüber, was Glück ausmacht und was es wirklich ist. So sind sich Wissenschaftler mittlerweile vor allem darin einig, uneins zu sein – agree to disagree heißt die klingende englische Formulierung –, wenn es darum geht, eine Glücksdefinition zu finden. Auch wenn in der Wissenschaft je nach Forschungsfrage und Disziplin teilweise noch unterschiedliche Begrifflichkeiten genutzt werden, haben sich die Philosophen und Gelehrten im Großen und Ganzen auf vier verschiedene Formen des »Glücks« geeinigt, die sich wiederum wissenschaftlich untersuchen lassen. Hier also ein kleiner Abstecher in die Philosophie der Erforschung des Glücks im 21. Jahrhundert anhand der vier möglichen Auffassungen von »Glück«:

Hedonistisches Glück

Der Geschmack von Schokolade, Wein und Gourmet-Menü, der Siegestreffer der Lieblingsmannschaft oder die liebevolle Umarmung. Das sind die Momente, die wir vielleicht am ehesten als »Glücksmomente« oder auch Vergnügen beschreiben würden und um die es beim hedonistischen Glück geht. Stellen wir uns unseren aktuellen Gefühlszustand als eine Waage vor, bei der auf der einen Seite alle positiven und auf der anderen Seite sämtliche negativen Gefühle liegen, dann meint »Vergnügen« die Momente, in denen die Waagschale mit den positiven Emotionen schwerer ist als die mit den negativen.

Können wir uns ein Leben lang gut fühlen und vergnügt sein? Nein! Und da kommt Glück Nummer zwei ins Spiel.

Lebenszufriedenheit

Die Lebenszufriedenheit meint die Bilanz, die wir ziehen – egal ob auf dem Sterbebett oder zu jedem beliebigen Zeitpunkt im Leben. Auch wenn sie nicht ganz unabhängig vom hedonistischen Glück ist (dazu gleich mehr), messen wir mit Blick auf die eigene Lebenszufriedenheit mehr als die Summe aller Schokoladen- oder Glücksmomente. Stärker noch: Wir können uns gerade vor Schmerzen winden und trotzdem eine hohe Lebenszufriedenheit haben. Mit anderen Worten: Unsere Lebenszufriedenheit, die wir ganz intuitiv bewerten können, ist nicht zwangsläufig davon abhängig, wie vergnügt wir unser Leben verbringen. Diese mögliche Diskrepanz und die damit verbundene Frage nach dem »guten Leben« bringt uns zu Glück Nummer drei.

Eudaimonie

Die Idee vom guten (»eu«) Geist (»daimon«) steckt in der Vorstellung der Eudaimonie. Das Konzept geht auf den griechischen Universalgelehrten Aristoteles zurück, wird manchmal auch als »Glückseligkeit« übersetzt und meint die ethisch-moralische Grundvorstellung, dass der Mensch nach einem wertvollen Leben strebt. Im Vergleich zur subjektiven Lebenszufriedenheit lässt sich diese Glücksdefinition sehr viel besser anhand von Kriterien in den unterschiedlichen Lebensbereichen wie Arbeit, soziale Kontakte und Gesundheit messen. Statt Menschen zu fragen: »Wie zufrieden bist du mit deiner Berufswahl, deinem sozialen Leben, deiner Gesundheit …?«, werden hierbei von außen einsehbare Faktoren wie beruflicher Erfolg, soziale Eingebundenheit und gesundheitliche Kennzahlen gemessen. Bezogen auf ein Beispiel aus der Gesundheit: Statt den Nachwuchs zu fragen, ob er sich fit genug fühlt, um zur Schule zu gehen, können wir auch einfach das Fieberthermometer nutzen, um ein objektives Entscheidungskriterium für oder gegen den Schulbesuch zu erheben.

Gerade diese Vergleichbarkeit macht den Ansatz attraktiv für wissenschaftliche Studien, bringt aber auch einen riesigen Nachteil mit sich: Geht es nicht beim »Glück« gerade darum, dass es für jeden etwas Unterschiedliches bedeuten kann? Wir haben nicht alle die gleiche Lieblingsschokolade. Und auch wenn es mir unvorstellbar erscheint, soll es sogar Menschen geben, die *keine* Schokolade mögen – oder zumindest die Chipstüte der Schokolade vorziehen. Unsere Individualität bei der Vorstellung vom »guten Leben« liefert die Grundlage für die vierte und letzte Glücksdefinition.

Erfüllung

Die Kernfrage hier lautet: Habe ich bekommen, was ich möchte? Genau wie bei der Eudaimonie können Wissenschaftler eine

Antwort auf diese Frage anhand objektiver Messungen geben. Im Unterschied zur Eudaimonie erfolgt der Abgleich dessen, was ich bekommen habe, aber nicht vor dem Hintergrund einer allgemeinen Definition, was Glück(seligkeit) ausmacht, sondern mit meinen subjektiven Wünschen. Sprich, der Schokofreund und die Chipsliebhaberin können in gleichem Maße »glücklich« sein, obwohl sie auf unterschiedlichem Weg dorthin gekommen sind. Gefühle und das genaue Ausmaß an Vergnügen spielen bei dieser Messung keine Rolle, da es nur um einen Vergleich von Wunsch – Was will ich? – und Wirklichkeit – Was habe ich bekommen? – geht. Damit liegt auf der Hand, dass diese Art der Glücksdefinition vor allem bei Ökonomen sehr beliebt ist.

Wie ich bereits bei der Erklärung zur Lebenszufriedenheit angedeutet habe, zeigen aktuelle Forschungsergebnisse aus der Glücksforschung, dass beim Einzelnen nicht alle vier Arten von »Happiness« gleich ausgeprägt sind.

Das zeigen beispielsweise die Ergebnisse einer der führenden Psychologinnen weltweit, die sich seit Jahrzehnten mit der Glücksthematik beschäftigt, der US-Amerikanerin Sonja Lyubomirsky: »Stellen Sie sich eine Sozialarbeiterin vor, die ihren Job sehr bedeutungsvoll findet und sich nichts anderes vom Leben wünscht, als anderen Menschen zu helfen. Gleichzeitig sieht sie sich täglich mit Ungerechtigkeit und Verzweiflung konfrontiert – Situationen, die sie selten fröhlich stimmen.«[2]

Sehr wahrscheinlich schneidet die beschriebene Sozialarbeiterin auf der hedonistischen Glücksskala eher schlecht ab, während sie nach den drei anderen Definitionen als »glücklich« gelten würde. Sie mag zufrieden mit ihrem Leben sein, einhergehend mit der Überzeugung, ein Leben gemäß ihren Wertvorstellungen zu leben und ihre Lebensziele erreicht zu haben. Aktuelle Forschungsergebnisse von Sonja Lyubomirsky und Kollegen deuten darauf hin, dass die unterschiedlichen Arten von Glück sich nur zu circa 50 Prozent überlappen. Wenn wir also die Lebenszufriedenheit einer Person kennen, haben wir lediglich 50 Prozent der Informationen, die wir benötigen, um einzuschätzen, wie die Person auf den anderen Glücksskalen abschneidet. Die meisten Menschen scheinen laut Umfragen Glück am ehesten mit Lebenszufriedenheit – also Definition Nummer zwei – gleichzusetzen.

Unabhängig davon, was wir genau meinen, wenn wir über Glück sprechen, was mein Glück vielleicht von dem anderer Menschen unterscheidet und was es mit ihnen verbindet, ist unser Streben nach Glück vor allem eins: universell. Vielleicht ist der Wunsch nach dem »glücklichen Leben« gar das Einzige, was alle Menschen miteinander verbindet. Wissenschaftliche Einordnungen hin oder her, fest steht: Wir Menschen wollen glücklich sein.

Nicht nur der Dalai-Lama verkündet freimütig: »Der Sinn unserer Existenz besteht genau darin, nach Glück zu streben.«[3] Auch die Ergebnisse zahlreicher Studien definieren »Happiness« als eines der Hauptziele des menschlichen Daseins über kulturelle Grenzen hinweg.[4]

Unabhängig von Nationalität und politischer Einstellung sind wir auf der Suche nach dem ganz persönlichen Glück – für den einen mag es ein »einfaches Leben« im Zelt oder Tiny House sein, für die andere das Leben in Saus und Braus mit Villa und Dinnerpartys. Noch mal: *Wie* das Glück für jede Einzelne aussehen mag beziehungsweise welche Vorstellung sie davon hat, ist individuell. Universell ist lediglich der Wunsch danach, das Glück zu erreichen. Universell scheint übrigens auch der elterliche Wunsch für das Glück der eigenen Kinder. So zeigt eine Studie mit mehr als zehntausend Teilnehmern aus achtundvierzig Ländern verteilt auf sechs Kontinente, dass sich Eltern auf der ganzen Welt wünschen, ihre Kinder mögen glücklich sein.[5]

Die Folgefrage lautet also: Wie kommen wir dahin – zu diesem glücklichen Leben? Die Kurzantwort: Anders, als wir häufig bis immer vermuten!

Wir wissen (häufig) nicht, was uns glücklich macht und was wir wirklich wollen

Die etwas längere Antwort beginnt mit einer weiteren Frage. Und die Antwort auf diese Folgefrage offenbart uns, wie sehr wir möglicherweise selbst in dem bereits erwähnten »statischen Denken« gefangen sind.
Die Frage lautet: Was ist das Schlimmste, was einem Menschen passieren kann, und was das größte Glück?
Damit es nicht zu schwierig wird, gibt es genau zwei Antwortmöglichkeiten, die den beiden Aussagen zugeordnet werden müssen:

1. Eine große Geldsumme im Lotto gewinnen.
2. In einem brennenden Geländewagen fast zu Tode kommen.

Die Frage ist keine Scherz- oder Trickfrage, sondern Auftakt zu einer kleinen Entdeckungsreise raus aus der »persönlichen Krise« hin zum »glücklichen Leben«. Gleichzeitig ist die richtige Antwort nicht nur wissenschaftlich begründbar, sondern auch die Geschichte von zwei Männern, deren Leben unterschiedlicher nicht sein könnte beziehungsweise war. Denn einer von beiden ist bereits tot.

Die Geschichte des Texaners Billie Bob Harrell klingt zunächst wie ein mittelprächtiger TV-Spielfilm. Hart arbeitender Familienvater mit drei Kindern im Teenageralter hofft mit dem zweimal pro Woche ausgefüllten Lottoschein auf die Erlösung aus der finanziellen Notlage, dem Job im Baumarkt und dem Gefühl, seiner Frau und seinen Kindern nicht zu genügen. Im Juni 1997 konnten seine Frau und er ihr Glück zunächst nicht fassen: 31 Millionen US-Dollar! Das war der Gewinn, den der Lottoschein von Billie Bob Harrell der Familie bescherte. Dann ging alles sehr schnell, und in den kommenden zwanzig Monaten wurde das Leben des Texaners nach einer kurzen Phase der

Unbeschwertheit zur Tragödie inklusive Scheidung, Depression und weiterer negativer gesundheitlicher Folgen.

Kurz vor seinem Tod gestand Billie Bob Harrell einem seiner Finanzberater: »Dieser Lottogewinn ist das Schlimmste, was mir jemals passiert ist.«[6] Wenig später schloss er sich in einem der Schlafzimmer seines eleganten Holzhauses ein und war an dem Punkt angekommen, an dem er kein Zurück mehr sah. Er zog sich aus, presste den Lauf einer Schrotflinte gegen seine Brust und drückte ab.

Der zweite Mann ist Jose Rene Martinez. Im Alter von neunzehn Jahren erlebt der junge US-amerikanische Soldat, Sohn einer Einwanderin aus El Salvador, während des Irakkriegs zum ersten Mal einen Kampfeinsatz. Zwei Monate nach seiner Ankunft im Mittleren Osten trifft ein Vorderreifen seines mit Sprengstoffen beladenen Geländewagens eine Sprengfalle. Die darauf folgende Explosion befördert seine drei Mitfahrer aus dem Wagen. »Ich dachte, mein Leben sei vorbei«, beschreibt Jose Rene Martinez die Zeit allein im brennenden Wagen. Bis er gerettet wird, atmet der junge Mann sehr viel Rauch ein, und 34 Prozent seines Körpers erleiden schwere Verbrennungen. Es folgen knapp drei Jahre im Krankenhaus. Während dieser Zeit wird der junge Mann über dreißig Mal operiert. Mit plastischer Chirurgie und Hauttransplantationen werden seine Verbrennungen behandelt – die Narben bleiben.

Aber »Narben sind wie Tattoos mit besseren Geschichten«. Das ist der Slogan, der Besucher seiner Website des mittlerweile siebenunddreißigjährigen Schauspielers, Autors, Models, Moderators und Vortagsredners empfängt.[7] Dazu ein Foto eines sichtlich gebrandmarkten Mannes im grauen Hemd, eine Hand am Kinn, der lachend pure Lebensfreude ausstrahlt. Er ist verheiratet und lebt mit seiner Familie in Austin, Texas. Danach gefragt, ob er den Lauf seines Lebens ändern würde, wenn er könnte, hat Jose Rene Martinez eine klare Antwort: »Nein, ich würde nichts ändern. Es war ein Geschenk.« Damit meint er die

Verbrennungen, die vierunddreißig Monate im Krankenhaus im jungen Erwachsenenalter und einen Körper voller Narben.

Wie kann das sein? Auch wenn meine Darstellung bis hierhin anekdotischer Natur ist, widersprechen die Lebensläufe der beiden Männer wohl sehr deutlich der allgemein verbreiteten Vorstellung vom »Glück« und einem »guten Leben«. Allerdings stelle ich auch oder gleichzeitig fest: Wenn ich mich an Gespräche mit und Geschichten von Menschen erinnere, die mir als besonders lebensbejahende Individuen im Gedächtnis geblieben sind, dann sind das meistens Menschen, die es von außen betrachtet besonders schwer haben. Vielleicht leben sie mit einer Krebsdiagnose oder sind an einer anderen möglicherweise tödlichen Krankheit erkrankt, vielleicht haben sie Erfahrungen gemacht, bei denen sie knapp dem Tod entkommen sind. Vielleicht werden sie bis an ihr Lebensende in medizinischer Behandlung sein. Vielleicht haben sie ihnen wichtige Menschen unerwartet und plötzlich verloren.

Nicht nur einmal habe ich mir angesichts dieser Beobachtung die Frage gestellt: Müssen wir erst etwas sehr Schlimmes erleben, um zu erkennen, worum es im Leben »wirklich geht«? Helfen uns derartige Grenzerfahrungen möglicherweise dabei, zu erkennen, was uns wirklich »glücklich und zufrieden« macht? Brauchen wir »Krisen«, um zu erkennen, was wir verlieren können? Die zugrunde liegende Frage ist also auch verbunden mit dem großen Thema der Gewohnheiten beziehungsweise dem Gegenteil davon: dem Ändern von Verhalten und Altbekanntem. Denn gerade angesichts bedrohlicher Situationen wie Pandemien und Klimanotstand stellt sich die Frage: Change by design or desaster? Also: Verändern wir uns und unser Leben erst, wenn die Katastrophe schon da ist (»by desaster«), oder sind wir in der Lage, das Schlimmste abzuwenden, indem wir rechtzeitig und präventiv handeln (»by design«)? Auf persönlicher Ebene kann das beispielsweise den Unterschied zwischen Fettleibigkeit inklusive zahlreicher gesundheitlicher Folgen und einer rechtzeitigen Ernährungs-, Bewegungs- und Lebensumstellung bedeuten. Die Summe dieser Veränderungen kann dann verhindern, dass wir nicht nur nicht fettleibig werden, sondern auch insgesamt unser Risiko nicht erhöhen, an anderen Leiden zu erkranken. Denn der Risikofaktor »Übergewicht« ist sehr gut erforscht.[8]

Mit Blick auf Lebensgeschichten wie die von Jose Rene Martinez sprechen nicht nur Psychologen auch viel über Resilienz. Also über die Sammlung an Faktoren, die uns angesichts von Herausforderungen, Krisen und negativen Erfahrungen widerstandsfähig machen. Gerade in der Stressforschung ist das Thema der Resilienz beliebt. Zahlreiche Wissenschaftler erforschen, wie sehr wir Resilienz beispielsweise erlernen und trainieren können.[9] Ähnlich wie beim Ausdauer- oder Krafttraining untersuchen sie, was uns widerstandsfähiger macht. Dabei habe ich zeitweise das Gefühl, dass Resilienz zu einer Art Soft Skill oder gar Muskel gemacht wird, den wir trainieren sollten, um im stressigen Arbeitsalltag bestehen zu können und den Krisen unserer Zeit gegenüber gewappnet zu sein. Ein wenig wie die Tatsache, dass Technologieunternehmen im Silicon Valley ihren Mitarbeitern Yogakurse, Biomüsli und Entspannungsräume anbieten. Denn irgendwie hinterlassen die Bemühungen seitens der großzügigen Arbeitgeber am Ende eines langen Arbeitstages doch einen faden Beigeschmack. Geht es bei morgendlichen Sonnengrüßen, Hafermilch und Instrumentalmusik vielleicht doch nicht primär um das Wohlbefinden von Programmiererinnen, Projektmanagern und Designern, sondern in erster Linie um die Maximierung ihrer Arbeitsleistung?

Doch ganz abseits von Fragen zu Resilienz, Arbeitsmoral und Optimierung(swahn), geht es mir hier um die vermeintlich banale Frage: Erkennen wir den Wert des (eigenen) Lebens und der oftmals als »kleine Dinge« bezeichneten Freuden erst, wenn wir es oder sie fast verloren haben? Die Frage ist verwandt mit dem oft beschriebenen und besungenen Gedanken, dass wir den wahren Wert von etwas oft erst dann erkennen, wenn wir es verloren haben oder zumindest eine Zeit lang vermissen. Sei es die Beziehung zu einem uns wichtigen Menschen, das Dach über dem Kopf oder fließend warmes Wasser.

Depressive Studierende

Laurie Santos hält einen ungewöhnlichen Rekord: Die US-amerikanische Kognitionswissenschaftlerin und Psychologieprofessorin hat den erfolgreichsten Kurs in der mehr als dreihundertjährigen Geschichte der renommierten Yale University in den USA ins Leben gerufen. Im Frühjahr 2018 wurde ihre Vorlesung »Psychologie 157« von circa einem Viertel aller Bachelorstudierenden besucht. Der Titel der neu angebotenen Vorlesung: »Psychology and the Good Life«. Die Erfolgsgeschichte beginnt wenig spektakulär mit Laurie Santos' Tätigkeit als Mentorin eines der Colleges an der Universität. Die Mentoren wohnen gemeinsam mit den Studierenden auf dem Campus, und so verbringt die junge Kognitionswissenschaftlerin viel Zeit mit den Studierenden. Dabei stellt sie schnell vor allem eins fest: Die Studierenden um sie herum scheinen viel unglücklicher, als sie und ihre Kommilitonen noch vor wenigen Jahren in der gleichen Lebensphase waren. Ihr Eindruck deckt sich mit den Daten und aktuellen Entwicklungen zur mentalen Gesundheit der Studierenden, die sich in den vergangenen Jahren massiv verändert hat. Die halbjährlich erhobenen Daten unter den Studierenden in den USA malen nämlich ein düsteres Bild:[10] Im Frühjahr 2019 gaben knapp 60 Prozent aller Studierenden an, dass sie innerhalb des vergangenen Jahres das Gefühl hatten, dass »die Dinge hoffnungslos seien«. Knapp 70 Prozent fühlten sich in den vergangenen zwölf Monaten einsam, 30 Prozent davon innerhalb der letzten Wochen. Mit Blick auf Fragen nach Erschöpfung und Überforderung sind die Zahlen noch höher. 85 Prozent fühlten sich innerhalb des letzten Jahres erschöpft (aus anderen Gründen als körperlicher Betätigung), knapp 50 Prozent gaben an, dass sie sich so schlecht fühlten, dass sie es »schwierig finden, zu funktionieren«. Knapp 90 Prozent stimmten der Aussage zu: »Ich fühle mich überfordert von dem, was ich alles zu tun habe.« Für mehr als die Hälfte galt das mit Blick auf die letzten zwei Wochen.

Auch wenn es keine so umfassenden und regelmäßigen Daten für Deutschland gibt, zeigen einzelne Untersuchungen vergleichbare Ergebnisse. Die größte Angst und Quelle von Stress der Studierenden hierzulande: Versagens- und Zukunftsängste.[11]

Als Laurie Santos ihre Beobachtungen zur mentalen Gesundheit der Studierenden einer der weltweit renommiertesten Universitäten mit Blick auf die nationalen Statistiken bestätigt sieht, wird sie traurig. Sie will sich nicht damit zufriedengeben, dass der mentale Zustand der Studierenden sich seit ihrer Zeit als Studentin so verschlechtert hat. Die letzte Zahl, die sie aufwühlt: 11,3 Prozent. Das ist der Anteil der Studierenden, der angab, in den vergangenen zwölf Monaten ernsthaft über Suizid nachgedacht zu haben. Die Zahl stammt aus den Umfragedaten vom Frühjahr 2018.[12] Die zuvor genannten Zahlen habe ich dem aktuelleren Bericht aus dem Frühjahr 2019 entnommen, und mit einem leichten Grummeln in der Magengegend scrolle ich zu der Stelle im halbjährlichen Bericht, an der die Zahlen zum Suizid aufgelistet sind. 14,4 Prozent. Also ist auch der Anteil junger, neugieriger Menschen gestiegen, die ernsthaft darüber nachdenken, sich das Leben zu nehmen. Das Gleiche gilt für die Zahl derer, die tatsächlich den Versuch einer Selbsttötung unternommen haben. Bei sämtlichen Angaben fällt auf: Die Zahlen sind bei den weiblichen Befragten höher als bei den männlichen. Das kann – wie immer bei Fragebogen – nicht nur tatsächlichen Unterschieden, sondern auch sogenannten Störfaktoren geschuldet sein. Dazu gehört zum Beispiel die sogenannte soziale Erwünschtheit, die den Einfluss von gesellschaftlichen und individuellen Erwartungshaltungen auf das Antwortverhalten von Befragten meint. So scheuen männliche Studierende eher davor zurück, Sorgen, Ängste und Unsicherheiten in Fragebogen anzugeben. Schließlich gehören sie zum »starken Geschlecht«. Oder anders gesagt: »Männer weinen nicht.« Immer noch nicht.

Laurie Santos ist traurig und auch ein wenig verwirrt: Wie kann es sein, dass es so viele Dinge gibt, die uns glücklich machen, und diese jungen Menschen, die das Privileg haben, teilweise an den renommiertesten Universitäten der Welt zu studieren, sind so unglücklich und hoffnungslos? Klar ist ja auch: Die »persönliche Krise« betrifft nicht nur Studierende, nicht nur junge Menschen, sondern zieht sich durch alle Alters- und Bevölkerungsschichten. Die Ursachen dafür werden aktuell fleißig erforscht. Eins ist dabei bereits seit einiger Zeit gut belegt – manche nennen es die Pandemie der Einsamkeit. Denn egal ob vermeintlicher Einzelgänger oder introvertierte Künstlerin: Wir sind soziale Wesen und brauchen andere Menschen. Was das genau bedeutet und wie wir »da wieder rauskommen«, beschreibe ich im dritten Teil des Buches, wenn es darum geht, wie wir im Kleinen und Großen unsere »wahre Natur« nicht nur erkennen, sondern auch nutzen.

Genau das nahm sich jedenfalls Laurie Santos vor, als sie beschloss, etwas gegen die Unzufriedenheit und Ängste der Studierenden an der Yale University zu tun. »Ich bin Professorin. Also kann ich den Studierenden auch einen Kurs zur Glücksforschung anbieten. Vielleicht kann ich so ihr Wohlbefinden steigern.« Gesagt, getan. Die Kognitionswissenschaftlerin arbeitete sich durch Studien und Forschungsberichte zur Glücksforschung, stellte ihren Kurs »Psychology and the good life« als Wahlfach ins Studienprogramm, und die Uni reservierte einen kleinen Raum für den Kurs. Doch statt der erwarteten dreißig bis vierzig Studierenden standen mehr als tausend Studierende und wenig später auch Kamerateams und Journalisten aus aller Welt vor der Tür. Als hätten sie nur darauf gewartet, dass jemand kommt, der sagt: »Hey, es muss so nicht sein – du musst dich nicht einsam, hoffnungs- und hilflos fühlen!«

Laurie Santos begriff: Die Studierenden *wollen* sich nicht gestresst und ängstlich fühlen. »Die Studierenden stimmen mit den Füßen ab. Die Wissenschaft liefert bereits die Antworten auf die Frage, was wir tun können, um glücklicher zu sein. Doch die Menschen kennen diese Antworten nicht.«

Stimmt das? Ist die Lösung so einfach und am Ende nur ein Bildungsproblem? Müssen wir nur die entsprechenden Informationen und Erkenntnisse aus der Psychologie und verwandten Disziplinen »publik« machen, und alles wird gut? Nein! So einfach ist die Sache natürlich nicht, und das weiß Laurie Santos als Kognitionswissenschaftlerin selbst nur zu gut. Schließlich beschäftigte sie sich, bevor sie in die Tiefen der Glücksforschung eintauchte, intensiv mit den kognitiven Tücken – sogenannten Biases –, die wir alle haben und die uns alles andere als »objektiv« und »neutral« denken und handeln lassen.

Ich selbst spreche in diesem Zusammenhang immer gern – mit liebevollem Unterton – von unserem Steinzeithirn als Quelle ebendieser Tücken. Das ist kein Fehler der Natur, sondern schlichtweg ein Anpassungsproblem, denn unser Gehirn ist für eine andere Umgebung optimiert als die, in der wir aktuell leben. Seit der Steinzeit hat sich an seiner grundsätzlichen Funktionsweise kaum etwas verändert. Das Gegenteil ist der Fall, wenn wir die Lebensumgebung unserer Vor-Vor-Vorfahren mit der heutigen vergleichen. In den Straßen der Städte und Dörfer des 21. Jahrhunderts müssen wir uns weder vor akuten Gefahren wie Säbelzahntigern oder Mitgliedern feindlicher Stämme hüten, noch müssen wir angesichts von »Food to go« an jeder Ecke gegen die nächste Hungerzeit mit ausreichend Kalorien vorsorgen. Die Parallele zu ihrer bisherigen Arbeit erkannte Laurie Santos schnell: Es geht immer um Entscheidungen. Ist mein Gegenüber Freund oder Feind? Esse ich Muffin und Chips oder Obst und Salat? Um die kleinen und großen Entscheidungen zu verstehen und vielleicht sogar »bewusster« oder »besser« zu treffen, müssen wir einen Schritt vorher ansetzen: bei unseren Vorstellungen vom guten Leben. Denn dort liegen wir – wie bei so vielen anderen Selbsteinschätzungen – meistens falsch. Die doppelte Herausforderung dabei auf den Punkt gebracht hat der US-amerikanische Journalist und Autor David McRaney in seinem Podcast »You are not so smart« (also in etwa: »Du bist nicht so clever«), als er ein Gespräch mit Laurie Santos führte: »Wir wissen nicht, was uns glücklich machen würde. Aber wir wissen nicht, dass wir das nicht wissen. Das allein wäre ein kontrollierbares Problem. Allerdings glauben wir auch zu wissen, was uns glücklich machen würde.«[13] Schuld an dieser Misere ist natürlich ein weiteres Mal unser Steinzeithirn. Oder besser gesagt: einige seiner Funktionsweisen, die uns zunächst zurückbringen zur traurigen Geschichte von Billie Bob Harrell.

Der unglückliche Millionär

Billie Bob Harrell glaubte, wenn er genügend Geld habe, würde er nicht nur Herr seiner Probleme werden, sondern endlich auch ein glückliches Leben führen. Er würde endlich den Wünschen und Ansprüchen seiner Frau und seiner Kinder genügen, würde sich das leisten können, wonach ihm ist, und sorgenfrei alt werden.

Mit dieser Vorstellung ist beziehungsweise war der Texaner alles andere als allein. Ohne an dieser Stelle Begriffe wie Markt, Kapitalismus und Leistungsgesellschaft bemühen zu wollen: Diese Vorstellung ist grundlegend für das Funktionieren der Gesellschaft, in der die meisten von uns leben. Runtergebrochen lässt sich der Gedanke ungefähr so zusammenfassen: Die meisten Probleme lassen sich mit Geld und der damit verbundenen

Macht beseitigen oder zumindest verkleinern. Das denkt sich der arbeitslose, alleinerziehende Vater, der seinen Kindern endlich mal wieder einen Kurzurlaub spendieren möchte, das denkt die junge Auszubildende, die seit Jahren auf ein eigenes Auto spart, das denkt sich das junge Paar, das soeben die erste Rate des Kredits für die Doppelhaushälfte gezahlt hat. Und das denkt eben auch die Multimilliardärin. Denn unsere Vorstellung von »noch ein wenig mehr, dann habe ich es geschafft« kennt im wahrsten Sinne des Wortes keine Grenzen und ist so der perfekte Motor für den Gedanken, immer »noch ein wenig mehr« zu wollen. Und für das entsprechende Handeln.

Einer, der wie wohl wenige andere diese Tatsache in seiner täglichen Arbeit widergespiegelt bekommt, ist der US-Amerikaner Clay Cockrell. Er arbeitet mit den wohlhabendsten Menschen dieser Welt zusammen, dem »1 Prozent des obersten 1 Prozent«. Nicht etwa als Vermögensberater oder Immobilienmakler, sondern als Therapeut. Das können viele Menschen nicht nachvollziehen. Ich gebe zu: Mir ging es ähnlich. Als ich den Therapeuten das erste Mal in einem Podcast über seine besondere »Klientel« reden hörte, war mein erster Gedanke so etwas wie: »Haben wir nicht wirklich andere Sorgen, als die Crème de la Crème bei ihren Sorgen zu unterstützen – und uns dafür gut bezahlen zu lassen?« Lernt er neue Menschen kennen und spricht über seine Arbeit, stößt das nicht selten auf Unverständnis: Wozu in aller Welt brauchen Menschen, die alles und noch viel mehr haben, Rat von einem Therapeuten? Man kann seine Zeit auch sinnvoller verbringen, als dem wohlhabendsten einen Prozent bei seinen Luxusproblemen zu helfen. Na ja, sicher zahlen die gut. Aufgrund meiner und solcher Reaktionen spricht Clay Cockrell nicht mehr gern über seine Arbeit, wenn er neue Bekanntschaften macht. Denn neben Verwunderung schwingt in den ersten Reaktionen seiner Gegenüber häufig auch eine gute Portion Verachtung mit – das erzählt er im Podcast sehr offen, und ich zwang mich, meine erste Reaktion kurz beiseitezulegen, um weiter zuzuhören. Diese Entscheidung sollte ich nicht bereuen, denn Clay Cockrells Erfahrungen mit seinen Klienten, die er im weiteren Verlauf schilderte, offenbaren den vielleicht wichtigsten Grund für unsere »persönliche Krise«.

Um das zu verstehen, müssen wir uns zunächst fragen: Woher rührt die Verachtung in den Reaktionen? Der Therapeut hat eine klare Antwort: »Die breite Öffentlichkeit ist der Überzeugung, dass sie eine gewisse Menge an Problemen hat, die sich mit Geld lösen lassen würden. Und sie haben diesen Glauben, dass Geld dabei hilft, ihre Probleme loszuwerden. Wenn sie dann erfahren, dass dort draußen jemand ist, der viel Geld besitzt und noch immer Probleme hat, zerstört das diese Fantasie.«[14] Das entscheidende Wort hier lautet natürlich *Fantasie*. Unsere Vorstellung, Geld löse unsere Probleme, ist nicht nur ein Motor für unser Denken und Handeln im 21. Jahrhundert, sondern gleichzeitig auch eine der grundlegendsten Säulen unseres statischen Denkens. Getrieben von dieser Vorstellung, arbeiten wir noch ein wenig härter, um am Ende des Monats noch ein wenig mehr Geld auf dem Konto zu haben – nur noch ein wenig mehr, dann haben wir es geschafft. Wenn Clay Cockrell von den Sorgen und Ängsten der Superreichen berichtet, beraubt er seine Zuhörer dieser Fantasie. Und was passiert, wenn wir einer grundlegenden Vorstellung darüber, wie die Welt und unser Leben funktionieren, beraubt werden? Es entsteht eine Leerstelle, ein wackeliges Fundament. Sind wir im statischen Denken gefangen, werden wir das nicht zulassen – und reagieren im Falle von Clay Cockrell zum Beispiel mit Unverständnis oder beschimpfen die 1 Prozent der 1 Prozent als undankbar. »Deren Sorgen möchte ich haben!«

Oder aber wir sind bereit, unsere Fantasie und Vorstellungen zu hinterfragen und uns dem dynamischen Denken zu öffnen. Zunächst aber bleiben wir bei den Antworten und Reaktionen, die aus dem statischen Denken herrühren. Sie alle entstehen aus einem grundlegenden Gefühl, das den Obdachlosen mit der

Milliardärin verbindet: Angst. Angst davor, nicht genug zu haben, zu leisten oder das Erreichte zu verlieren. Angst davor, nicht zu genügen. Angst vor der Unsicherheit. Dazu gehört auch die Unsicherheit, die entsteht, wenn wir Fantasien als solche erkennen. Denn dann müssen wir die Leerstelle füllen.

Wie sehr uns die »Noch-ein-wenig-mehr-Fantasie« treibt, zeigen zahlreiche Studienergebnisse, die sich mit der Frage beschäftigen: Wie viel Geld braucht der Mensch? Bei der Beantwortung dieser Frage wird häufig eine Studie beziehungsweise eine Zahl zitiert: 75 000 US-Dollar. Das sei das jährliche Haushaltseinkommen, ab dem mehr Geld uns nicht mehr glücklicher mache, konstatierten der israelische Psychologe und Wirtschaftswissenschaftler Daniel Kahneman und der britisch-amerikanische Wirtschaftswissenschaftler Angus Deaton in ihrer viel beachteten Studie von 2010.[15] Eine neue Studie vom Januar 2021 des US-amerikanischen Psychologen und Glücksforschers Matthew Killingsworth, die methodisch deutlich besser Glück und Zufriedenheit misst, widerlegt die Annahme eines Schwellenwerts, ab dem mehr Geld nicht mehr Lebenszufriedenheit bedeutet.[16] Mit anderen Worten: Im Schnitt steigt die Lebenszufriedenheit auch nach einem jährlichen Haushaltseinkommen von 75 000 US-Dollar weiter an. Aber – und nun folgt ein großes Aber – dieser Anstieg ist verschwindend gering. Ohne mich nun in statistischen Feinheiten und Vergleichen zu verlieren, lasse ich einfach den Autor selbst sprechen. Seine Ergebnisse kommentierend sagt er: »Es ist wohl eher so, dass Menschen die Rolle von Geld überschätzen, wenn sie darüber nachdenken, wie gut ihr Leben läuft.«[17] Tatsächlich zeigen uns sämtliche Studien zu der Thematik immer wieder: Geld allein macht weder sorgenfrei noch glücklich. Dennoch halten wir weiter am Mantra des »noch ein bisschen mehr, dann ist es genug« fest. Ein wenig wie der sprichwörtliche Lolly, den wir als Kind nicht hergeben wollten, bestimmt die Geld-gleich-Glück-Fantasie unser Leben jeden Tag aufs Neue. Das Mantra, das wir uns seit einigen Jahrzehnten erzählen, hat sich fest in unsere Gehirne eingebrannt und ist zum Soundtrack des Hamsterrades geworden. Als Wissenschaftler 2016 ihre Probanden fragten: »Wie viel Geld brauchst du wirklich, um glücklich zu sein? Also: Welches Einkommensniveau benötigst du, um nicht noch mehr zu benötigen?«, war das Ergebnis eindeutig. Diejenigen, die aktuell 30 000 US-Dollar Jahreseinkommen hatten, antworteten: »Ich bräuchte 50 000!« Diejenigen, die bereits 100 000 US-Dollar pro Jahr verdienten, gaben an, 200 000 US-Dollar zu benötigen, um »wirklich glücklich zu sein«.[18]

Was mit höherem Einkommen sehr wohl weiter zunimmt und in der Grafik nicht zu sehen ist: der Anteil der Befragten, der sein eigenes Leben positiv einschätzt. Dafür verantwortlich ist ein Mix aus Gründen. Habe ich viel Geld, wird zum einen von mir erwartet, dass ich mein Leben »positiver« evaluiere als jemand, der weniger materiellen Wohlstand hat. Wir müssen nur an die empörten Reaktionen auf Clay Cockrells Geschäftsidee denken. Soziale Erwünschtheit kann also eine Rolle bei den Ergebnissen spielen. Dann ist da natürlich noch die Geld-macht-glücklich-Fantasie. Stelle ich mit Blick auf meinen Kontostand fest, dass ich zu den reichsten (rein materiell gesehen) Menschen des Landes gehöre, dann habe ich es geschafft und »muss« zwangsläufig glücklicher sein als der Rest. Sonst verpufft meine Fantasie.

In jedem Fall untermauern die Ergebnisse die bereits zitierte Erkenntnis des Journalisten David McRaney, der so treffend auf den Punkt gebracht hat, dass wir nicht wissen, was uns glücklich macht, und fatalerweise davon ausgehen, es eben doch zu wissen. Genau diese verzwickte Situation spiegelt sich in den beiden unterschiedlichen Ergebnissen zum Einfluss von Geld auf das hedonistische Glück und unsere Einschätzung der eigenen Lebenszufriedenheit. Die persönliche »Krise« inklusive Hamsterrad ist fast garantiert. Das Bild des Hamsters im Laufrad passt auch deshalb so gut, weil es das statische Denken mit integriert. Aus dem Rad »auszusteigen« und damit das statische Denken zu überwinden, ist nicht einfach, weil ich im Rad stets die nächste Stange oder Leiste vor mir sehe, die es zu erklimmen gilt. Anhalten ist keine Option. Den Blick statt nach vorn vielleicht einmal vorsichtig nach links oder rechts zu wenden, bringt mich vom Ziel ab und vielleicht sogar ins Wanken.

Mit Blick auf die »persönliche Krise« könnte ein Zwischenfazit also ungefähr so lauten: Bis zu einem gewissen Grad macht Geld tatsächlich glücklich(er). Vor allem, wenn es um unsere Grundbedürfnisse wie Nahrung und ein Dach über dem Kopf geht. Sind die abgedeckt und haben wir genug Hirnkapazität frei, um uns nicht um die nächste Mahlzeit, die nächste Miete oder die Finanzierung des nächsten Geburtstagsausflugs zu sorgen, dann steigert mehr Geld weder unsere positiven Gefühle, noch sorgt es für weniger Stress oder kleinere Sorgen. Die Millionärinnen und Milliardäre dieser Welt haben am Ende des Tages die gleichen Ängste wie die Geringverdienerin und der Sozialhilfeempfänger.

Schlimmer noch: Vielleicht sind ihre Ängste sogar größer. Denn genau wie der Zusammenhang zwischen Geld und Glück nicht linear wächst, kann unser Glück mit mehr »Zeug« aus einem einfachen Grund nicht nur nicht unendlich wachsen, sondern auch zu mehr Sorgen führen. Ich kann mich noch sehr gut an den Tag erinnern, an dem ich meine erste Kamera erworben hatte – damals noch analog. Monatelang hatte ich gespart, kam stolz nach Hause und schälte sie unter fast zeremoniellen Vorsichtsmaßnahmen wie einen Schatz aus den Verpackungslagen des Kartons. Viele Stunden verbrachte ich mit dem neuen Gegenstand, drinnen und draußen. Dann zählte ich die Tage, die für die Entwicklung der Filmrolle gebraucht wurden, kehrte mit dem entsprechenden Papierschnipsel zur lokalen Drogeriekette zurück, um ein wenig aufgeregt die entwickelten Bilder durchzuschauen und gegebenenfalls einige unscharfe oder doppelte Aufnahmen zurückzulassen. Was dann passierte, wissen wir alle: Es folgten weitere Kameras, die sicherlich auch für Freude sorgten (und ich besaß maximal zwei parallel), aber eben weniger intensiv. Es folgte die Umstellung auf die Digitalfotografie, die im Smartphone gipfelte. Im Jahr 2021 schauen wir die meisten Aufnahmen oder »Klicks« wenn überhaupt nur direkt im Anschluss noch mal an. Je mehr Bilder, desto weniger ist jedes einzelne wert. Und desto weniger Zeit haben wir für jedes einzelne. Bei Fotos mag es fast trivial erscheinen. Doch bezogen auf größere Gegenstände und Besitztümer wie Kameras oder gar Häuser ist klar: Je mehr wir besitzen, desto weniger Zeit bleibt für jedes einzelne Ding, das wir besitzen. Denn kein Geld der Welt kann aus einem Vierundzwanzig-Stunden-Tag einen Achtundzwanzig-Stunden-Tag machen, der den reichten Menschen mehr Zeit für all ihre Besitztümer gäbe. Genau dieser Zeit-Notstand kann zu Stress und damit verbundenen Ängsten führen, denen der Therapeut Clay Cockrell bei seiner täglichen Arbeit mit den Kunden aus dem 1 Prozent des obersten 1 Prozent begegnet. Er beschreibt es so: »Diese Menschen sind zutiefst unglücklich. Sie sind unglaublich einsam und fühlen sich verloren.« Denn sie laufen weiter im Hamsterrad. Statt der 100 000 Euro oder US-Dollar pro Jahr mehr sind es dann eben Millionenbeträge. Gleichzeitig verstehen sie die Welt nicht mehr. Schließlich haben sie gemäß der Geld-gleich-Glück-Fantasie doch »alles richtig gemacht«, indem sie riesige Geldsummen angehäuft haben, deren schieres Ausmaß die Vorstellungskraft unseres Gehirns überschreitet. Sie gehören finanziell zu den erfolgreichsten Menschen überhaupt und sind dennoch unglücklich. Manche fühlen sich schuldig, andere undankbar. »Noch ein bisschen mehr, dann wird sicher alles gut!« Und auch wenn sie von außen betrachtet alle Privilegien haben, die wir uns vorstellen können, laufen sie weiter und kommen nicht an. Denn was die Kunden von Clay Cockrell auch verbindet, ist eine tiefe Einsamkeit. Sie gehören nirgends dazu.

So berichtet ein Klient des Therapeuten von seinen Erlebnissen im Fitnessstudio. Er habe sich dort angemeldet, um »ganz normale« soziale Kontakte zu bekommen. Doch während seine Tennis- und Squashpartner vom wöchentlichen Ausflug ins neue Restaurant der Stadt berichten, hat er am Wochenende seinen Privatjet genutzt, um den neuen Wein eines Restaurants in Paris zu testen. Natürlich gehört er nicht dazu, weil er in den Augen seiner Sportpartner abgehoben und weltfremd ist. Also aus den 500 Millionen eine Milliarde machen, um in der »nächst höheren« Liga mitspielen zu können? So absurd es klingen mag – das Hamsterrad dreht sich weiter. Und die Einsamkeit wird zum Alltag. Clay Cockrell fasst die traurige Endlosschleife seiner Kunden so zusammen: »Sie sind auf der Suche nach dem Glück. Ich verstehe, dass mir das die Menschen nicht abnehmen. Für mich war es auch schwierig, darüber nachzudenken. Aber nachdem ich in dieser Welt unterwegs war und mit den Superreichen gearbeitet habe, verstehe ich es: Geld wird dir kein Glück erkaufen. Also sei vorsichtig mit deinen Wünschen, sie könnten in Erfüllung gehen.«

Hier schließt sich der Kreis der Frage nach dem Glück, und unweigerlich landen wir wieder bei der Erkenntnis: Wir wissen nicht, dass wir nicht wissen, was uns glücklich machen würde.

Woran liegt es also, dass wir so schlecht darin sind, zu beurteilen, was uns »wirklich« glücklich macht? Haben wir es verlernt oder ist das Ganze gar ein »Fehler der Natur«? Letzteres halte ich für ausgeschlossen, da es gegen jede Logik der Evolution und des Überlebens sprechen würde. Zur ersten Vermutung: Ich spreche ungern darüber, dass wir möglicherweise etwas »verlernt« hätten. Häufig begegnen mir Aussagen wie: »Wir haben verlernt, uns zu konzentrieren«, oder: »Wir haben verlernt, uns zu entspannen.« Als Neurowissenschaftlerin finde ich es schwierig, von Verlernen zu sprechen, weil ich mich automatisch frage: Haben wir es jemals »gelernt«? Und warum und wie sollten wir es »verlernt« haben? Für beide Theorien gilt: Die Antwort ist nicht schwarz-weiß. Oder anders formuliert: Es gibt

Menschen, die verstanden haben, dass Zeit eben nicht Geld ist. Was meine ich damit? In einer groß angelegten Studie mit mehr als viereinhalbtausend Probanden haben 2016 drei US-amerikanische Wissenschaftler zeigen können, dass Menschen, denen mehr Zeit wichtiger ist als die Akkumulation von persönlichem Reichtum, durchschnittlich zufriedener mit ihrem eigenen Leben sind als Menschen, die Reichtum stärker gewichten.[19] Es gibt also durchaus Menschen, die entgegen aller Werbeversprechen und der Omnipräsenz der Geld-macht-glücklich-Fantasie in unserem Alltag zumindest in gewissem Maße »verstanden« haben, was ihnen wirklich guttut. Möglicherweise leben sie sogar danach!

Mein Erklärungsversuch auf die Frage, warum wir so schlecht darin sind, zu wissen, was uns glücklich macht, bietet eine dritte Antwortmöglichkeit und lautet in Kurzform in etwa so: Wir konzentrieren uns in einigen Kulturen – inklusive der sogenannten westlichen Kultur – zu sehr auf bestimmte Mechanismen und Funktionsweisen unseres Gehirns, die nur einen kleinen Teil unseres Denkapparats ausmachen. So haben wir ganze gesellschaftliche Strukturen entwickelt, die Denkmuster und Verhaltensweisen stärken, die uns langfristig schaden, sowohl auf individueller als auch auf gesellschaftlicher Ebene. Welche Funktionsweisen das genau sind? Darum geht es im zweiten Teil des Buches. Um aber zunächst den Aspekt der »persönlichen Krise« und unserer verzweifelten Glückssuche abzuschließen, möchte ich kurz drei Fehlvorstellungen nennen, die uns bei der Suche nach dem Glück so oft im Wege stehen.

Drei Irrtümer bei der Suche nach dem Glück

Erstens und anknüpfend an das Hamsterrad und die Geld-gleich-Glück-Fantasie, ist Geld am Ende des Tages nicht nur ein leeres Glücksversprechen, sondern scheint sogar das Gegenteil zu bewirken. Wir kennen sie alle, die Vorstellung, dass Geld dafür sorgt, dass wir die kleinen Freuden im Leben weniger genießen – und hier ist vielleicht am ehesten der Ausdruck des »Verlernens« angebracht. Zum ersten Mal wissenschaftlich belegt hat die Idee, dass Geld den Zugang zu den kleinen Freuden im Leben erschwert oder gar verwehrt, ein internationales Forscherteam im Jahr 2010.[20] Der katalanische Verhaltensforscher Jordi Quoidbach und seine Kollegen konnten zeigen, dass wohlhabendere Menschen tatsächlich weniger in der Lage sind, die kleinen Freuden des Alltags – angefangen bei einem Stück Schokolade – zu genießen. Je wohlhabender ihre Probanden, desto geringer ihre Fähigkeit, alltägliche positive Erfahrungen zu würdigen. Im nächsten Schritt wollten die Wissenschaftler untersuchen, ob ein kausaler, also ursächlicher, Zusammenhang zwischen »mehr Geld« und »weniger Freude an den kleinen Dingen« besteht. Die Ergebnisse sprechen für sich: Hatten die Probanden im Vorfeld Bilder von Stapeln aus Geldscheinen gezeigt bekommen, dann fanden sie weniger Freude an einem Stück Schokolade als diejenigen, die lediglich verpixelte Bilder gezeigt bekommen hatten. Mit anderen Worten: Ein Zugang zu den vermeintlich besten Dingen im Leben wie der Spritztour mit Privatjet zur Pariser Weinprobe verschlechtert unsere Fähigkeit, die kleinen Freuden des Lebens zu genießen.

Der zweite Irrtum besteht in der Vorstellung, Glück sei eine Insel. Also ein Ort oder Ziel, an dem wir – einmal dort angekommen – für immer verweilen können. Der US-amerikanische Psychologe Daniel Gilbert und Autor des Bestsellers *Ins Glück stolpern*[21] erklärt es so: »Beim Glück geht es nicht um die Intensität der Erfahrungen, die wir machen, sondern um die Frequenz.« Stärker noch: »Happily ever after – also glücklich bis ans Ende aller Tage – funktioniert nur, wenn wir noch drei Minuten zu leben haben.«

Anknüpfend daran, greift Nicholas Epley, US-amerikanischer Sozialpsychologe und Verhaltensforscher, unseren dritten Irrtum bei der Glückssuche auf: Es geht nicht um die Intensität, sondern um die Frequenz. Der Forscher vergleicht unser Glücks- und Zufriedenheitsempfinden mit einem löchrigen Reifen, der immer wieder aufgepumpt werden muss, damit ihm nicht die Luft ausgeht. So seien die kleinen Freuden im Alltag die Luftpumpe des eigenen Glücksempfindens. Ich möchte noch einen Schritt weitergehen und den Vergleich mit sämtlichen anderen biologischen Funktionen ziehen: Wir können ja auch nicht einmal tief atmen, um dann nie wieder atmen zu müssen, oder so viel essen oder trinken, dass wir bis ans Lebensende ausgesorgt haben. Vielleicht ein wenig unromantisch und entmystifizierend ausgedrückt, sind Glück und Zufriedenheit – egal, wie wir sie messen – auf neurowissenschaftlicher und biologischer Ebene eben nichts weiter als eine von vielen Körperfunktionen, die uns am Leben halten.

All das bringt mich zurück zu den hoffnungslosen Studierenden, die nicht symbolisch, sondern beispielhaft für die »persönliche Krise« unserer Zeit stehen. Wie kann es sein, dass sich in wenigen Jahren der mentale Zustand der jungen Menschen so verschlechtert hat? Diese Frage stellte sich nicht nur Laurie Santos, als sie ihren Job als Mentorin an der Yale University begann und den Kurs zum »Glücklichsein« entwickelte, sondern Wissenschaftlerinnen, Ärzte und Psychologen weltweit. Auf der Suche nach einer Antwort müssen wir nicht nur über die Frage nach dem Glück sprechen, sondern vielleicht noch größer denken und bei der alles überspannenden Frage nach dem Sinn ansetzen.

Das Gefühl von Bedeutungslosigkeit

»Glaubst du, das Leben verstanden zu haben?« Da ist sie wieder, die Frage, die nach dem Banalen und dem Wichtigen fragt. Denn wenn ich annehme, das Leben verstanden zu haben, sollte ich auch in der Lage sein, eine Antwort auf die Sinnfrage geben zu können – ganz egal, wie diese ausfällt.

Die Frage nach einem möglichen Lebenssinn ist wohl so alt wie die Menschheit und philosophischer Natur. Eine Überprüfung der Frage »Ist das Leben sinnvoll?« lässt sich kaum anhand von Daten durchführen. Anders aber die Frage nach einem sinnvollen oder bedeutsamen Leben. Dabei geht es um die Dinge, die Menschen am Sterbebett – insofern sie die Gelegenheit dazu haben – bereuen oder schätzen.[22] Die Dinge, die sie rückblickend auf ihre Lebenszeit als wertvoll beziehungsweise wertlos betrachten. Vielleicht auch die ein oder andere Offenbarung gegenüber den Nahestehenden oder sich selbst. Im Gegensatz zur übergeordneten Frage nach dem Sinn können wir die Frage nach dem, was ein sinnvolles Leben ausmacht, anhand von Daten untersuchen. Genau das haben die beiden Sozialpsychologen Vlad Costin und Vivian Vignoles in einer aktuellen Studie getan.[23] Ihr wichtigstes Ergebnis: Nach dem Sinn im Leben befragt, war der wichtigste Aspekt für die meisten Menschen das Gefühl, von Bedeutung zu sein. Was bedeutet das? »Mattering« also »von Bedeutung sein« meint die Erfahrungen, die einen besonderen Wert und Geltung für uns haben. Sie sind das Gegenteil von flüchtigen und beiläufigen Erfahrungen und Momenten, die häufig unseren Alltag bestimmen. Bedeutung bekommen wir dann, wenn wir das Gefühl haben, dass unser Verhalten einen Unterschied macht und das Leben es wert ist, gelebt zu werden. Die wohl wichtigste Komponente des psychologischen Konstrukts von »Mattering«: Es bezieht sich auf unser Gefühl, dass *wir* von Bedeutung sind.

Genau dieses Gefühl von Bedeutung fehlt vielen jungen Menschen aktuell – oder umgekehrt formuliert: Sie fühlen sich bedeutungslos. Bei einer US-amerikanischen Umfrage von 2019 stimmten der Aussage »Mein Leben ist von Bedeutung« lediglich 36 Prozent der Achtzehn- bis Neunundzwanzigjährigen zu. Bei den Menschen über fünfundsechzig war der Anteil mit 59 Prozent am größten.[24]

Warum das alles mehr als eine philosophisch angehauchte Debatte für Intellektuelle ist, zeigt der Blick auf einen weiteren wichtigen Zusammenhang. Zahlreiche Studien zeigen: Wer sein Leben als bedeutsam betrachtet, lebt im Durchschnitt gesünder. Er oder sie bewegt sich mehr, ernährt sich gesünder und – hier schließt sich der Kreis zu den unglücklichen Studierenden – ist generell zufriedener mit dem eigenen Leben, inklusive niedrigerer Inzidenzen von Depression. Auch hier scheint wieder der Umkehrschluss zu gelten: Menschen, die sich bedeutungslos fühlen, sind häufiger depressiv, haben öfter Angststörungen und begehen mit erhöhter Wahrscheinlichkeit Selbstmord. Liegt die »persönliche Krise« also darin begründet, dass viele Menschen eine »Bedeutungskrise« erfahren?

Eine Bedeutungskrise, weil wir zu oft und zu sehr der Geld-gleich-Glück-Fantasie frönen? Weil wir nicht wissen, was wir eigentlich wollen und brauchen? Obwohl wir längst wissen, dass wir Bedeutung vor allem dann verspüren, wenn wir Menschen, die uns wichtig sind, beeinflussen. Obwohl längst gut erforscht ist, wie sehr ebendieses Gefühl mit Blick auf den eigenen Nachwuchs Eltern verändert, weil sie täglich erleben, was sie »hinterlassen«. Sie erfahren, was »wirklich zählt«, wenn sie ihre Kinder aufwachsen, lachen und weinen sehen. Erste Studienergebnisse zeigen, dass wir uns besonders bedeutungsvoll fühlen, wenn wir über die Belanglosigkeiten dieser Welt und die Exklusivität unseres Eigeninteresses hinauswachsen. Also dann, wenn wir unsere häufig vielfältigen Rollen im sozialen und gesellschaftlichen Geflecht, in dem wir leben, anerkennen und wertschätzen. Es gibt also einen Weg aus der »Krise der Bedeutung«. Ohne zu viel verraten zu wollen, wird es auch darum im dritten Teil des Buches gehen. Dort werden wir wie angekündigt das statische Denken gegen das dynamische austauschen, um besser in der Lage zu sein, den sehr viel größeren Teil unserer »wahren Natur« zu erkennen, der in unserer vermeintlich modernen Kultur häufig verkannt wird.

Denn wir wissen nicht, was wir wollen

Die »persönliche Krise« ist also mehr als der Spagat zwischen Spaß und Selbstkasteiung, zwischen Dauererreichbarkeit und digitalem Detox, zwischen Freiheit und Freizeitstress. Sie ist eine fundamentale Seinsfrage.

»Forschungsergebnisse der letzten Jahrzehnte haben uns immer wieder gezeigt, dass unsere Institutionen, unsere Vorhersagen darüber, was wir anstreben sollten und was wir vermeiden sollten, um glücklich zu werden, sehr oft sehr falsch sind. Als Individuen und Gesellschaften entwickeln wir also Lebenspläne, Institutionen und Umgebungen für uns selbst und andere, die uns vom Glücklichsein abhalten.« So nüchtern und treffend fasst der bereits erwähnte Autor und Journalist David McRaney den Status quo zusammen.

So kommen wir von der persönlichen Ebene und der Frage nach »Glück und Zufriedenheit« ganz schnell zu einer gesellschaftlichen und politischen Ebene. Denn fragen wir Menschen, was das »gute Leben« für sie ausmacht und was sie sich wünschen, antworten sie basierend auf dem, was sie häufig irrtümlich *denken* zu wollen. Egal, ob es um Ernährung, Bildungseinrichtungen und Stadtplanung geht. Werden die geäußerten Wünsche umgesetzt – zum Beispiel in Form von breiten Straßen, die dafür sorgen, dass Pendler noch mehr Zeit in Staus verbringen –, sind die Befragten überraschenderweise unzufrieden und unglücklich. Wir können diesem Teufelskreis, der uns persönlich und gesellschaftlich einkesselt, nur entkommen, indem wir die Ebene dazwischen betrachten: das bereits angesprochene Spannungsfeld zwischen Glauben und Wissen. Wir kennen sie alle, die Debatten um Desinformation, Wissen, Fake News & Co. Es geht also darum, wie wir über das, was »ist« oder »nicht ist«, denken und sprechen. Mit einem Wort: Wissenschaft.

4 Die »wissenschaftliche Krise«

Natürlich hat nicht die Wissenschaft eine Krise. Vielmehr geht es bei der »wissenschaftlichen Krise« um das menschliche Verständnis von Wissenschaft. Das wiederum beginnt bei der vermeintlich einfachen Frage: *Was ist eigentlich Wissen?*

Ich verspreche, dass es sich dabei weder um eine Trick- noch um eine Scherzfrage handelt. Auch plane ich an dieser Stelle keine philosophische Abhandlung, die mangels ausreichender Expertise im besten Falle mittelmäßig qualifiziert ausfallen könnte. Stattdessen versuche ich anhand von drei Irrtümern zu veranschaulichen, worum es bei der »wissenschaftlichen Krise« geht. Im besten Fall offenbaren diese drei Irrungen, warum die »wissenschaftliche Krise« kein Luxusproblem von Wissenschaftlern oder Universitäten ist, sondern uns alle betrifft – und zwar auf so grundlegende und allumfassende Weise, dass sie sich in sämtlichen kleinen und großen Fragen unseres Lebens wiederfinden lässt.

Die erste Irrung: Wunschvorstellung Objektivität

Ich weiß nicht, wie viele Diskussionen ich in den letzten Jahren über das Thema »Objektivität« geführt habe. Wie oft ich zusammengezuckt bin, wenn mein Gegenüber das O-Wort als Totschlagargument zu benutzen versuchte, um argumentative Überlegenheit zu demonstrieren oder gar eine »objektive« Berichterstattung oder Informationsweitergabe zu fordern. Ehrlich gesagt, war ich teilweise ziemlich frustriert, wenn ich mit

Menschen – vor allem aus der Medienbrache – darüber zu diskutieren versuchte, warum es keine Objektivität geben kann. Diejenigen, die so eisern daran festhielten, waren weder besonders dumm noch besonders schlau, weder besonders gebildet noch besonders ungebildet. Ich konnte beim besten Willen nicht nachvollziehen, warum sie – aus meiner Sicht – nicht verstanden, dass Objektivität lediglich eine Fata Morgana ist, die sich in Luft auflöst, sobald wir ihr scheinbar näher kommen.[1] Bei aller Frustration musste ich irgendwann über mich selbst lachen, weil ich bei meiner »Überzeugungsarbeit« beharrlich ignoriert hatte, was der Objektivität im Wege steht: unser aller Steinzeithirn, das sich eben nicht rein logisch und anhand von Fakten und bestimmten Zusammenhängen überzeugen lässt, sondern uns aufgrund bestimmter Funktionsweisen so oft einen Strich durch die Rechnung macht. Dieser Strich oder ganze Strichlisten sind die zahlreichen kognitiven Biases, unter deren Einfluss unser Gehirn ständig arbeitet. So sorgt der Negativitäts-Bias dafür, dass wir alle wesentlich stärker auf Negatives als auf Positives achten; der Confirmation Bias oder Bestätigungsfehler lässt uns Aussagen eher für wahr und richtig halten, wenn sie zu unseren bisherigen Überzeugungen passen; und unser Gruppendenken bestimmt unser Verhalten gegenüber anderen Menschen, je nachdem, ob »die anderen« dazugehören oder nicht.[2] Letzteres, also das Gruppendenken, das aus evolutionsbiologischer Sicht auch als Stammesloyalität bezeichnet wird, ist im Kern dafür verantwortlich, wenn sich vor allem Medienschaffende gegen die Vorstellung wehren, eine objektive Berichterstattung könne es nicht geben. Denn seit Jahrzehnten haben sie genau diese Überzeugung in ihrer »Gruppe« kultiviert, und wehe, jemand (in diesem Falle ich) kommt daher und zweifelt dies nun an!

So wird die erste Irrung fast zur Ironie, wenn sie selbst darin besteht, dass es keine Objektivität geben kann, und ein wichtiger Mechanismus, der selbige verhindert, dafür sorgt, dass Menschen dennoch an der Forderung nach objektiver Informationsweitergabe festhalten.

Ich mache es also kurz und schmerzlos, wie beim Pflaster, das mit einem Ruck abgezogen wird: Unser Gehirn ist kein Computer, kein objektiver Informationsverarbeiter. Es hat weder eine »Speichern-«, noch eine »Löschen-« oder sonst irgendeine Taste oder Funktion, die wir von Computern und anderen Maschinen kennen. Jede unserer Wahrnehmungen, Erinnerungen und Entscheidungen unterliegt zahlreichen Einflüssen, abhängig von unserer Genetik und unseren bisherigen Erfahrungen. Wem das zu abstrakt klingt, dem rufe ich an dieser Stelle das Foto eines Kleides in Erinnerung, das 2015 weltweit für Aufsehen sorgte und zur viralen Internetsensation wurde. Warum? Weil wir uns nicht über die Farben des gestreiften Kleides einigen konnten, das mittlerweile als »the dress« und mit eigenem Wikipedia-Eintrag in die Geschichte eingegangen ist.[3] Einige sehen es als schwarz und blau, andere als weiß und gold.[4]

Mittlerweile gibt es zahlreiche vergleichbare Abbildungen beispielsweise von Turnschuhen.[5] Neurobiologische Studienergebnisse deuten darauf hin, dass die unterschiedliche Farbwahrnehmung etwas mit der sogenannten chromatischen Anpassung zu tun haben könnte.[6] Sie ist Teil unserer visuellen Wahrnehmung und sorgt dafür, dass wir Farben auch bei wechselnden Lichtverhältnissen stabil sehen und eine rote Jacke bei anderer Beleuchtung nicht plötzlich als grün wahrnehmen. Diese chromatische Anpassung ist von Mensch zu Mensch unterschiedlich und kann im Extremfall wie bei »the dress« dazu führen, dass der eine blau sieht, wo eine andere weiß sieht. So viel zum Thema »objektive Wahrnehmung« an dieser Stelle.

Im Detail wird es darum und um den konstruktiven Umgang mit der Subjektivität unserer Steinzeithirne im zweiten und dritten Teil des Buches gehen. Denn ist das Pflaster einmal weg und haben wir die Idee einer objektiven, neutralen Verarbeitungsmaschine in unserem Kopf entsorgt, dann offenbaren sich ganz wundervolle Welten und Dinge, die uns zu dem machen, was wir sind: Menschen mit all ihren Fehlbarkeiten und Macken, aber eben auch liebenswerte und über sich selbst hinauswachsende Wesen, die zum Mond fliegen, Musik komponieren und einander zum Lachen bringen.

Doch bevor wir komplett zu träumen beginnen, zurück zu den Irrungen, auf denen die »wissenschaftliche Krise« fußt. Die besonders pfiffigen Vertreter der Objektivitätsfantasie verwechseln angesichts meiner Ausführungen zur omnipräsenten Subjektivität mit beinah trotzigem Unterton gern mal Glauben und Wissen, wenn sie freimütig konstatieren: »Das sehe ich anders!« Und begehen damit die zweite Irrung.

Die zweite Irrung: Verwechslung von Meinungen und Fakten

Den subjektiven Charakter jeder Wahrnehmung und Entscheidung eines Menschen anzuerkennen, bedeutet *nicht,* dass alles willkürlich ist und es keine Fakten gibt. Genau wie ich – vorausgesetzt, ich habe weder visuelle Beeinträchtigungen noch eine Dyskalkulie – die Fenster in einem Raum zählen kann, gibt es zahlreiche Fakten und Erkenntnisse, die wir sicher oder sehr sicher sagen können, häufig aufgrund wissenschaftlichen Fortschritts.

Die zweite Irrung aber besteht darin, das Recht auf eine eigene Meinung mit einem Recht auf eigene Fakten zu verwechseln. Sie besteht darin, dass Menschen annehmen, sie könnten »glauben«, was ihnen in den Sinn kommt. Dieser falsch verstandene Skeptizismus treibt vor allem in sogenannten alternativen Nachrichten- und Informationsquellen, in bestimmten Chatprogrammen und sozialen Netzwerken sein Unwesen. Das können wir täglich live und in Farbe beobachten und entweder darüber lachen oder daran verzweifeln. Denn während solches Geschrei in analogen Zeiten auf dem Dorfplatz verhallte, reist es im digitalen Zeitalter in Sekundenschnelle um den Erdball und auf unsere Bildschirme. Da »glauben« dann einige Menschen, die Erde sei eine Scheibe. Da verabreden sich dann Menschen, um gemeinsam auf die Straße zu gehen, weil sie »glauben«, dass Mund-Nase-Bedeckungen nicht in der Lage seien, die potenzielle Verbreitung von Viren zu verringern, die wir atmend, hustend und niesend in die Gesichter unserer Gegenüber versprühen. Und da gibt es Menschen, die nicht an den menschengemachten Klimawandel »glauben«.

Glauben und Faktenwissen sind aber nicht dasselbe. Und was Menschen wider besseres Wissen glauben, darf nicht über unsere Gesundheit entscheiden oder gar dafür sorgen, dass wir unsere Zukunft auf diesem Planeten verspielen.

Ich gebe zu: So einfach wie mit der Anzahl der Fenster in einem Raum ist es in der Wissenschaft natürlich nicht immer. Wissenschaft ist kein Zustand, sondern ein Prozess, der häufig mit Unsicherheit verbunden ist. Stellen wir uns unser Gehirn als eine kleine Comicfigur vor, dann wäre diese beim Wort »Unsicherheit« mindestens zusammengezuckt. Vielleicht wäre sie sogar hinters Sofa gekrochen oder hätte fluchtartig den Raum verlassen. Denn wenn das Steinzeithirn da oben in unseren Köpfen eines nicht mag, dann ist es genau das: Unsicherheit. Welche Auswüchse diese Abneigung annehmen kann, ist Thema im zweiten Teil des Buches.

Fest steht: Die wenigsten Dinge im Leben sind in Stein gemeißelt. Was wir gewinnen, wenn wir erkennen, dass das Eingestehen von Fehleinschätzungen als Teil des wissenschaftlich basierten Erkenntnisgewinns eine lohnende Erfahrung ist – darum geht es im dritten Teil. Doch nun zunächst zur dritten Irrung, die direkt damit zusammenhängt, warum wir Meinungen und Fakten so gern durcheinanderbringen.

Die dritte Irrung: Trennung von Herz und Verstand

»Das ist mir eine Herzensangelegenheit!« – »Wir müssen die Herzen der Mitarbeiter zurückgewinnen!« – »Das ist jedes Mal ein kleiner Stich ins Herz.«

Wir hören diese Sätze, und es ist klar, dass es hier um Emotionen geht. Vielleicht wird uns sogar ein wenig »warm ums Herz«. Wir werden an das Menschliche erinnert und aufgefordert, unsere Ratio hintanzustellen. Ein wenig schwingt vielleicht sogar die Aufforderung mit, unseren Verstand mal eben abzustellen.

Grundlage für diese Idee ist die vermeintliche Spaltung zwischen »Gefühl« und »Verstand«, zwischen »emotional« und »rational«. Inklusive einer räumlichen Trennung, die auf der alten Annahme beruht, dass Ersteres im Herz und Zweiteres im Gehirn verortet ist. Gleichzeitig schwingt dabei immer auch mit, dass Gefühle die »schwache« und häufig auch die eher weibliche Komponente dieser zwei Seiten in uns seien. Wer hingegen rational argumentiert und handelt, beweist Stärke – und wir alle wissen, wer zum »starken Geschlecht« gehört.

Diese Trennung bestimmt unser Denken auf allen Ebenen des Zusammenlebens – egal ob im Privaten oder auf internationaler Bühne. Und sie hat mitunter fatale Folgen. Denn auch wenn Freude oder Tränen vielleicht als besonders »rührend« oder gar »herzig« wahrgenommen werden, sorgen sie nicht unbedingt dafür, dass wir Politiker, Chefinnen und Verantwortliche, die in dieser Weise Gefühle zeigen, als besonders kompetent einschätzen. Nein, wir urteilen eher, dass sie sich zu sehr von ihren Gefühlen leiten lassen.

Auf der anderen Seite wollen wir uns nicht unserer Gefühle und der damit verbundenen Individualität berauben lassen. Denn sie sind es doch, die uns »menschlich« machen und von den Spocks und Computern dieser Welt unterscheiden. So geht es mir immer wieder, wenn ich mein Gegenüber ermuntere, die vermeintliche Trennung von Herz und Verstand hinter sich zu lassen. Häufig schaue ich dann in geweitete Pupillen, vielleicht einen leicht entsetzten bis empörten Gesichtsausdruck und höre aufgebrachte Entgegnungen wie: »Aber das Thema ist mir doch wirklich wichtig, es liegt mir am Herzen!« Schnell wird klar: Mein Gegenüber bekommt es mit der Angst zu tun angesichts der Gefahr, ich wolle ihr oder ihm etwas wegnehmen. Ein wenig wie der entzaubernde Moment, in dem wir als Kind erfuhren, dass Osterhase und Weihnachtsmann nichts weiter als Geschichten sind, die uns die Erwachsenen erzählt haben. Bei einer Gesprächsrunde zum Thema »Nachhaltige Zukunft« im Sommer 2020 in einem Berliner Innenhof mit Menschen der unterschiedlichsten Professionen war es mal wieder so weit. Eine Psychologin rutschte auf die vordersten Zentimeter ihres Klappstuhls, wartete zunächst gemäß unserer Gesprächsregeln, die anderen ausreden zu lassen, noch kurz ab, und dann sprudelte es aus hier heraus. Die Angst, dass ich ihr das Gefühl beziehungsweise sämtliche Bedeutung nehmen wolle, wurde deutlich.

Doch genau darum geht es nicht. Es geht nicht darum, das Fühlen abzuschaffen oder zu entzaubern. Streng genommen geht es um das Gegenteil: Das »Zauberhafteste« – im Sinne von Faszinierendste – ist aus meiner Sicht als Neurowissenschaftlerin und Mensch gleichermaßen die komplexe Gefühlswelt, die unser Gehirn in jedem Moment unseres Lebens erschafft. Lachen, Weinen und Lieben – all das »passiert« eben nicht im Herz, sondern genau wie das logische Denken und Kopfrechnen in den 86 Milliarden Nervenzellen in dem komplexesten Organ, das wir haben. Gefühle werden genau wie strukturiertes Überlegen und bedächtiges Abwägen vom Gehirn gesteuert. Die Trennung von Herz und Verstand ist weder auf räumlicher Ebene gegeben noch auf funktionaler. So lehren uns die Ergebnisse zahlreicher neurowissenschaftlicher Studien, dass Beschädigungen der Hirnregionen, die für unsere emotionale Verarbeitung wichtig sind, uns entscheidungsunfähig machen. Entsprechende Patienten sind zwar noch in der Lage, lang, breit und intelligent verschiedene Entscheidungsoptionen zu erörtern, können aber selbst keine Wahl mehr zwischen diesen Optionen treffen.[7] Mit anderen Worten: Ist die emotionale Verarbeitung im Gehirn gestört, dann sind wir handlungsunfähig.

Was genau es damit auf sich hat und wie wir lernen, dieses Wissen für bessere Entscheidungen zu nutzen, gehört in den dritten Teil.

An dieser Stelle möchte ich noch mal die Kernfrage des Kapitels zurück ins Gedächtnis rufen: ***Worum geht es wirklich?*** Was ist das Ziel? Für die drei Irrtümer mit Blick auf die »Krise der Wissenschaft« sensibilisiert, landen wir nun beim großen Ganzen: den gesellschaftlichen Krisen.

5 Die »gesellschaftlichen Krisen«

Finanz-, Corona-, Flüchtlings-, Klima- … – was folgt, ist die »Krise«. Über das Missverständnis zum Begriff der Krise, die, egal in welchem gesellschaftlichen Bereich, zum Dauerzustand geworden zu sein scheint, habe ich schon zu Beginn geschrieben. Was haben die Krisen unserer Zeit gemeinsam? Wir haben das Gefühl, ständig abwägen zu müssen. In der Finanzkrise im ersten Jahrzehnt des neuen Jahrtausends ging es um die vermeintliche Entscheidung zwischen Systemeinbruch und Bankenrettung. Der viel zitierte Slogan »Too big to fail« – also zu groß und zu wichtig, um zu scheitern – steht sinnbildlich für ebendiese Diskussion um Bankenrettungen und Menschen, die alles verloren haben. Während also die einen mit Pappkarton unterm Arm, aber mit einem gemütlichen Polster auf dem Konto ihre Büros in London, New York und Frankfurt räumen, landen andere auf der Straße.

In der Flüchtlingskrise wurde sogar lautstark darüber diskutiert, wie wir Menschenleben gegen wirtschaftliche Folgen, Sicherheit und Fragen der Integration abwägen wollen.

In der Coronakrise müssen wir uns angeblich zwischen Wirtschaft und Gesundheit entscheiden. Letzteres schließt in vielen Fällen die Frage nach Leben und Tod mit ein. Auf philosophisch angehauchter Ebene wird in Talkshows und Debattenbeiträgen der Balanceakt zwischen Freiheit und Sicherheit thematisiert.

Für die Klimakrise gilt Ähnliches, wenn darüber gestritten wird, ob das Rindersteak verboten gehört oder ein Tempolimit eingeführt werden sollte, und wenn immer wieder diskutiert wird, ob wir uns »Nachhaltigkeit und Klimaschutz leisten können«.

Dichotomien, so weit das Auge reicht – ständig sollen wir uns zwischen Extremen entscheiden. Warum das gelinde gesagt Quatsch ist, beruht ähnlich wie bei den drei Irrungen mit Blick auf die »wissenschaftliche Krise« auf veralteten Denkweisen. In diesem Fall spreche ich statt von Irrungen lieber von Missverständnissen, die unser Weltbild und damit auch unsere gesellschaftlichen Debatten prägen.

Erstes Missverständnis: Optimiert nicht für menschliches Wohlergehen, sondern für kurzfristige Profite

Auf dem Höhepunkt der ersten Welle der Corona-Pandemie war es einfacher, eine Michelin-Stern-Mahlzeit an die Haustür geliefert zu bekommen als angemessene Schutzkleidung in einem Krankenhaus der staatlichen Gesundheitsversorgung in Großbritannien (NHS). So beschreibt die britisch-sudanesische Autorin und Kolumnistin Nesrine Malik rückblickend im September 2020 den Zustand im Frühjahr in ihrer Heimatstadt London.[1] Der Chefredakteur der weltweit renommiertesten medizinischen Fachzeitschrift *The Lancet,* Richard Horton, veröffentlichte Ende März einen Kommentar mit dem unmissverständlichen Titel »Offline: COVID-19 und die NHS – ›ein nationaler Skandal‹«.[2] Darin bringt er die Missstände bei der medizinischen Grundversorgung zu Pandemiezeiten auf einer Seite auf den Punkt.

Der Anthropologe und Autor Jason Hickel schreibt Anfang September 2020 auf Twitter: »Um eine Idee davon zu bekommen, wie sehr unsere Wirtschaft und die reale Welt aus dem Gleichgewicht geraten sind, müssen wir nur die Tatsache betrachten, dass Bestäuber, Würmer, Regenwürmer, saubere Luft, Kindererziehung und Elternschaft, Freundschaft, Schlaf und Solidarität gemäß unserer dominierenden Metrik für wirtschaftlichen Erfolg buchstäblich als wertlos gelten.«[3]

An dieser Stelle könnte ich seiten- oder gar bücherweise Beispiele dafür anführen, wie sich unser Missverständnis darüber, was welchen »Wert« hat, im Kleinen und Großen täglich offenbart. In der Summe führt das dazu, dass die essenziellen Dinge, die wir Menschen zum Leben wirklich brauchen, vielen Menschen vorenthalten werden, während Unnötiges jederzeit »lieferbar« ist. Frei nach dem Marketingslogan: »Das Produkt, von dem du noch nicht wusstest, dass du es benötigst«. Die urökonomische Idee der Nachfrage, die das Angebot bestimmt, ist vielerorts auf den Kopf gestellt, und es wird ein Angebot geschaffen, um eine Nachfrage zu generieren. Einer der Nebeneffekte dieser Entwicklung sorgt dafür, dass einige wenige sehr viel Wohlstand anhäufen und diesen auch in Krisenzeiten weiter ausbauen. Während der ersten Monate der Corona-Pandemie wuchs das Vermögen der US-Milliardäre schätzungsweise um 637 Milliarden US-Dollar. Im gleichen Zeitraum verloren 40 Millionen gewerbliche Arbeitnehmer ihre Jobs.[4] Wie kann das sein? Der erste Teil vom Titel des eben erwähnten Artikels von Nesrine Malik fasst es gut zusammen: »Unsere Welt ist auf Profit getrimmt.« Wir haben eine Wirtschaft und Wertschätzung geschaffen, die für Konsum optimiert ist statt für Wohlergehen. Das ist auch einer der Gründe dafür, dass uns die Corona-Pandemie wie der Blitz getroffen hat. Wir haben unser Denken und Handeln dafür »optimiert«, in einer Wirtschaft und damit Gesellschaft möglichst erfolgreich zu sein, die Profit als oberste Maxime hat. Als die Pandemie in vielerlei Hinsicht die Stopptaste drückte, sorgte das in zahlreichen wohlhabenden Staaten bei den Menschen nicht nur für Verunsicherung, sondern für eine regelrechte Sinnkrise. Gewohnheiten und Routinen, vom Tagesablauf bis zur Planung für die Altersvorsorge, »funktionierten« nicht mehr. Fehlende Masken und Sozialstrukturen ließen mehr und mehr Menschen realisieren, dass unsere Wert-Vorstellungen und Wert-Schätzungen in vielerlei Hinsicht nicht so gestaltet sind, dass sie menschliches Wohlbefinden maximieren. Und schon landen wir wieder bei der Kernfrage dieses ersten Buchteils: ***Worum geht es wirklich?*** Und gleichzeitig landen wir wieder auf der persönlichen Ebene und bei der Tatsache, dass wir häufig nicht wissen, was uns wirklich guttut. Immerhin habe ich hoffentlich zumindest die doppelte Hürde mittlerweile beseitigen können: dass wir meist noch nicht einmal wissen, *dass* wir es nicht wissen.

Das wiederum ist direkt verbunden mit der auf den Kopf gestellten Angebots-Nachfrage-Idee. Denn wir glauben ja zu wissen, was wir wollen. Schließlich wird uns das vermeintlich erfolgreiche und glückliche Leben inklusive Doppelhaushälfte, Jahresurlaub und neuestem Smartphone-Modell vierundzwanzig Stunden am Tag auf allen Kanälen gezeigt, im Werbeblättchen ebenso wie im Hollywoodstreifen, bei der Bundestagsdebatte oder beim Familientreffen. Genau hier treffen sich persönliche und gesellschaftliche »Krise«. Der bereits erwähnte US-amerikanische Psychologe und Autor Daniel Gilbert fasst es kurz und knapp zusammen: »Natürliches Glück ist das, was wir bekommen, wenn wir bekommen, was wir wollten. Und synthetisches Glück ist das, was wir machen, wenn wir nicht das bekommen, was wir wollten.«[5]

An dieser Stelle möchte ich nochmals kurz auf die Lebensgeschichten des unglücklichen Lottogewinners Billie Bob Harrell und des lebensbejahenden Unfallopfers Jose Rene Martinez zu sprechen kommen. Seien wir mal ehrlich: Wer denkt bei dem freudestrahlenden Verbrennungsopfer nicht auch ein wenig: »Tolle Geschichte, aber wirklich glücklich kann der Mann doch nicht sein!« Vielleicht schwingt sogar ein wenig Mitleid mit. Die Art von Mitleid, die wir häufig spüren, wenn wir jemanden im Rollstuhl sehen oder uns ein Kind mit Down-Syndrom entgegenkommt. Gleichzeitig erwischen wir uns beim Gedanken an die traurigen Multimillionäre vielleicht dabei, dass wir ihre Verzweiflung nicht recht ernst nehmen können und die unglücklichen obersten 1 Prozent des reichsten Prozents als undankbar und selbstsüchtig abstempeln. Schließlich haben sie doch alles, was sich ein Mensch wünschen kann!

Genau hier liegt der entscheidende Trugschluss beziehungsweise offenbart sich der »Fehler im System«. Er beruht auf unserer ebenso eisernen wie falschen Überzeugung, wir würden wissen, was uns (und anderen Menschen) guttue. Daniel Gilbert führt den Gedanken weiter, wenn er sagt: »In unserer Gesellschaft ist die Vorstellung fest verankert, dass das synthetische Glück minderwertig ist. Welche Art von ökonomischer Maschine würde sich weiterdrehen, wenn wir annähmen, *nicht* das zu bekommen, was wir wollen, könnte uns genauso glücklich machen, wie es zu bekommen? […] Ein Einkaufszentrum voll mit Zen-Mönchen ist nicht besonders profitabel, weil sie Dinge nicht genug wollen.« Fakt ist: Zahlreiche wissenschaftliche Ergebnisse zeigen, dass synthetisches Glück keinesfalls minderwertig, sondern in vielen Fällen sogar stärker ist. Spätestens an dieser Stelle wird auch klar, dass die Unterscheidung zwischen »synthetischem« und »natürlichem« Glück hinfällig ist – eben weil wir einfach nicht wissen, was uns guttut, und somit häufig Dinge als erstrebenswert betrachten, die gar nicht zu unserem Wohlbefinden beitragen.

Klar ist also, dass die gesellschaftliche »Krise« nicht nur eine wirtschaftliche oder gesellschaftspolitische Aufgabe ist, sondern bei einer Auseinandersetzung über unsere grundlegenden Vorstellungen des menschlichen Daseins beginnt. Die wiederum beginnt bei jedem Einzelnen und damit in unseren Köpfen. »It's all in your head« – alles »nur« in unserem Kopf. Wenn wir dort ansetzen, begreifen wir schnell, dass Wirtschaft immer nur das ist, was wir als Gesellschaft uns vorstellen können. Weil Wirtschaft menschengemacht ist und die Wirtschaftswissenschaften im Vergleich zu den Naturwissenschaften keinen Naturgesetzen folgen, sondern durch uns Menschen selbst erzeugt und begründet werden. Mit anderen Worten: Dass der Apfel nach unten fällt, können wir nicht ändern. Welchen Wert wir Würmern, Schnitzeln, Schlaf und einem Lachen geben, hingegen schon. Genauso können wir lernen, besser zu verstehen, was wir wirklich wollen – im Sinne eines langfristigen Wohlbefindens. Was wir dafür brauchen: viel (selbst-)kritisches Denken, um jenen großen Teil unserer wahren Natur anzuerkennen und gesellschaftlich zu fördern, den wir aktuell häufig ignorieren. Wie wir das schaffen, erfahren wir im dritten Teil.

Nun aber erst mal zum zweiten Missverständnis, das Teil der wirtschaftlichen Kreisläufe ist, die wir uns geschaffen haben. Es geht um nichts Geringeres als die große Frage nach Erfolg und Macht.

Zweites Missverständnis: Falsche Vorstellungen von Erfolg und Macht

Fragend und auch ein wenig Hilfe suchend schaut er mich an: ein gestandener Unternehmer, zu dessen Erfolgen unter anderem die Gründung eines angesagten Berliner Hotels und Restaurants gehört. »Was kann ich tun für eine zukunftsfähige Gesellschaft?« Das ist die große Fragestellung unserer zweitägigen Gesprächsrunde mit circa zwanzig Menschen aus den unterschiedlichsten Tätigkeitsfeldern. Nachdem ich in der Abschlussrunde soeben einen Appell zum lösungsorientierten Denken und Handeln abgesetzt habe, schaut mich unser Gastgeber also fragend an und schildert eine mir sehr vertraute Vorstellung: In die Politik wolle er nicht, da er sich da aufgrund der Macht- und Egokämpfe nicht wiederfinde. Dafür sei er nicht machthungrig genug. Alle Anwesenden wissen, was er meint: Wer Erfolg haben will, dem muss so einiges egal sein. Der – in den meisten Fällen sind es ja dann doch Männer – muss eine gute Portion

Rücksichtslosigkeit und Gewissenlosigkeit mitbringen. Nur so schafft man es nach (ganz) oben. Dreckige Machtkämpfe, Skandale und Intrigen. Wir alle wissen, wovon die Rede ist, wenn es um den Dreck am Stecken oder die Leichen im Keller der Mächtigen dieser Welt geht.

Wer etwas »Gutes« tun will, landet häufig in der Zwickmühle aus Selbstausbeutung und Überlebenssicherung. Vielleicht könnte man ein Sozialunternehmen gründen, das sich gerade so über Wasser hält. Denn eine goldene Nase lässt sich damit sicherlich nicht verdienen. Oder im Alltag einer Arbeit nachgehen, die sich zwar nicht besonders sinnstiftend anfühlt, aber in der Lage ist, Miete, Essen und Jahresurlaub zu finanzieren. Abends und an den Wochenenden dann zum Ehrenamt, um das »Gute« zu tun. Noch einen Schritt weiter gehen sogenannte Effektive Altruisten, die einen Job ausüben, der möglichst viel Geld einbringt, von dem sie dann einen bestimmten Anteil für »gute Zwecke« spenden, um ihren Beitrag für eine bessere Welt zu leisten.[6]

Ich zeichne hier bewusst ein plakatives, vereinfachtes Bild, da es mir um den generellen Gedanken geht, den sicherlich jeder kennt. Die Annahme, dass die größten Arschlöc*** den größten Erfolg haben, ist genau wie das erste Missverständnis zu Werten und Wertzuweisungen weit verbreitet. Um nicht zu sagen: omnipräsent. Warum? Weil wir genau wie bei der Zuweisung von Werten Strukturen in Form einer Wirtschaft und Gesellschaftsordnung geschaffen haben, die ebendiesen Zusammenhang nahelegen. Und das, obwohl die komplette Menschheitsgeschichte uns lehrt, dass genau das Gegenteil der Fall ist. Warum existiert die Spezies Mensch? Nicht weil unsere Vor-Vor-Vorfahren in der Savanne besonders schnell rennen konnten, nicht weil sie besonders stark oder besonders groß waren – oder besonders hinterhältig –, sondern aus einem einfachen Grund: weil sie wirklich gut darin waren, zusammenzuarbeiten. Wer versuchte, sich allein durchzukämpfen, ohne Rücksicht auf Verluste, war langfristig nicht erfolgreich. Denn auch wenn manche Menschen hervorragend darin sein mögen, kurzfristig Macht an sich zu reißen und auszuüben, werden sie – einmal in entsprechender Machtposition angekommen – nicht in der Lage sein, die ihnen übertragenen Aufgaben zu erledigen und die Langzeitinteressen der Betroffenen zu verfolgen. Mit anderen Worten: Aus evolutionstheoretischer Sicht erscheint es nur sinnvoll, dass diejenigen Macht ausüben, die das öffentliche Wohl erhalten und steigern. Denn es ist die Aufgabe der Mächtigen, das Überleben und Wohl aller sicherzustellen. Sozialwissenschaftlich-historische Studien zeigen im Übrigen genau das: Die weniger kollaborativen Machthaber hinterlassen ein geringeres Vermächtnis oder sorgen dafür, dass im Nachgang Aufräumarbeiten stattfinden müssen.[7] An dieser Stelle kann jeder an ihren oder seinen Lieblingsautokraten denken, dessen Machtzeit einiges an Aufräumarbeiten generiert.

Ein guter Test für Führungsqualitäten sind Krisen. Denn die offenbaren, wer ein »wahrer Machthaber« ist und damit die Fähigkeit besitzt, Menschen so zu beeinflussen, dass das Wohlergehen der Betroffenen maximiert wird. Dazu gehört auch die Fähigkeit, Ressourcen richtig zu verteilen sowie bestimmte Verhaltensweisen zu belohnen und andere zu bestrafen.

Solche Fragen beschäftigten die Regierenden und Bevölkerungen dieser Welt auch seit Beginn der Corona-Pandemie. Wer bekommt welches Material? Masken ja oder nein? Abstandsregeln, Schließungen, Lockdowns, Shutdowns, Testen und Verfolgen. Wir alle haben zahlreiche neue Wörter und Konzepte gelernt und auch erfahren, welche Länder besonders gut und welche besonders schlecht durch die erste Welle gekommen sind. Erste Analysen im Sommer 2020 zeigen neben der Tatsache, dass vor allem weiblich geführte Staaten wie Neuseeland, Deutschland, Dänemark und Finnland gute Führung bewiesen haben, dass Empathie, schnelles Handeln und Vertrauen in die Wissenschaft Zutaten für eine besonders effektive Pandemie-Führung waren.[8]

Und ebenfalls im Sommer 2020 erschien eine Studie, die zeigte, dass Menschen mit unliebsamen Charaktereigenschaften nicht erfolgreicher sind als andere. Verglichen wurden dabei die Karrieren von Menschen mit Blick auf die Frage, wie egoistisch, betrügerisch und aggressiv sie waren.[9] Mögliche Vorteile eines negativen Verhaltens werden vermutlich dadurch ausgeglichen, dass den Autokraten und Diktatoren in spe vor allem eines fehlt: persönliche Beziehungen zu den Kollegen. Egal, ob eine Politikerin ein Land durch eine Pandemie führt oder eine Nachwuchsmanagerin die Abteilung eines Unternehmens leitet: Ohne Empathie und soziale Fähigkeiten wird das langfristig nichts.

Drittes Missverständnis: Unsere Werte-Vorstellung

Keine Sorge, hier geht es weder um eine Wiederholung des ersten Missverständnisses, noch wird eine moralische Grundsatzdebatte folgen. Im Gegensatz zum ersten Missverständnis geht es an dieser Stelle nicht um den Wert, den wir Produkten, Leistungen und Leben zuschreiben, sondern um die Wert*e*, nach denen wir versuchen zu leben. Dabei stelle ich nicht die Frage nach »richtigen« oder »falschen« Werten, die einen »guten« oder »schlechten« Menschen auszeichnen. Stattdessen möchte ich versuchen, eine maximal nüchterne Betrachtung des Missverständnisses mit Blick auf unsere Werte zu wagen.

Die Werte einer Gesellschaft bestimmen nicht nur die Vorstellung von »richtig« und »falsch«, von »gut« und böse«, sondern auch von »angemessenem« und »unangemessenem« Verhalten auf persönlicher, politischer und wirtschaftlicher Ebene. Um es konkret zu machen: Sie bestimmen, ob es in Ordnung ist, wenn Kinder arbeiten, ob die Geschlechter tatsächlich gleichberechtigt sind, ob es arbeitsfreie Tage gibt und ob eine Gesundheitsversorgung sowie schnelles Internet flächendeckend zur

Verfügung stehen. Leider wird meiner Wahrnehmung nach bei den inhaltlichen Diskussionen zu diesen praktischen Fragen zu selten über die zugrunde liegenden Ziele – und damit die zugrunde liegenden Werte – gesprochen.

Um diesen Missstand auf den Punkt zu bringen, hilft ein einfaches Bild: Wenn der eine nach Paris will und die andere nach Rom, können wir lange und viel über den besten Weg sprechen, um »anzukommen«, werden ihn jedoch niemals finden. Rein logistisch ist es nicht möglich, dass wir beide Ziele gemeinsam erreichen. Nur wenn wir zunächst und immer wieder über Werte und Ziele sprechen, die sich ja durchaus im Laufe der Zeit verändern können, eröffnen wir uns selbst die Möglichkeit, die bestmöglichen gesellschaftlichen Rahmenbedingungen zu finden, um uns in Richtung der entsprechenden Ziele zu bewegen. Nur dann können wir Gesetze, Regeln, Subventionen & Co. so gestalten, dass wir uns im besten Fall im Einklang mit unseren Werten auf die ausgemachten Ziele zubewegen.

Natürlich geht es in diesem Buch nicht um eine differenzierte Analyse gesellschaftlicher Wertevorstellungen – das können andere besser als ich und wird auch ständig getan. Stattdessen wage ich einen vielleicht naiv anmutenden Schritt: Ich habe in den letzten Jahren viel und häufig über Werte und Ziele nachgedacht. Manchmal aus der Perspektive der Neurowissenschaftlerin, die beobachtet, wie Menschen sich häufig ganz automatisch und unbewusst Gruppen zuordnen und dort vorherrschende Normen annehmen. Manchmal aus der Perspektive der Autorin und Gründerin eines Online-Magazins, die sich fragt, wie eine differenzierte und gleichzeitig ehrliche Berichterstattung aussehen kann, die den Menschen Orientierung und Raum zum Denken zugleich liefert. Manchmal aus der Perspektive der Vermittlerin, die als Professorin und Vortragsrednerin versucht, Brücken zur Zuhörerschaft zu schlagen, um gemeinsam die eigenen Werte zu er- und hinterfragen.

Nun also der naive und zugleich mutige Schritt, mit dem ich

eine Analyse all dieser Erfahrungen der letzten Jahre wage. Ich bin zu dem Schluss oder besser Zwischenstand gekommen, dass unsere Vorstellung von Gerechtigkeit zentral für andere Wertevorstellungen ist und dass sich daraus häufig die Missverständnisse ergeben, um die es an dieser Stelle gehen soll. Warum? Weil wir selbst nicht wissen oder nicht genügend darüber nachdenken, was »Gerechtigkeit« für uns theoretisch und praktisch bedeutet und weil wir aus diesem Grund tagtäglich mit kleinen und großen Widersprüchen leben. Wie gesagt: Mir ist durchaus bewusst, wie »aufgeladen« das Thema ist und zu welch hitzigen Debatten es taugt. Daher hier der Versuch einer möglichst sachlichen Herleitung meiner Erkenntnis oder besser gesagt These (die ich an dieser Stelle nach reiflicher Überlegung noch nicht nennen werde).

Schauen wir zunächst auf die Fakten. Wir kennen die unterschiedlichsten Ebenen und dazugehörigen Massenbewegungen, auf denen Gerechtigkeit vom Kleinen bis hin zur internationalen Ebene diskutiert wird. Bei Geschlechtergerechtigkeit denken viele Menschen seit 2017 sicherlich an #MeToo. Mit Blick auf Gerechtigkeitsfragen in Abhängigkeit von Hautfarbe und Herkunft erhielt die bereits 2013 gegründete Bewegung »Black Lives Matter« – »Schwarze Leben zählen« – im Frühling 2020 nach dem gewaltsamen Tod des Afroamerikaners George Floyd während einer Festnahme nicht nur in den sozialen Medien internationale Aufmerksamkeit.

Immer häufiger wird Gerechtigkeit auch mit Blick auf die Folgen des menschengemachten Klimawandels diskutiert. So ist der englische Begriff »climate justice« längst als »Klimagerechtigkeit« im Deutschen angekommen. Trotzdem ist es wohl die noch unbekannteste Gerechtigkeitsdiskussion. Daher hier ein kurzer Einblick: Zahlreiche wissenschaftliche Ergebnisse aus den unterschiedlichsten Disziplinen zeigen uns, dass wir aktuell vor allem eine Klima*un*gerechtigkeit erleben, weil diejenigen, die am wenigsten durch ihren Lebensstil zu den historisch einmaligen klimatischen Veränderungen beitragen, bereits jetzt am stärksten von den desaströsen Folgen betroffen sind: Extremwetterereignisse, Plagen, ausbleibende Ernten und im wahrsten Sinne des Wortes das Verschwinden des eigenen Lebensraums zum Beispiel von einigen Inselstaaten, die aufgrund des steigenden Meeresspiegels zu versinken beginnen. Gehen wir von dem einfachen Ansatz aus, dass jeder Mensch fairerweise eine gewisse Menge an CO_2 und anderen Treibhausgasen ausstoßen »darf«. Im Gegensatz zu anderen Ansprüchen wie sauberem Wasser, Nahrung, Freizeit oder WLAN besteht der Anspruch bei Treibhausgasen weniger darin, immer wieder im Laufe des Lebens ein Stück vom Kuchen zu bekommen, sondern eher darin, den Teil des Kuchens, der mit der Geburt bereitgestellt wird, im Laufe des Lebens zu »verbrauchen«. Das mit der Geburt bereitgestellte Kuchenstück orientiert sich an den planetaren Grenzen, die ich zu Beginn des Buches kurz erwähnt hatte. Vereinfacht gesagt, geben die Grenzen den Spielraum vor, in dem menschliches Leben auf der Erde gut möglich ist. Klar ist auch, dass wir mit dem aktuellen Ausstoß von Treibhausgasen über diesen Grenzen liegen.

Gehen wir nun davon aus, dass das komplette »Zuviel« 100 Prozent entspricht, dann können wir schauen, welche Länder zu welchen Anteilen für diesen Überschuss verantwortlich sind. Mit Blick auf die Zahlen von 1970 bis 2015 landen die USA mit 40 Prozent auf dem ersten Platz, gefolgt von der EU mit 29 Prozent.[10] Insgesamt gehen satte 92 Prozent auf den sogenannten globalen Norden (dazu gehören auch Australien und Neuseeland) und gerade mal 8 Prozent auf die Länder des globalen Südens. Das folgende Schaubild macht diese Größenverhältnisse anschaulich:

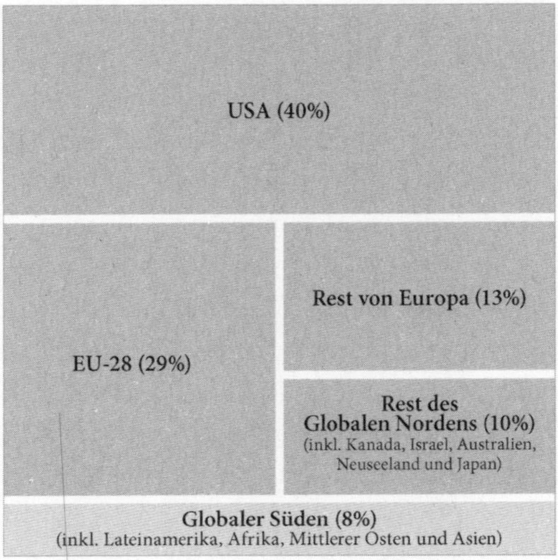

Treibhausgasemissionen, die planetare Grenzen übersteigen: Um zu berechnen, wie sehr Länder über ihre Kosten gelebt haben, wurde der »faire Anteil« an Treibhausgasemissionen berechnet, der jedem Land gemäß der planetaren Grenzen zusteht und von den tatsächlichen Emissionen (Jahre 1850-2015) abgezogen. Dargestellt ist die prozentuale Aufteilung der überschüssigen Treibhausgasemissionen.

(Quelle: Hickel, J. (2020). Quantifying national responsibility for climate breakdown: an equality-based attribution approach for carbon dioxide emissions in excess of the planetary boundary. The Lancet Planetary Health, 4(9), e399e404. https://doi.org/10.1016/s2542-5196(20)30196-0)

Die nun fast schon rhetorische Frage lautet: Wer hat bereits jetzt am meisten mit den Folgen der Klimakrise zu kämpfen? Richtig! Die Länder des globalen Südens. Im Juli 2020 las ich in der *New York Times:* »Ein Viertel von Bangladesch ist überflutet. Millionen haben alles verloren.«[11] Flächenmäßig landet das Land des globalen Südens östlich von Indien im internationalen Vergleich gerade mal auf dem zweiundneunzigsten Platz, mit Blick auf die Bevölkerung allerdings auf Rang acht. Die beiden Autoren des Artikels, Somini Sengupta und Julfikar Ali Manik, fassen in wenigen Worten und mit einem einfachen Vergleich zusammen, was zahlreiche Studienergebnisse in Zahlen belegen:[12] »Das ist eine der eklatantesten Ungerechtigkeiten der Neuzeit. Diejenigen, die am wenigsten für die Verschmutzung der Erdatmosphäre verantwortlich sind, sind diejenigen, die am meisten unter den Konsequenzen leiden. Ein durchschnittlicher US-Amerikaner ist für dreiunddreißig Mal so viel erderwärmendes CO_2 verantwortlich wie der durchschnittliche Bengale.« Ohne an dieser Stelle in methodische Details oder Grundsatzdebatten darüber einzusteigen, wer wie viel Anspruch auf den verbleibenden Kuchen an Treibhausgasemissionen haben sollte, wenn wir das Pariser Klimaabkommen von 2015 als Weltbevölkerung einhalten wollen, wird schnell klar: Mit Gerechtigkeit hat die aktuelle Situation wenig zu tun.

Als ich eines Nachmittags mal wieder über ebendiesen Missstand nachdenke, reißt mich eine Stimme aus meinen Gedanken: »Quittung?« Ich stammele ein »Nein, danke« und packe meinen Einkauf weiter ein. Nun aber mit einem breiten Grinsen im Gesicht, da mir die Nachfrage der Kassiererin geholfen hat, den Zusammenhang der Klima*un*gerechtigkeit auf eine griffige Aussage zusammenzuschrumpfen: Die Menschen des globalen Südens bekommen eine Quittung für etwas, was sie nie bestellt, geschweige denn erhalten haben!

Noch einen Schritt weitergedacht, gilt das für alle Ungerechtigkeiten, egal, ob es um Klima, Geschlecht, Herkunft oder Hautfarbe geht. Nehmen wir den Begriff *un-ge-recht* wörtlich, dann beschreibt er einen Zustand, in dem Menschen der Zugang zu etwas verweigert wird, auf das sie eigentlich ein *Anrecht* haben (sollten).

Auch diese Einsicht kam mir eines Nachmittags, dieses Mal nicht an der Ladenkasse, sondern auf dem Rad, einem Podcast lauschend. Bei *Science Friday* sind die Meeresbiologin Ayana Elizabeth Johnson und der Meteorologe Eric Holthaus zu Gast.[13] Beide US-Amerikaner sind seit Jahren auch als Klimajournalisten und -autoren tätig und vertreten einen explizit lösungsorientierten Ansatz. Ihre aktuellen Buchtitel *All we can save* und *Die Erde der Zukunft: Wie wir die Klimakrise verhindern – und wie unsere Welt danach aussieht*[14] bringen ihren Arbeitsansatz auf den Punkt, der in etwa so lautet: »Ja, die Klimakrise ist die größte Herausforderung der Menschheitsgeschichte, *darum* müssen wir jetzt über Lösungen sprechen.« Der Gedanke, den die beiden Klimawissenschaftler und -kommunikatoren im Gespräch mit dem Moderator des Podcasts, dem US-amerikanischen Journalisten Ira Flatow, in mir verankern, ist aber ein anderer: Es kann nur *eine* Gerechtigkeit geben. Das habe ich lange nicht so gesehen, und ich freue mich über diesen »Plopp«-Moment und Perspektivwechsel. Vor allem, weil ich doch diejenige bin, die stets dafür plädiert, die vermeintlichen Dichotomien aufzugeben, und sich nun selbst dabei ertappt, hier bisher noch getrennt zu haben, was eigentlich eins ist.

Warum begreifen wir das so oft (noch) nicht? Weil sich sämtliche gesellschaftlichen Krisen darin begründen, dass wir Lagerdenken praktizieren und unsere Gruppenzugehörigkeiten statisch definieren. Die »anderen« – Frau vs. Mann, globaler Süden vs. globaler Norden, weiß vs. farbig – sind eben »anders«, gehören nicht zu unseren jeweiligen Gruppen. Warum diese Einteilungen und Trennungen uns am Ende des Tages selbst schaden, hat die deutsche Naturschutzökologin Carola Rackete, die als Kapitänin der *Sea-Watch 3* im Sommer 2019 international bekannt wurde, in ihrem Buch *Handeln statt Hoffen. Aufruf an die letzte Generation* perfekt formuliert:[15]

»Solange wir Menschen, die in Not sind, als ›die anderen‹ betrachten und wegschauen, statt zu helfen, fehlt unserer Zivilisation der Halt. Meinungsfreiheit und Recht auf Leben sind Menschenrechte. Wir dürfen nicht wegschauen, nur weil es eine Gruppe betrifft, der wir uns nicht zugehörig fühlen. Denn das weicht die Menschenrechte für uns alle auf – die Schwächsten trifft es nur zuerst.«

So liefert mir Carola Rackete den dritten und finalen Gedanken, der mich verstehen lässt: Gerechtigkeit und vor allem der Einsatz dafür, zu Ende gedacht, ist nichts anderes als der Drang zu überleben: Egoismus mit (Langzeit-)Perspektive. Die Schwächsten zu schützen bedeutet mit Blick nach vorn, sich selbst zu schützen, denn irgendwann gehört jede und jeder selbst zu den »Schwächsten«.

In den Worten der Klimaaktivistin steckt auch die Anleitung, wie wir das schaffen. Wir müssen unsere In-Groups, also die Gruppen, zu denen wir uns zugehörig fühlen, neu definieren. Weg vom statischen, hin zum dynamischen Denken. Das kann damit beginnen, dass wir uns mehr auf das Verbindende als auf das Trennende und Fremde konzentrieren. So wird aus dem Fan des gegnerischen Fußballklubs ein Fußballfan, aus dem Menschen aus einem anderen Land ein Mensch, der vielleicht genau wie wir auch Elternteil ist, unseren Musikgeschmack teilt oder im gleichen Berufsfeld wie wir tätig ist. So wird das Unbekannte zum Bekannten – dem wir offener und hilfsbereiter begegnen. Die Corona-Pandemie hat unseren Alltag und unser Leben in vielerlei Hinsicht auf den Kopf gestellt, weil sicher Geglaubtes plötzlich nicht mehr so sicher war, weil Gewohnheiten und Routinen plötzlich nicht mehr »funktionierten«. Häufig haben wir in dem Zusammenhang lesen und hören können, dass Krisen Schwachstellen offenlegen. Ich denke, da ist viel Wahres dran.

Mein Bild dazu ist ein Boot, das in einen Sturm gerät und auf dem plötzlich die notdürftigen Flickstellen aufreißen und Fehler in der Konstruktion sich offenbaren, über die im »Normalbetrieb« hinweggesehen wurde. Was also tun, um nicht nur Löcher notdürftig zu stopfen und das brüchige Gerüst vielleicht gerade so noch durch die nächste Welle zu lotsen, bevor wir im nächsten Sturm Schiffbruch erleiden? Nur wenn wir uns in erster Linie als »Menschen« sehen statt als Frau, Mann oder divers, statt als Asiate oder Europäer, statt als Atheistin oder Christin, nur dann sind wir in der Lage, den gesellschaftlichen »Krisen«

auf Augenhöhe zu begegnen. Nur dann sind wir in der Lage zu erkennen, dass wir nicht Einzelne oder die (Um-)Welt retten müssen – die hat auch die vorherigen fünf Massensterben überstanden –, sondern dass wir *uns* retten müssen. Nur dann sind wir in der Lage, die Krisen zu dem werden zu lassen, was sie eigentlich sind: Wendepunkte.

II

Dauerkrise!

Wie konnte es so weit kommen?

6 Der Teil des Gehirns, der uns das Leben schwer macht

»Glaubst du, das Leben verstanden zu haben?«

Immer noch hallt die Frage in mir nach, als wir Tage später auf einer Wanderung an einem wunderschönen Küstenabschnitt in der Bretagne das Farbenspiel des dunkelblauen Wassers, des grünen Küstengrases und der rosa schimmernden Felsformationen bewundern, die das Ufer säumen. Immer wieder halten wir inne, um die Stimmung und Schönheit des Naturschauspiels aufzusaugen und zu kondensieren. Vielleicht mit der vagen Hoffnung, die Bilder und Eindrücke wieder abrufen zu können, wenn die Tage in wenigen Wochen wieder kürzer und kälter werden. Ich lasse mich und meine Gedanken treiben und folge mit festen Schritten dem schmalen Küstenpfad, den Blick abwechselnd nach vorn und aufs Meer gerichtet. Bis mich die Aufforderung meiner Reisebegleitung aufschreckt. »Wollen wir nicht hier unten lang, über die Felsen?«

»Nein, wollen wir nicht«, denke ich. Ich will nicht vom Weg ab, will nicht die Richtung ändern, schon gar nicht, wenn ich dabei über unwegsame Felsen kraxeln muss. Ich reagiere fast ein wenig genervt angesichts des Vorschlags zur Kursänderung, lasse mich dann aber doch darauf ein.

Momente später finde ich mich mit klopfendem Herzen und voller Begeisterung auf einem der Felsen wieder. Die Abenteuerlust hat mich gepackt. Die Kombination aus körperlicher Herausforderung und Naturschönheit, die sich uns hier offenbart, überwältigt uns beide. Denn die Kursänderung hat uns zu noch imposanteren Ausblicken geführt. Bis auf zwei weitere Wanderer, die sich etwas entfernt von uns gegenseitig fotografieren, sind wir allein. Und prompt bekomme ich den Denkzettel verpasst: »Manchmal muss dich echt jemand zu deinem Glück zwingen.«

Nun ist es Herbst. Die Tage sind kürzer und kälter geworden. Die Momente und Eindrücke der Wanderung über Felsen und Sand an der rosa Küste sind weit weg, und selbst der Blick auf die Fotos kann das Gefühl des Tages nicht zurückholen, der gerade mal drei Monate zurückliegt. Warum ich jetzt an diesem Herbsttag am Schreibtisch an den Moment der Kursänderung zurückdenken muss, hat ausnahmsweise weniger mit der Sehnsucht nach Sommer und Draußensein zu tun. Vielmehr steht der Moment sinnbildlich für all das, was Veränderungen für uns Menschen so schwierig macht. Er steht für das statische Denken, das wir hinter uns lassen müssen, um zum dynamischen Denken zu gelangen, um uns – und damit die Welt – bei »vollem Bewusstsein« verändern zu können. Veränderungen auf sämtlichen Ebenen vom Individuum bis zur Gesellschaft beginnen immer bei uns – das ist die zentrale Aussage im ersten Teil. Doch dass die Menschheit seit einigen Jahren von einer in die nächste Krise zu schlittern scheint, zeigt uns: Irgendetwas läuft hier gewaltig schief. Die Veränderungen gehen in eine Richtung, die uns und unserer Umwelt nicht guttut.

Wir haben uns Lebensformen im Privaten, Wirtschaftlichen und Politischen geschaffen, die zeigen: Das Ganze ist alles andere als ein störungssicheres System. Was muss noch passieren, damit wir das begreifen? Wie kann es sein, dass ein Virus eine globale Zivilisation zum Wanken bringt und an vielen Orten gar in eine Sinnkrise stürzt? Die Kurzantwort lautet: Weil wir uns zu sehr auf die Anteile unserer menschlichen Funktionsweise konzentriert haben, die mittel- und langfristig schädlich für uns sind. Weil wir Macht- und Belohnungsstrukturen geschaffen haben, die ebendiese Anteile unserer Biologie und unseres Daseins nicht nur dulden, sondern auch belohnen und damit fördern.

Eigentlich würde ich an dieser Stelle gern schreiben: »Wir haben uns durch diesen Fokus auf die schlechten Funktionsweisen unseres Gehirns eine nicht nachhaltige Gesellschaftsordnung geschaffen.« Da der Begriff der Nachhaltigkeit in den letzten Jahren aber zunehmend zu einer Art Kampfbegriff geworden ist, der bei vielen Menschen für sofortige Abwehrreaktionen sorgt, und »Nachhaltigkeit« mittlerweile oft als Synonym für »Umweltschutz« verwendet wird, bin ich auf der Suche nach Alternativen. Denn worum es hier gehen soll, das hat im Kern weder zwangsläufig etwas mit »öko« und Natur noch mit einer bestimmten politischen Haltung zu tun.

Manchmal passieren im Leben Dinge zur richtigen Zeit. So einen glücklichen Zufall erlebte ich vor einigen Tagen beim Anschauen der neuen Dokumentation des britischen Naturforschers und Dokumentarfilmers David Attenborough *A Life On Our Planet*. Seine Gedanken und Bilder führten mich zu einem weniger belasteten Begriff als dem der Nachhaltigkeit.

Während der mittlerweile vierundneunzigjährige Sir Attenborough (zur Zeit der Aufnahmen war er dreiundneunzig Jahre alt) mit so viel Klarheit und Kraft in die Kamera und damit auch direkt zu mir spricht, rechne ich kurz durch. Im bisherigen Leben des Abenteurers hat sich die Weltbevölkerung von gut zwei Milliarden Menschen auf knapp acht Milliarden Menschen fast vervierfacht.[1] Gleichzeitig hat sich seit seiner Kindheit der Anteil der Fläche, die als »Wildnis« bezeichnet wird, von 66 Prozent im Jahr 1937 auf aktuell 37 Prozent verringert.[2] Während der Brite mit seiner eindringlichen Stimme auf die herausragende Intelligenz der Spezies Mensch hinweist, erklärt er gleichzeitig in einem Satz, warum der Verlust von Wildnis und Biodiversität nicht einfach eine bedauernswerte Tatsache ist, die ein paar Umweltnarren oder »Ökos« traurig stimmt, sondern schlicht und einfach die menschliche Existenz auf dem Planeten Erde bedroht: »Auf dieser Welt können Arten nur gedeihen, wenn alles um sie herum ebenfalls gedeiht.« Das Gefühl von Verbundenheit und die bereits erwähnte Um- oder Neudefinition von Gruppen geht also noch über die Spezies Mensch hinaus.

Tatsächlich wird es um die Tragweite dieser Erkenntnis im dritten Teil sehr viel genauer gehen. Bleiben wir aber noch kurz beim Begriff der Nachhaltigkeit und Sir David Attenborough. Er lobt also die herausragende Intelligenz, die uns Menschen von allen anderen Lebewesen auf der Erde unterscheidet. Sie habe uns den Ackerbau erfinden lassen, habe uns geholfen, Krankheiten zu besiegen, und lasse uns die komplexen Zusammenhänge der Naturgesetze auf diesem Planeten immer besser verstehen. Doch nun gehe es darum, all diese Erkenntnisse auch anzuwenden. Genau das sei notwendig, um den Fortbestand der Spezies Mensch zu sichern.

Während er über die existenzielle Frage unserer Spezies spricht, wandert er andächtig in den Häusern der Geisterstadt Prypjat umher. Mehr als dreißig Jahre nach der Nuklearkatastrophe von Tschernobyl haben Pflanzen und Tiere die Stadt regelrecht zurückerobert. »Das ist ein mächtiger Beweis dafür, dass unsere schlimmsten Fehler von der Natur überwunden werden können. Die Natur wird fortbestehen. Wir Menschen können davon nicht einfach ausgehen. Wir sind so weit gekommen, weil wir die schlauesten Kreaturen sind, die je gelebt haben. Aber um fortzubestehen, brauchen wir mehr als Intelligenz. Wir brauchen …« Er hält kurz inne, bevor er die Antwort liefert. Und diese Antwort klingt tragisch, alarmierend und appellhaft zugleich aus dem Mund eines vierundneunzigjährigen Mannes, der die Welt nicht nur entdeckt hat, sondern auch mit allen Sinnen erfahren hat, wie menschliches Handeln sie aus der Balance bringt. »Weisheit.«

Die Kamera folgt ihm nicht, als er den Raum verlässt, ein ehemaliges Schwimmbad, das zur Ruine geworden ist. Das ist also der Moment, in dem ich wie so oft in den vergangenen Jahren über den Begriff der Nachhaltigkeit nachdenke und plötzlich einen dieser »Plopp«-Momente habe, die ich bereits beschrieben habe und kurz einordnen möchte. Ich habe gelernt, sie als Teil meiner wissenschaftlichen und gedanklichen Reise anzuerkennen. Einen Teil, den ich nicht planen kann. Denn die »Plopp«-Momente passieren nicht »auf Knopfdruck« oder über einen Termin im Kalender, sondern sind ein Paradebeispiel für die faszinierenden Funktionsweisen unseres Gehirns. Es ordnet ständig ein, verarbeitet und sortiert. Ein wenig wie bei einem sportlichen Trainingsprogramm, bei dem die Regeneration genauso wichtig ist wie die Belastungen, ermöglichen die Phasen des Umschaltens auf dem Rad, mit Lauf- oder Wanderschuhen an den Füßen dem Gehirn, zuvor Gelesenes und Gehörtes zu neuen Erkenntnissen zu verarbeiten. Das passiert nicht, wenn wir unserem Denkapparat keine Zeit zum Umschalten gewähren und ihn stattdessen ständig mit neuem Input füttern. Den Klassiker kennen wir alle: der geniale Einfall unter der Dusche! Nun aber zurück von der Dusche zur existenziellen Frage und meinen Überlegungen zum Begriff der Nachhaltigkeit.

Geht es bei der Frage nach unserer Existenz am Ende nicht um die Frage, ob etwas *tragbar* ist? Um die Frage, ob der Planet Erde uns im wahrsten Sinne des Wortes noch *tragen* kann? Die Zynikerin würde vielleicht sogar sagen, wie lange die Erde uns noch ertragen muss? Statt ums Ertragen geht es mir um die Tragbarkeit, die wir durch unser Handeln bestimmen. Oder als Frage formuliert: Welche Verhaltensweisen, welche Maßnahmen sind tragbar?

Vielleicht meint David Attenborough mit seinem Appell zu mehr Weisheit sogar das Gleiche wie ich. Denn ich denke, wir befinden uns in der »ewigen Dauerkrise«, weil wir zu lange auf das falsche Pferd gesetzt haben, indem wir die schlechten Funktionsweisen unseres Gehirns und die daraus resultierenden Verhaltensweisen zu lange und zu stark belohnt haben. Damit haben wir auf persönlicher und gesellschaftlicher Ebene viele Strukturen geschaffen, die eben nicht »tragbar« sind, weil sie uns und unserer Umwelt mittel- und langfristig schaden. Gleichzeitig haben wir den weitaus wichtigeren Teil unserer Biologie, also unsere »wahre Natur«, vernachlässigt. Damit meine ich all die Funktionsweisen unseres Gehirns und Triebfedern unseres Daseins, die uns stärken, die ein gesundes und zufriedenes (vielleicht sogar glückliches) Leben ausmachen.

An dieser Stelle schon mal die gute Nachricht vorab: Wir können uns nicht nur verändern, sondern tun genau das in jedem Moment unseres Lebens ein Leben lang. Denn auch wenn unser Steinzeithirn einige Tücken mit sich bringen mag, ist es auch ein wunderbar plastisches, sich ständig veränderndes Organ. Genau wie bei meiner Wanderung braucht es für eine Veränderung manchmal die Aufforderung eines Menschen, der es gut mit uns meint. Oder einen andersartigen Stupser von außen in Form von Initiativen, Gesetzen oder Ideen. Vielleicht kann dieses Buch auch ein solcher Stupser sein.

Bevor es um ebendiese Kursänderung in Richtung gesundes, glückliches und tragbares Leben gehen wird, folgt hier im zweiten Teil aber erst mal eine kurze Ursachenanalyse, um das Problem bei der Wurzel packen zu können. Damit steht auch der Kernbegriff des zweiten Kapitels. Er lautet: ***radikal.***

Ja, richtig. Ähnlich wie der Krisenbegriff hat sich weitläufig auch eine Um- oder besser gesagt Fehldeutung dieses positiv besetzten Begriffs in vielen Köpfen eingeschlichen. Vom lateinischen *radix* für »Wurzel« und »Ursprung« kommend, meint radikal ganz einfach »von Grund aus erfolgend«, »ganz und gar«. Es geht also darum, etwas bei der Wurzel zu packen. Etwas »Radikales« ist laut Duden »vollständig« und »gründlich«. Na bitte! Wenn das keine neue alte Perspektive auf einen Begriff ist, der in politischen und medialen Diskussionen mindestens so sehr polarisiert wie der der Nachhaltigkeit.

Die dazugehörige Kernfrage darf natürlich auch nicht fehlen und lautet: ***Was, wenn wir es wirklich wollen?*** Dann müssen wir das statische Denken über Bord werfen!

7 Die Verlockung des statischen Denkens

Schuld für unser Festhalten am Status quo sind vor allem drei Eigenschaften unseres Steinzeitgehirns, die aus evolutionsbiologischer Sicht durchaus sinnvoll sind, weil sie in Zeiten von Säbelzahntiger und Mammut unsere Überlebenschancen steigerten. In der vernetzten und digitalisierten Welt, die wir uns mit unserer beispiellosen Intelligenz (kein ironischer Unterton!) in Windeseile innerhalb weniger Jahrzehnte aufgebaut haben, sind diese Eigenschaften allerdings immer weniger überlebensfördernd.

Hinzu kommt, dass genau diese »alten« und nachteiligen Eigenschaften unseres Gehirns sich in Krisen- und Kriegszeiten besonders stark äußern. Die für die Steinzeit optimierten Anteile unseres Gehirns steigen bei Stress, Gefahr und Angst quasi unaufgefordert auf den Fahrersitz und übernehmen das Steuer.[1] Mit der Folge, dass wir noch weniger wissen, was wir wirklich wollen und was uns guttut.[2] Wir verfallen noch stärker ins Lagerdenken, das Herdentier in uns sortiert zu und aus. Wir suchen noch stärker nach einfachen Erklärungen und betonen die vermeintlichen Dichotomien. Auf moralischer Ebene labeln wir alles als gut oder böse, richtig oder falsch. Auf gesellschaftlicher Ebene versuchen wir abzuwägen zwischen Gesundheit und Wirtschaft, zwischen Freiheit und Sicherheit. Weil wir mal wieder »vergessen« oder im Eifer des Gefechts ignorieren, dass Wirtschaft menschengemacht ist und keinem Naturgesetz folgt. So klammern wir uns am hermetischen Weltbild und Denken fest und ziehen uns zurück in die Sicherheit der eigenen Höhle. Dort herrschen klare Regeln und ein Weltbild, das mit Vorstellungen, die uns fremd sind, nicht kompatibel ist. Die Bereitschaft, die eigene Wahrnehmung und eigene Ansichten zu hinterfragen, lassen wir vor der Höhle liegen. Übersetzt in die Sprache des 21. Jahrhunderts: Polarisierung und Filterblasen.

Keine leichten Gegenspieler, aber auch hier gilt: Es gibt eine gute Nachricht, da wir lernen können, ebendieses Verhalten zu verhindern oder abzulegen. Dafür müssen wir aber erst mal wissen, welche drei Eigenschaften die Schuld an der Misere tragen.

An dieser Stelle kurz ein paar einordnende Worte: Unser Gehirn ist für mich zweifelsohne das faszinierendste Organ, das wir haben, und ich hoffe natürlich sehr, ein wenig von der Faszination meines Gehirns für sich und seine »Kumpane« überspringen zu lassen. Neben einer ausgeprägten Begeisterung habe ich in den vergangenen Jahren vor allem eins gelernt und verstanden: Ich weiß so wenig darüber, wie dieser Zellhaufen aus durchschnittlich 86 Milliarden Neuronen in unserem Kopf funktioniert![3] Die zunehmende Beschäftigung mit dem Denk- und Fühlapparat in unserem Kopf zeigt mir und damit meinem Gehirn immer wieder, wie wichtig Demut ist. Intellektuelle Demut vor der Erkenntnis, so wenig zu wissen. Gleichzeitig bin ich dankbar für das, was ich lerne und vielleicht in Ansätzen verstehen kann. Ganz abgesehen von der übergeordneten Frage, ob das menschliche Gehirn überhaupt in der Lage ist, sich selbst zu verstehen.

Bevor ich mich aber an dieser Stelle in epistemologischen Fragen der Philosophie des Geistes verliere, zurück zu den drei Herausforderungen unseres Steinzeithirns. Um sie zu veranschaulichen, beschreibe ich für alle drei jeweils zwei zugrunde liegende Funktionsweisen unseres Gehirns, die offenbaren, wie sich die jeweilige Herausforderung in unserem alltäglichen und gesellschaftlichen Leben zeigt. Grundlegend für diese Funktionsweisen ist immer ein Mix aus verschiedenen kognitiven Biases, die ich in Teil I schon kurz erwähnt habe. Im Deutschen werden diese Biases oft mit »Verzerrungen« übersetzt. Der Begriff Verzerrung ist meiner Meinung nach aber schlecht gewählt, da er nahelegt, dass wir etwas »falsch« wahrnehmen und daraufhin »falsch« handeln. Sämtliche Arbeitsweisen unseres Gehirns inklusive der »kognitiven Verzerrungen« sind aber aus evolutionsbiologischer Sicht in einer Zeit geprägt worden, in der ein solches »verzerrtes« Denken und Handeln Überlebensvorteile gesichert hat – Stichwort »Steinzeithirn«. Daher finde ich neben dem mittlerweile fast eingedeutschten Begriff »Biases« die deutsche Übersetzung »Tendenzen« treffender. Wie schon das ein oder andere Mal erwähnt, ist unsere Wahrnehmung immer subjektiv und durch zahlreiche Einflüsse geprägt. Die Biases oder Tendenzen sind ein Teil der Erklärung für ebendiese spannende Welt der menschlichen Wahrnehmung (um die es im dritten Teil noch genauer gehen wird).

Nun aber endlich Vorhang auf für »Herausforderung Nummer 1«, auch bekannt als »unser faules Gehirn«, das in vielerlei Hinsicht für unsere »ewige Dauerkrise« mitverantwortlich ist.

8 Herausforderung Nummer 1: Ein faules Gehirn in einer komplexen, von Zufällen geprägten Welt

Eine grundlegende Eigenschaft, die uns gern im Status quo verharren lässt, ist die Tatsache, dass unser Gehirn (und damit wir) faul ist. Evolutionsbiologisch gesehen ist das eine durchaus sinnvolle Eigenschaft. Gehirn und Körper sparen Energie für Zeiten, in denen sie tatsächlich gebraucht wird. Beispielsweise dann, wenn wir uns fortpflanzen, Nahrung beschaffen oder mal wieder um unser Leben rennen, weil Säbelzahntiger oder Mammut uns als Beute betrachten.

Jede Verhaltensänderung ist also zunächst einmal anstrengend, weil zu Beginn ein gewisser Aufwand entsteht, der Energie verbraucht. Oder um es auf der Kosten-Nutzen-Ebene auszudrücken: Es entstehen Kosten. Für jede Veränderung müssen wir entgegen aller Trägheit bereit sein, diese Anfangsbemühungen aufzubringen und ein wenig zu investieren. Um zu verstehen, was das für uns im Alltag bedeutet, stelle ich – wie eben angekündigt – das faule Gehirn anhand von zwei Funktionsweisen vor, die sicher jeder kennt.

Das Gehirn ist ein Gewohnheitstier

90 bis 95 Prozent unserer Handlungen sind Gewohnheiten,[1] sei es der Griff zur Zahnbürste am Morgen, der Weg zur Kaffeemaschine oder der Blick aufs Smartphone. Dabei gehen wir am liebsten den Weg des geringsten Widerstands. Ein wenig wie bei

einer Kiste, die im Weg steht und um die wir mit wenig Energieverbrauch einen Bogen machen, statt sie aus dem Weg zu räumen. So sind Gewohnheiten erst mal Teil des Energiesparmodus. Vieles läuft automatisch ab, ohne dass wir darüber nachdenken müssen, und das macht Ressourcen frei, die wir nutzen können, um andere Dinge zu tun. Sei es eine schwierige Matheaufgabe zu lösen, über das anstehende Wochenende nachzudenken oder ein Buch zu lesen.

Gleichzeitig sichern Gewohnheiten in der Logik unseres Steinzeithirns unser Überleben. Wir halten an ihnen fest, weil sie schließlich »bis hierhin« dafür gesorgt haben, dass wir überlebt haben. Retrospektiv betrachtet, geht diese Überlegung logisch auf: Das, was wir bisher getan haben, hat uns am Leben gehalten. Das »Bisher-getan-Haben« basiert auf zahlreichen Gewohnheiten, also können die nicht so schlecht sein. Oder anders und als rhetorische Frage formuliert: Warum sollten wir unsere Gewohnheiten hinterfragen, geschweige denn ändern? Vor allem, wenn eine Änderung des Altbekannten mit großem Aufwand inklusive Ungewissheit und Unsicherheit einhergeht?

Erschwerend kommt hinzu, dass unser Gehirn potenzielle Verluste stärker gewichtet als mögliche Gewinne. Wie stark dieser Bias in uns verankert ist, hängt natürlich vom Individuum und den entsprechenden Umständen ab. Forschungsergebnisse mit kleinen bis mittleren Geldsummen zeigen, dass wir Verluste im Schnitt doppelt so stark gewichten wie Gewinne. Ein möglicher Verlust von 50 Euro wird von uns also genauso stark bewertet wie ein möglicher Gewinn von 100 Euro.[2]

Unser Drang, am »Alten« festzuhalten, wird in der Psychologie auch als Status-quo-Bias bezeichnet. Unsere Tendenz, uns an den aktuellen Zustand zu klammern, bestimmt unser Leben in vielerlei Hinsicht. Seien es Werkseinstellungen am Smartphone oder dem Kühlschrank, die wir nicht ändern, Traditionen und Feste, die wir feiern, oder Denkweisen, die unsere Vorstellungen von »richtig« und »falsch« bestimmen. Am schönsten auf den

Punkt bringen es vielleicht die Aussagen »Das macht man nicht!« oder alternativ »Das gehört sich nicht!« und »Das war schon immer so!«.

Machen wir unser Gewohnheitsdenken mal ganz praktisch: Warum aufs Rad steigen, wenn ich es gewohnt bin, morgens je nach Außentemperatur ins angenehm kühlende oder wärmende Auto zu steigen? Wenn doch in meiner Stadt keine Radwege vorhanden sind und ich bei jedem Abbiegen Angst haben muss, von einem Auto, Bus oder Laster umgefahren zu werden. Wenn doch an meinem Zielort weder sichere Stellplätze für Räder noch Garderoben zum Umziehen auf mich warten, sondern lediglich Warnschilder, die mich in aller Deutlichkeit darauf hinweisen, wo ich mein Rad auf keinen Fall platzieren darf. Wenn Fahrradfahren doch etwas für Sportler, Kinder oder Studierende, aber nicht für gestandene Businessfrauen und -männer, geschweige denn hochkarätige Politiker ist.

Die Frage zeigt uns: Gewohnheiten beginnen nicht erst bei den von außen sichtbaren Verhaltensweisen und Handlungen, sondern – wie alles andere auch – in unserem Kopf. Sie beginnen in jedem Gedanken und in unserer Vorstellung von »Normalität«.

Um beim Fahrradbeispiel zu bleiben: In den Niederlanden gibt es nicht nur fast überall breite Radwege, sondern Städteplaner bauen und planen so, dass die Zweiräder stets Vorrang haben. Dabei entwickeln sie Straßenkreuzungen, Unter- und Überführungen, die aus meiner deutschen Normalitätsperspektive mindestens abenteuerlich wirken. Wer sich ein Bild davon verschaffen will, findet im Internet reichlich Anschauungsmaterial. Das Rad ist kein explizites Statement zum eigenen sportlichen oder ökologischen Lebensstil, sondern wird auch von Menschen in Blazer, Anzug oder Kleid genutzt, um von A nach B zu kommen. Das gilt auch für den konservativen Premierminister[3] sowie die Königin.[4] Und das sorgt vor allem in der internationalen Presse immer mal wieder für Schlagzeilen. Warum?

Weil ein radelnder Staatschef und eine radelnde Monarchin in anderen Ländern eben nicht »normal« sind.

Für die niederländische Bevölkerung hingegen ist klar: Das Radfahren ist die beste Methode, um sich fortzubewegen. Um bei der Kosten-Nutzen-Analyse und den Gewohnheiten zu bleiben: Es ist die Methode, die unter Berücksichtigung aller Faktoren mit dem geringsten Aufwand, den niedrigsten Kosten verbunden ist.

Natürlich war das nicht immer so. Auch in den Niederlanden ging der »Trend« eine Zeit lang in eine andere Richtung. Autos hatten Vorfahrt, und breite Straßen durchzogen die Städte. Der Wandel zum »Radelland« erfolgte übrigens nicht, wie häufig angenommen, aus ökologischer Motivation, sondern aufgrund der steigenden Anzahl an Todesopfern durch Autos. Zu denen zählten vor allem Kinder.[5] Was hat die Gewohnheit der »Autos First«-Mentalität verändert? Eine Folge, die gesellschaftlich für so viel Unmut gesorgt hat, dass die »Norm« hinterfragt und daraufhin auf allen Ebenen der Gesellschaft verändert wurde. So lang, bis für Autofahrer aus der einen Kiste im Weg aufgrund veränderter Rahmenbedingungen ein Stapel oder gar eine Wand aus Kisten geworden war und es leichter, angenehmer und damit günstiger geworden war, das Rad statt des Autos zu nehmen. Gewohnheiten, die nicht mehr hinterfragt werden, wohin das Auge reicht.

Gewohnheiten ändern sich also, wenn Menschen beginnen, den Status quo zu hinterfragen und nach der ***Worum geht es wirklich?***-Frage die Folgefrage stellen: ***Was, wenn ich, wenn wir es wirklich wollen?*** Dann werden Werte in der Kosten-Nutzen-Analyse angepasst, um ein Verhalten auf sämtlichen gesellschaftlichen Ebenen zu stimulieren, das das angestrebte Ziel unterstützt. Wenn sich beispielsweise eine Gesellschaft als Ziel setzt, die Zahl der Kinder zu minimieren, die im Straßenverkehr ums Leben kommen, dann führt das sehr wahrscheinlich zu einer veränderten Infrastruktur, neuen Gesetzen und anderen politischen Maßnahmen. Vielleicht werden Straßen zu Fahrradstraßen, vielleicht werden an Bahnhöfen riesige überdachte Parkhäuser für Fahrräder gebaut, vielleicht steigert sich das gesellschaftliche Ansehen für Radfahrer, während gleichzeitig das Ansehen der Autofahrer sinkt. Unsere Gewohnheiten sind immer durch unsere Umgebung und die Rahmenbedingungen bestimmt. Wie bei der Kiste, die im Weg steht und um die wir zunächst einfach einen Bogen machen. Einfach, weil wir es – zumindest gefühlt – bisher immer so gemacht haben und weil uns zu bücken und sie aus dem Weg zu räumen in jedem Fall anstrengender wäre, als kurz auszuweichen.

Mit langfristiger Perspektive wäre ein »Aus-dem-Weg-Räumen« natürlich von Anfang an das bessere, weil kostengünstigere Verhalten. Dafür müssen wir nur die einfache Frage stellen, wie oft wir um die Kiste herumlaufen müssen, bis die Kosten der Summe aller Umwege den Aufwand übersteigt, sie einmal aus dem Weg zu räumen. Da unser faules, von Gewohnheiten geprägtes Steinzeithirn sich im langfristigen Denken aber häufig schwertut, fällt uns auch diese Analyse meist schwer. Ganz zu schweigen vom entsprechenden Handeln. Ohne Unterstützung oder Stupser von außen fällt es uns schwer, die »Kosten« für das »Aus-dem-Weg-Räumen« aufzubringen.

So werden aus der einen Kiste, die im Weg steht, häufig irgendwann zwei, dann drei oder eben eine ganze Wand, sodass wir nicht mehr ausweichen oder drübersteigen können. Bis schließlich ganz offensichtlich ist: Die Kistenwand muss weg, sonst kommen wir im wahrsten Sinne des Wortes nicht mehr weiter.

Bezogen auf unsere eigene Gesundheit ist das vielleicht der Moment, in dem aus Übergewicht Fettleibigkeit wird oder aufgrund eines jahrelang andauernden ungesunden Lebensstils gar der Moment des Herzinfarkts. Bezogen auf unser gesellschaftliches Zusammenleben ist es etwa der Einsturz des achtstöckigen

»Rana Plaza« in Bangladesch 2013. Beim schwersten Fabrikunfall des Landes starben mehr als elfhundert Menschen, vor allem Textilarbeiterinnen.[6]

Bezogen auf unser Finanzsystem ist das aktuellste und folgenschwerste Beispiel wohl die Finanzkrise 2008, die der Weltbevölkerung zeigte: Die Entwicklungen der internationalen Finanzwirtschaft in den letzten Jahren sind nicht nachhaltig – nicht länger *tragbar.* Das Stichwort »Too big to fail« hatte ich bei den gesellschaftlichen Krisen im ersten Teil des Buches bereits kurz angesprochen.

All das zeigt uns: Die eine Kiste, die da anfangs rumsteht, wollen wir nicht aus dem Weg räumen, weil die Kosten dafür im Vergleich zum Extraschritt drum herum größer sind. In den allermeisten Fällen sind sie aber kleiner als die Kosten zu einem späteren Zeitpunkt. Spätestens dann, wenn ein »Weiter so« nicht mehr möglich ist, weil wir vor einer Wand stehen, weil es im wahrsten Sinne um Leben und Tod geht.

Damit landen wir wieder bei der Frage »Change by design or disaster«. Also Veränderung durch präventives, cleveres Agieren oder katastrophenbezogenes Reagieren, um im besten Fall irgendwie zu überleben. Darum geht es, wenn wir den wachsenden Kistenberg als Bild für überlastete Gesundheitssysteme, das Überschreiten planetarer Grenzen und verzweifelte kranke Menschen sehen. Wir sind also häufig erst bereit, Gewohnheiten zu ändern, wenn die Logik unseres Steinzeithirns nicht mehr aufgeht. Wenn wir zwar mit all unseren Gewohnheiten »bis hierhin« gekommen sind und überlebt haben, nun aber ein »Weiter wie bisher« unmöglich geworden ist.

Unser Gehirn sucht ständig nach Erklärungen, Sinn und Zusammenhängen

Ebendiese Logik des »wenn A, dann B, also hat A für B gesorgt« ist Kern der zweiten Funktionsweise unseres faulen Gehirns: Es geht um unsere ständige Suche nach Zusammenhängen und Erklärungen – auch dort, wo es keine gibt.

Die kleine Visitenkarte liegt auf dem Mauersims, als hätte sie jemand für mich dort hinterlassen. In gut lesbaren Druckbuchstaben steht der Name meiner Frauenarztpraxis darauf. Seit Monaten schiebe ich den Kontrolltermin bei meiner Gynäkologin vor mir her, und jetzt das. Ausgerechnet neben dem von mir zufällig gewählten Tisch in einem meiner Lieblingsrestaurants liegt ihre Visitenkarte und starrt mich förmlich an. Wenn das kein Zeichen ist …

Als ich sie kurz anfasse, um zu sehen, ob sie wirklich da liegt, muss ich über mich selbst lachen. So ein Quatsch! Natürlich glaube ich nicht an Zeichen und bin nicht abergläubisch. Und trotzdem habe ich oft das unbestimmte Gefühl, dass mich mir nahestehende Menschen genau dann anrufen, wenn ich an sie denke. Trotzdem hatte ich bei Prüfungen immer ein paar »Glücksbringer« vor mir auf dem Tisch platziert. Und trotzdem hängt über meiner Schlafzimmertür ein Hufeisen – natürlich »richtig herum«. Und das, obwohl ich die »rationale Neurowissenschaftlerin« bin, die andere ständig zum kritischen Denken ermutigt, die in Argumentationen stets auf Logik bedacht ist und die nicht an eine oder mehrere Gottheiten glaubt. Wie kann ich einerseits an die Vernunft appellieren und gleichzeitig an diesen Hokuspokus glauben?

Weil niemand, egal ob strenggläubig oder Physik-Nobelpreisträger, davor gefeit ist, »magisches Denken« an den Tag zu legen. So kommentierte der dänische Physik-Nobelpreisträger von 1922 Niels Bohr das Hufeisen über der Tür seines Forschungslabors angeblich folgendermaßen: Er glaube nicht, dass das Hufeisen eine Wirkung habe, aber ihm sei gesagt worden, dass es wirke, egal, ob man daran glaube oder nicht.

Sämtliche Forschungsergebnisse zum Thema deuten darauf hin, dass unser Hang zum Magischen eine Art Nebenprodukt unseres Gehirns ist. In einer aktuellen Umfrage unter US-Amerikanern geben 47 Prozent der Befragten an, an Geister zu glauben; circa 15 Prozent sind davon überzeugt, bereits einem begegnet zu sein. Wer die Schule mit achtzehn oder früher verlassen hat, sich als Mensch aus dem Mittleren Osten, Ureinwohner Amerikas oder »mixed race« bezeichnet, glaubt mit besonders großer Wahrscheinlichkeit an Geister. Besonders auffällig ist der Unterschied zwischen den Geschlechtern: Während »nur« 40 Prozent der männlichen Befragten sich als Geistergläubige bezeichneten, waren es 53 Prozent der weiblichen Teilnehmer.[7] Aus der Persönlichkeitsforschung wissen wir, dass Menschen, die stärker auf ihre Intuition vertrauen, zu mehr magischem Denken tendieren. Wer noch ein wenig mehr »Kopfkratzen« betreiben möchte, führe sich folgende Zahl zu Gemüte: In einer Umfrage unter zweihundertfünfundsiebzig herausragenden Wissenschaftlern, die sich selbst als Atheisten bezeichneten, nehmen 20 Prozent auch für sich in Anspruch, »spirituell« zu sein. Das tun sie den beiden Tatsachen zum Trotz, dass spirituelle Menschen an Übernatürliches glauben und Atheisten für gewöhnlich gleichzeitig vom genauen Gegenteil überzeugt sind, also davon ausgehen, dass es nichts »over and above« gibt. Magisches Denken ist also ein universelles menschliches Phänomen, das je nach Kultur, Geschlecht, Bildungsgrad und Persönlichkeit unterschiedlich stark ausgeprägt ist.

Aber warum? Warum lässt unser Gehirn uns so gern an Magie, Zauberei und andere Absurditäten glauben? Weil es immer und überall nach Erklärungen sucht, nach kausalen Zusammenhängen, wo es keine gibt. Aus zahlreichen psychologischen Studien wissen wir, dass die meisten Menschen fälschlicherweise annehmen, dass ihre Gedanken Realität werden können – selbst wenn sie andererseits angeben, nicht an übersinnliche Wahrnehmung oder Telekinese zu glauben, also an die Fähigkeit, Dinge durch Willenskraft zu bewegen. Denke ich an einen guten Freund und er ruft kurz darauf an, dann fühle ich mich ein wenig mitverantwortlich dafür, wenn sein Name auf dem Display meines Smartphones erscheint. Natürlich ist das Quatsch – und doch kann ich nichts gegen das einsetzende Gefühl der »Mitverantwortlichkeit« tun.

Wie mächtig dieser Mechanismus ist, kann jeder für sich ganz ohne Smartphone mit Stift und Papier an sich selbst überprüfen: Dafür reicht es, an einen uns nahestehenden Menschen zu denken, dann den Stift in die Hand zu nehmen und drei Mal den Satz aufzuschreiben: »X wird heute ein Unfall passieren.« Schwierig, oder? Wer das Experiment wagt, kann sich sehr wahrscheinlich nicht von einem komischen Gefühl freisprechen. Vielleicht landet der Zettel zerrissen oder ausradiert im Papierkorb.

Warum »macht« unser Gehirn das, warum reagiert es so?

Dahinter stecken vor allem zwei Mechanismen: die zeitliche Nähe von Ereignissen und das sogenannte assoziative Denken. Beim Visitenkarten-Erlebnis oder dem Anruf eines Menschen, an den wir gerade denken, ist es die zeitliche Nähe, die uns eine ursächliche Erklärung nahelegt. Wenn zwei Ereignisse, A und B, unmittelbar aufeinanderfolgend auftreten und es keine andere offensichtliche Erklärung für B gibt, sind wir überzeugt: A muss für B verantwortlich sein.

Wenn Menschen Voodoopuppen piksen, die so aussehen wie der Feind, ist der zweite Mechanismus – das assoziative Denken – am Werk. Dabei setzen wir Dinge fälschlicherweise miteinander in Verbindung, nur weil sie sich ähneln. Beide Mechanismen sind Ausdruck der übergeordneten Funktionsweise unseres Gehirns, überall nach Zusammenhängen zu suchen. Nur dass genau das in einer komplexen, von Zufällen geprägten Welt eben häufig auch dazu führt, dass wir ursächliche Zusammenhänge an Stellen sehen, wo keine sind. Wir sind nicht gut darin, (glückliche) Zufälle als solche zu begreifen, geschweige denn, sie zu akzeptieren.

Sind wir gestresst, fühlen uns verunsichert oder gar bedroht, steigt unser Drang, Dinge zu verstehen und damit auch kontrollieren zu können, noch mehr. Darum haben in Krisenzeiten Verschwörungserzählungen Hochkonjunktur. Denn sie liefern verunsicherten Menschen kausale Erklärungen und geben so das Gefühl von Kontrolle und Sinn. Ich verwende in diesem Buch bewusst nicht den Begriff »Verschwörungstheorie«, sondern Verschwörungserzählung oder -geschichte.[8] Es handelt sich bei entsprechenden Erzählungen nicht um Theorien im wissenschaftlichen Sinne, sondern um den Glauben oder die feste Überzeugung, dass eine oder meist mehrere mächtige Menschen insgeheim Pläne schmieden, die weitestgehend als schlecht oder böswillig angesehen werden.

Um die ständige Suche nach Erklärungen und Kontrolle geht es in Herausforderung Nummer 2 und 3. Erstere bringt uns vom faulen Gehirn, das ständig nach einfachen Erklärungen sucht, zum Gehirn, das unentwegt Gewissheit sucht.

9 Herausforderung Nummer 2: Die Vorhersage-Apparatur Gehirn in ständiger Ungewissheit

Generell sträube ich mich dagegen, allgemeingültige Aussagen zu treffen und Superlative zu verwenden. Warum? Weil die meisten Zusammenhänge im Leben sich eben nicht auf eine einfache Aussage oder eine Funktionsweise zusammenfassen lassen und weil Pauschalaussagen häufig eine vermeintliche Sicherheit suggerieren, die kritisches Nachfragen, Zweifel und Abwägen verhindert. Warum lieben wir aber genau die »100-Prozent-Aussagen«, die vermeintlich allgemeingültigen Erklärungen – sei es bei der Frage, ob jemand »recht« oder »unrecht« hat, etwas »gesund« oder »ungesund« ist, ein Verhalten »richtig« oder »falsch« ist? Weil unser Gehirn nicht nur ein Meister im Energiesparen ist, sondern vor allem – und jetzt Achtung, hier kommt eine Pauschalaussage – mit einer Sache beschäftigt ist: Vorhersagen treffen.

Die Ironie an dieser Stelle ist durchaus beabsichtigt und Teil der Aussage. Als Neurowissenschaftlerin werde ich häufig befragt, wie das menschliche Gehirn funktioniert und auf bestimmte Einflüsse reagiert. Anfangs hatte ich immer ein schlechtes Gefühl dabei, zu vereinfachen. Ich hatte Angst davor, etwas nicht angemessen oder vollumfänglich zu erklären. Damit bin ich natürlich nicht allein, sondern erlebte und erlebe die wohl größte Herausforderung der Wissenschaftskommunikation.

Das doppelt »Gemeine« bei mir beziehungsweise meinen Themen ist, dass ich ständig zwischen dem eigentlichen Thema und der übergeordneten Ebene hin und her springe. Ich versuche Neurowissenschaften und Psychologie anschaulich zu erklären und bin mir gleichzeitig der Tatsache bewusst, dass ebendiese Neurowissenschaften uns zahlreiche Erkenntnisse darüber liefern, *wie* wir Menschen wahrnehmen, verstehen und erinnern. Manchmal komme ich mir vor wie auf einer Art mentalem Trampolin, da ich ständig die Perspektive wechsele, mit der ich auf ein Thema schaue. In der Flugphase befinde ich mich auf einer Metaebene und schaue, welche Wörter und Methoden ich mit dem Wissen, das ich über die Funktionsweisen des Gehirns habe, am besten benutze, um etwas zu beschreiben und zu vermitteln. Gleichzeitig bin ich mir der zahlreichen Wahrnehmungstendenzen oder Biases bewusst, die unser Gehirn aufgrund seiner Funktionsweisen ständig an den Tag legt. Auf dem Boden des Trampolins bin ich bei der eigentlichen Thematik, die in den meisten Fällen etwas mit »Gehirn« zu tun hat, und versuche vielleicht gerade einen der Biases zu erklären. Dieser leicht philosophisch anmutende Exkurs ist mir deshalb wichtig, weil er die Zwickmühle einer optimierten Informationsweitergabe – um es einmal möglichst sachlich zu formulieren – verdeutlicht, in der ich mich häufig befinde.

Zurück zur »Lieblingsbeschäftigung« des Gehirns, dem Treffen von Vorhersagen. Auf die Frage, wie unser Gehirn denn nun funktioniere, antworte ich mit großer Gewissheit (ob die wiederum gerechtfertigt ist, steht auf einem anderen Blatt): Unser Gehirn ist ständig damit beschäftigt, Vorhersagen zu treffen, weil es versucht, eine Sache zu minimieren: Ungewissheit. Unser Hang zu Gewohnheiten und Festhalten am Status quo von »Herausforderung Nummer 1« ist Teil unseres Strebens danach, Unsicherheit und Ungewissheit zu minimieren.

Und wann ist die wahrgenommene Unsicherheit am größten? Richtig! In Krisenzeiten.[1] Dann, wenn wir plötzlich nicht mehr an Gewohnheiten festhalten können, weil unser Alltag auf den Kopf gestellt wird und wir von einem auf den anderen Tag Antworten auf Fragen finden müssen, die wir noch am Vortrag für geklärt gehalten haben. Wie überträgt sich das Virus? Wie viel Abstand muss ich halten? Wie organisiere ich meine Arbeit, meine Familie, den Kontakt zu meinen kränkelnden Eltern oder Großeltern? Von der geplatzten Hochzeitsfeier über Existenzängste angesichts geschlossener Kultur- und Freizeiteinrichtungen bis hin zur großen übergeordneten Frage: Was jetzt? Wie wollen wir weitermachen? Unsicherheit und Ungewissheit, wohin Augen und Ohren reichen.

So versetzte ein Virus die Gehirne dieser Welt innerhalb weniger Wochen in einen unliebsamen Ausnahmezustand. Unsere Suche nach Gewissheit und Antworten auf die vielen neuen Fragen war auf allen Ebenen sichtbar. Rekord-Zugriffszahlen bei Nachrichtenseiten, Rekord-Zuschauerzahlen und Rekord-Zuhörerzahlen. Weil bildlich gesprochen unsere Vorhersageapparatur im Kopf nicht mehr hinterherkam, nahm unsere Informationswut in der digitalisierten Welt noch weiter zu.

Denn die war natürlich auch vorher schon vorhanden. Spätestens seitdem die meisten von uns mit einem Smartphone ausgestattet den Alltag bestreiten, besteht die Kunst nicht mehr darin, Informationen zu finden. Sie besteht darin, Informationen auszuwählen. Aus der Herausforderung der Informations*beschaffung* in Zeiten von Bibliotheken und analogen Datenbanken ist im digitalen Zeitalter die Herausforderung der Informations*selektion* geworden. Inklusive der damit einhergehenden Überforderung angesichts vierundzwanzig Stunden Dauerbeschallung auf sämtlichen Kanälen.

Wie normal und alltäglich diese Suche nach Antworten im Internet geworden ist, offenbart eine Szene der Miniserie *Unorthodox.* Sie wirkt wie eine aus der Zeit gefallene Anekdote, weil sie die Selbstverständlichkeit unseres täglichen Verhaltens offenbart und vielleicht auch infrage stellt. Etsy, die neunzehnjährige Hauptfigur und orthodoxe Jüdin, ist soeben ihrem Leben in der strenggläubigen orthodoxen Gemeinschaft in New York entflohen. Alles, was sie bei sich hat, ist die Adresse ihrer leiblichen Mutter in Berlin, die vor knapp neunzehn Jahren selbst geflohen ist. In Berlin angekommen, hofft Etsy ein neues Leben beginnen zu können. In der Bibliothek einer Hochschule sitzt die junge Frau nun vor einem Computerbildschirm und nutzt zum ersten Mal in ihrem Leben das Internet. Was folgt, ist eine Darstellung der ganzen Naivität eines erwachsenen Menschen im Jahr 2020, der noch nie das Internet genutzt hat. Etsy überlegt, welche Frage sie in das Fenster der Suchmaschine tippen soll.

Unvorstellbar, weltfremd und fast ein wenig beschämend fühlt es sich für mich an, die Szene zu verfolgen. Kurz denke ich an mein »erstes Mal« im World Wide Web zurück. In der achten Klasse ging es in den Computerraum, es gab damals genau einen an meiner Schule. Unsere Aufgabe bestand darin, in Kleingruppen die Weltreligionen zu recherchieren und kleine Websites für das Intranet zu erstellen.

Das Thema Religionen passt zu Etsys nächster Frage und der Schonungslosigkeit der Szene in der Berliner Bibliothek. Etsy blickt Hilfe suchend zu einem der Musikstudierenden, die sie kurz nach ihrer Ankunft in ihre Obhut genommen haben. Sie sitzt, er steht hinter ihr. »Ich brauche eine Information. Wie funktioniert das?« Ungeduldig tippt sie mit den Fingern in der Luft neben der Tastatur. Konzentriert und angestrengt starrt sie auf den Bildschirm. »Kennst du keine Suchmaschinen?« Sie schaut den Fragenden und mich als Zuschauerin unsicher an. Schweigend, aber bestimmt schüttelt sie den Kopf mit den kurz geschorenen Haaren.

Der Studierende nimmt neben ihr am Computer Platz. »Na ja, es ist nicht kompliziert. Schau, du öffnest dieses Fenster und tippst eine Frage ein, in diese Zeile.«

Ihre Augen leuchten auf, ein wenig weicht die Verunsicherung einer vorsichtig hoffnungsvollen Begeisterung. »Egal was?«

»Ganz egal.«

»Okay. Gibt es einen Gott?«

Da ist die Schonungslosigkeit. Zunächst einmal offenbart die Szene die Suche nach Gewissheit einer neunzehnjährigen Frau. Diese Frau hat bis vor wenigen Tagen in einer strengen Glaubensgemeinschaft gelebt, die jede Unsicherheit mit strikten Regeln und Verboten zu minimieren versucht. Es ist die Geschichte einer jungen Frau, die zum ersten Mal die ihr erzählten Antworten auf die Fragen des Lebens nicht mehr nur anzweifelt, sondern neue Antworten finden und aktiv suchen kann. In den vergangenen Stunden hat sie eine Achterbahnfahrt der Verunsicherung erlebt, weil das Weltbild, das sie seit ihrer Geburt vermittelt bekommen hat, auf allen Ebenen zu bröckeln beginnt. In der Disco hat sie erlebt, dass laute Musik nichts »Verbotenes« ist. Im Restaurant um die Ecke hat sie »Verbotenes« gegessen, ohne dass ihr davon schlecht wird.

Etsy ist im Zustand maximaler Unsicherheit – sie erlebt eine Krise, einen Wendepunkt. Sie weiß nicht mehr, was sie »glauben« soll, was »wahr« oder »falsch« ist, wie die Welt »funktioniert«. Die Vorhersagen ihres Gehirns laufen quasi ins Leere. Jetzt starrt sie auf den Bildschirm und hofft so sehr auf Antworten, auf ein Stück Sicherheit, vielleicht sogar Gewissheit.

Der helfende Musikstudierende ist überfordert und beschämt. Genau wie ich als Zuschauerin weiß er nur zu gut, dass das Internet keine Antworten auf die großen Fragen des Lebens liefert. Sein gut gemeinter Rat lautet also: »Fang mit was Kleinem an.« Etsys Blick aber bleibt bestimmt, und da er allmählich auch neugierig wird, gibt der Helfer nach und tippt die Frage selbst ein. Ein kurzer Schwenk der Kamera auf die Antworten à la »Warum es keinen Gott gibt«, und Etsy stellt grübelnd fest: »Zu viele Antworten.«

In diesem Moment denke ich nur: »Geniales Drehbuch!« Denn die Szene offenbart eben nicht nur die Verunsicherung einer neunzehnjährigen, zerbrechlich wirkenden Frau, die im Internet »zu viele Antworten« auf die großen Fragen des Lebens angezeigt bekommt, sondern trifft aus philosophischer, psychologischer und »Versuchen-das-Leben-zu-verstehen-« Sicht den Nagel auf den Kopf. Schnell ist die kurz aufgeflackerte Neugier und Hoffnung auf hilfreiche Antworten bei dem Musikstudierenden wieder verschwunden, und er wird zum Gelehrten, der Etsy und den Zuschauern in wenigen Sekunden (nicht nur) das Internet erklärt: »Ja, so ist das. Du kannst fragen, aber du musst noch immer die richtige Antwort auswählen.« Mehr Weisheit geht nicht – David Attenborough wäre stolz auf ihn.

Abgerundet wird die Szene mit einem Augenzwinkern zum Schluss. Der Studierende nimmt einen Notizzettel und einen Stift – nicht Tablet oder Smartphone –, schiebt beides neben die Tastatur zu Etsy und sagt mit fürsorglicher Stimme: »Falls du was aufschreiben musst.«

Die Verunsicherung und Ungewissheit bleiben. Sowohl bei Etsy als auch bei mir, stellvertretend für die Zuschauer, für Generationen von Menschen, deren Hirne versuchen, genau diese Ungewissheit zu minimieren. Besonders schön auf den Punkt gebracht hat es der US-amerikanische Mathematiker John Allen Paulos: »Uncertainty is the only certainty there is.«[2] Frei übersetzt: »Ungewissheit ist die einzige Gewissheit, die es gibt.«

Wie sehr unser Gehirn ebendiese Ungewissheit verabscheut, zeigen mittlerweile zahlreiche Ergebnisse aus der Psychologie und den Neurowissenschaften. Ein besonders anschauliches Beispiel dafür sind die Ergebnisse einer Studie ehemaliger Kollegen von mir am University College London, die zeigen: Die Ungewissheit, möglicherweise einen elektrischen Schlag zu bekommen, stresst uns mehr als die Gewissheit, definitiv einen solchen milden Schlag verabreicht zu bekommen.[3] Andere Studien zeigen: Die Ungewissheit kann sogar schmerzhafter sein als tatsächliche physische Schmerzen. Mit anderen Worten, unser Gehirn ist so konzipiert, dass wir ungewisse Zustände lieber vermeiden. Es ist also ständig damit beschäftigt, Vorhersagen darüber zu treffen, was der wahrscheinlichste Grund für eine bestimmte Wahrnehmung ist und was als Nächstes passieren wird. Um entsprechend reagieren zu können. Das Problem ist nur: Unsere Prognosen und die damit verbundenen Auswirkungen für uns sind oft miserabel.

Ein Gehirn auf dem Holzweg

An dieser Stelle ist es mal wieder an der Zeit, ein metaphorisches Pflaster abzuziehen. Wie immer mache ich das mit einem Ruck. Also: Wir sind sehr oft miserabel darin, Prognosen darüber zu treffen, wie wir uns in Zukunft fühlen werden. Unsere Intuition, die wir meist als Grundlage für Prognosen nutzen, was uns gut- und was uns schlecht tun wird, ist häufig nicht nur mäßig, sondern schlichtweg fehlerhaft. Hier kommen wieder der unglückliche Millionär und der glückliche Kriegsveteran ins Spiel. Gepaart mit der Feststellung: Wir wissen häufig nicht, was wir wollen und was uns wirklich guttut.

Wie schlecht wir darin sind, unsere künftige Zufriedenheit einzuschätzen, zeigten bereits die Ergebnisse einer viel zitierten Studie von 1978. Darin verglichen drei Wissenschaftler das Glücksempfinden von Lottogewinnern, Unfallopfern, die ihr Leben lang gelähmt sein würden, und einer »neutralen« Kontrollgruppe.[4]

Vorab möchte ich anmerken, dass die Ergebnisse der Studie aus heutiger Sicht nicht mehr als eine Anekdote sein können, da sie methodisch dem heute üblichen Kontrollprozess durch andere Wissenschaftler nicht standhalten würden. So sind die Gruppengrößen extrem klein, und die Teilnehmer der Kontrollgruppe wurden mithilfe des lokalen Telefonbuchs rekrutiert. Dennoch markiert die Studie rückblickend eine Art Startpunkt für einen ganzen Forschungszweig der Glücksforschung. Denn was die Ergebnisse zeigten, haben zahlreiche methodisch bessere Untersuchungen seither bestätigt: Unser Glücksempfinden passt sich nicht nur an unsere äußeren Umstände an, sondern wir sind auch sehr schlecht darin, vorherzusagen, wie unglücklich wir uns in Zukunft fühlen werden.

Kurz zum ersten Punkt: Die Lottogewinner konnten sich weniger an den kleinen Freuden des Alltags erfreuen und unterschieden sich ein Jahr nach dem Gewinn in ihrem Glücksniveau nicht von der Kontrollgruppe. Darum und um die unterschiedlichen Arten von Glück und Zufriedenheit sowie die Rolle von Geld ging es ja bereits im ersten Teil. Hier soll es nun um unsere schlechte Prognosefähigkeit gehen. Kurz und knapp auf den Punkt gebracht, tendieren wir alle dazu, die Stärke und Dauer der Wirkung von Ereignissen auf uns zu überschätzen. Besonders, wenn es um unsere Prognosen zur Wirkung von emotionalen Erlebnissen geht. Wir überschätzen meist ihre Auswirkung auf unsere Zukunft.

Ein naheliegendes Beispiel ist neben dem Lottogewinn, in dessen »Genuss« nur die wenigsten von uns kommen, vielleicht die Vorfreude auf einen Urlaub. Selbst wenn sich die Tage in der Ferne dann gut anfühlen, sind wir häufig enttäuscht vom tatsächlichen Glücksgefühl, das sich einstellt. Vielleicht, weil unterschiedliche Erwartungshaltungen Mitreisender aufeinandertreffen, vielleicht, weil die Mücken stechen, die Sonne brennt oder alles doch irgendwie anstrengender und unentspannter ist als geplant und vermutet. Mal angenommen, das haben wir alles in den Griff bekommen und es stellt sich tatsächlich ein Gefühl von Erholung ein. Während wir also oben auf dem Berggipfel stehen und in die Ferne schauen, planen wir überambitioniert, ebendieses Gefühl nie mehr loszulassen und nach der Rückkehr in die heimischen vier Wände in unseren Alltag zu integrieren. Wäre da nicht … Spätestens nachdem wir zwei Tage lang erfolglos versucht haben, unsere grummeligen Mitmenschen anzulächeln, nicht in den Meckergesang über Lokal-, Landes- und Bundespolitik mit einzustimmen – wenn uns dann auch noch jemand die Vorfahrt nimmt, ist von der erhofften positiven

Langzeitwirkung unseres Urlaubs nicht viel mehr übrig als der Rest Sand in den Schuhen.

Das Ganze hat natürlich auch einen Namen und ist einer der Biases, die unser Wahrnehmen, Denken und Handeln prägen. Weil es um Auswirkungen geht und das englische Wort dafür »impact« lautet, trägt unsere mangelhafte Prognosefähigkeit den intuitiven Namen »Impact Bias«. Dabei wissen wir mittlerweile auch, dass uns positive Erlebnisse durchschnittlich weniger und kürzer glücklich machen, als wir vermuten.

Die an dieser Stelle aber wohl wichtigere Erkenntnis liefert uns der Impact oder Auswirkungs-Bias hinsichtlich unserer Prognosen auf alles Negative. Wir überschätzen die Dauer und Intensität der emotionalen Auswirkungen von negativen Ereignissen auf uns. Der Effekt scheint sich tatsächlich in allen Lebenslagen und bezogen auf sämtliche negativen Ereignisse zu zeigen. Egal, ob es der Zahnarztbesuch ist, das Ende einer Liebesbeziehung, eine verpasste Verbeamtung, eine Wahlniederlage, negatives Feedback auf persönlicher Ebene oder die Absage auf eine Bewerbung für einen neuen Job.

Selbst wenn es um das von vielen Menschen als schlimmstmögliche Erfahrung charakterisierte Ereignis geht, das einem Menschen widerfahren kann, überschätzen Betroffene die negativen Auswirkungen. Gemeint ist der Tod des eigenen Kindes.[5] Ich gebe zu, dass ich bei der Vorstellung schlucken und sie erst einmal sacken lassen musste. Ich war in dem Moment froh, dass ich dem Impact Bias und den hier zitierten Forschungsergebnissen in einem Podcast auf dem Rad begegnete. Mit frischer Luft um die Nase und kräftig in die Pedale tretend hatte ich das Gefühl, das Ganze einigermaßen einordnen zu können. Gleichzeitig zeigte mir meine Reaktion auch, wie stark der Auswirkungs-Bias ist.

Damit das an dieser Stelle niemand falsch versteht: Es geht hier nicht darum, Trauer, Schmerz und Ängste kleinzureden, sondern um unser konsequentes Überschätzen dieser Auswirkungen. Noch auf dem Rad sitzend suchte ich nach einer möglichen Erklärung für diese Tendenz in uns, und mir kam natürlich das Steinzeithirn in den Sinn, das stets versucht zu überleben und daher Negatives meidet. Notfalls mit einer nicht den realen Gefahren angemessenen Vehemenz.

Später am Schreibtisch, als ich versuchte, den Impact Bias genauer einzuordnen, hatte ich zwei meiner erwähnten »Plopp«-Momente, die mir das Gefühl gaben, wieder ein Puzzleteil gefunden zu haben. Ein Puzzleteil bei der Antwort auf die Frage: »Glaubst du, das Leben verstanden zu haben?«

Das erste Mal »Plopp« machte es, als ich die Verbindung zwischen der Tatsache, dass wir die Auswirkungen von negativen Ereignissen auf uns überschätzen, und unserem »zweiten Immunsystem« herstellte. Wir alle kennen nicht erst seit Corona unser Immunsystem und wissen: Wenn es geschwächt ist, sind wir anfälliger und werden beispielsweise schneller krank. Manche Psychologen und Neurowissenschaftler sprechen seit einigen Jahren von einem weiteren Immunsystem, das wir alle in uns tragen.[6] Dieses psychologische Immunsystem wehrt nicht Bakterien und Viren ab, sondern die Folgen von negativen Ereignissen auf unsere Psyche und unser Wohlbefinden. Die Krux besteht darin, dass wir uns seiner Existenz geschweige denn seiner Funktionsweise nicht bewusst sind. Mit anderen Worten: Wir ignorieren dieses wundervolle zweite Immunsystem, wenn wir Prognosen darüber anstellen, wie uns zukünftige Ereignisse emotional beeinflussen werden.

Der zweite »Plopp«-Moment ließ einige Wochen auf sich warten. Ich hatte gerade eine mündliche Prüfung für eine Bachelorarbeit abgenommen, in der es um die Mobilität der Zukunft und psychologische Herausforderungen im Zuge einer möglichen Verkehrswende ging. Dabei ging es auch um die in »Herausforderung Nummer 1« angesprochene Verlustaversion. Während ich also darüber nachdachte, wie sehr der Impact Bias uns daran hindert, mutig Neues zu wagen, kam die Verlustaversion dazu. Das ist es! So liefert unsere Ignoranz gegenüber dem psychologischen Immunsystem, das wir alle in uns tragen, die Grundlage für die Verlustaversion. Eben weil wir die Folgen von negativen Dingen überschätzen, haben wir so große Angst, Altes aufzugeben und neue Wege zu gehen.

Für einen kurzen Moment hatte ich das Gefühl intellektueller Genugtuung. Bis sich die unvermeidliche Frage einschlich: Warum sind wir so schlecht im Vorhersagen? Warum rennen wir so sehr Dingen hinterher, von denen wir fälschlicherweise annehmen, dass sie uns glücklich machen? Warum sind wir dann häufig doch nicht glücklich und zufrieden, wenn wir genau das bekommen, was wir wollten? Und warum sind Menschen häufig am glücklichsten, wenn sie das Gegenteil von dem bekommen, was sie wollten? Oder dachten zu wollen?

Der Psychologe und Autor Daniel Gilbert fängt meine Verwirrung in einem Satz ein: »Das ist ein wenig ein Mysterium – es ist die Art Rätsel, die Psychologen anzieht.« Geführt von seinen Überlegungen, wage ich eine Einordnung.

Fest steht zunächst einmal, dass die Fähigkeit, sich Gedanken über die Zukunft zu machen, uns Menschen einzigartig macht. Klar können einige Tiere wie Eichhörnchen oder bestimmte Vögel sich merken, wo sie Futter versteckt haben, und legen damit eine gewisse »Zukunftsplanung« an den Tag. Sie können aber keine Vorhersagen gekoppelt an Vorstellungen treffen, wie ihr Leben in der Zukunft aussehen könnte. Ein Schimpanse kann einen Ast als Werkzeug nutzen, um an Futter zu kommen. Er stellt sich aber nicht vor, wie er wohl in zehn Jahren im Badeanzug aussehen wird, wenn er seine Ernährung nicht bald anders gestaltet, und er macht sich keine Gedanken über die beste Rentenvorsorge. Er kann seinen Freunden keine Geschichten erzählen.

Für beides – Zukunftsüberlegungen und Geschichten – brauchen wir die Kraft der Vorstellung. Die hat schon John Lennon in seinem Klassiker »Imagine« besungen, und sie ist rein menschlich. Das Mysterium der Fehlprognosen kann nur entstehen, *weil* wir die Fähigkeit besitzen, uns unser zukünftiges »Ich« vorzustellen. Wir sind sehr wahrscheinlich die einzigen Wesen, die in der Lage sind, mentale Simulationen der Zukunft in unserem Kopf auszuführen.

Diese Fähigkeit ist sozusagen die neueste »Funktion«, die unser Steinzeithirn erworben hat. In den letzten zwei Millionen Jahren hat sich die durchschnittliche Gehirngröße mehr als verdoppelt. Während die Gehirne unserer Vorfahren Homo habilis circa 600 Gramm wogen, kommt das durchschnittliche Homo-sapiens-Gehirn auf 1350 Gramm. Das menschliche Gehirn wurde aber nicht einfach nur größer und schwerer, sondern es kamen auch neue Strukturen hinzu. Der modernste Teil unseres Oberstübchens liegt hinter der Stirn. Der sogenannte präfrontale Kortex als Teil des Frontallappens ist vereinfacht ausgedrückt unsere Kontrollzentrale, weil er bei sämtlichen höheren kognitiven Fähigkeiten eine wichtige Rolle spielt. Wer es lieber politisch mag: Er ist für die exekutiven Funktionen verantwortlich. Der Begriff für diese Untergruppe von Hirnfunktionen und das damit verbundene Verhalten wird tatsächlich auch in der Psychologie genutzt.

Der präfrontale Kortex wägt also ab, moderiert, hält impulsives Verhalten in Schach, entscheidet und … verleiht uns unsere Vorstellungskraft. Unsere Fähigkeit, mentale Simulationen zu generieren, ist also noch recht jung, sehr wahrscheinlich nicht älter als sechs bis sieben Millionen Jahre. Was aus meiner Sicht, die sich meist auf Jahrzehnte bezieht, unvorstellbar lang erscheint, ist mit Blick auf die Evolutionsgeschichte, wenn überhaupt, nicht mehr als ein Augenzwinkern. So schlägt Daniel Gilbert vor, dass unser mentaler Simulator – Prospektion 1.0 – sich vielleicht gerade noch in einer Testphase befindet. Das Ganze ist also noch nicht ganz ausgereift und trägt möglicherweise noch den einen oder anderen Fehler in sich, wenn es darum geht, unsere Zukunft zu antizipieren.

So können wir uns nicht sämtliche Ereignisse vorstellen, wenn wir beispielsweise den Umzug in eine andere Stadt planen. Vielleicht stellen wir uns alles schön vor: wie wir im Park spazieren, eine gut eingerichtete Wohnung haben und Freunde treffen. Was aber fehlt, ist eine Echtzeit-Simulation sämtlicher notwendiger Tätigkeiten wie Ein- und Auspacken, Behördengänge und Schlüsselübergaben. Sonst würde die Vorstellung schließlich mehrere Wochen oder gar Monate dauern – und das ist ja nicht »Sinn der Sache«. Das Wundervolle ist also, dass wir eine schnelle, aber eben auch unsaubere Vorstellung des Umzugs erhalten. Ein wenig wie bei einer Vorspultaste. Dabei gehen wichtige Details verloren.

So gesehen besteht der Impact Bias also darin, dass wir gerade die Dinge nicht antizipieren oder – um beim Bild zu bleiben – beim mentalen Vorspulen überspringen, die einen großen Einfluss auf unsere (Un-)Zufriedenheit haben. Wir überschätzen die negativen Auswirkungen von potenziellen Verlusten, Absagen und Rückschlägen. Wir halten am Alten fest, um Unsicherheit und Ungewissheit zu vermeiden. Wir verharren im Status quo, aus übertriebener Angst vor den Folgen. Übertrieben gemessen an dem, was wir – sollte uns doch etwas Negatives widerfahren – selbst später berichten werden. Was wir aber nur berichten können, wenn wir uns vom Drang nach Gewissheit lösen. Wenn wir die Angst vor der Unsicherheit ein Stück beiseitelegen.

Nachdem ich eben schon John Lennon zitiert habe, fällt mir bei diesem Gedanken das Lied »The Fear« – also »Die Angst« oder »Die Furcht« – eines weiteren britischen Musikers ein. Genau vierzig Jahre nach John Lennons »Imagine« besingt Ben Howard darin seine Sorgen und die Ungewissheit auf der einen Seite und andererseits das ungute Gefühl, dass wir unser Leben alle in einem durch Angst abgesteckten Rahmen leben. Sämtliche Forschungsergebnisse zum Impact Bias zeigen uns: Die Vorhersagen unseres Steinzeithirns entsprechen nicht den eigentlichen Erfahrungen. Wir sind uns unserer eigenen Widerstandskraft häufig nicht bewusst und versuchen stattdessen, Ungewissheit auf Biegen und Brechen zu minimieren.

Das bringt mich zum zweiten Aspekt der Herausforderung Nummer 2: In unserer ständigen Suche nach Sicherheit und Gewissheit vertrauen wir nicht nur auf uns, sondern vor allem auf andere. Unser ständiges Gruppendenken ist aber nicht nur sozialer Klebstoff, sondern Sprengstoff zugleich.

Unser Gehirn ist ungern allein

»Wer sind wir?« – »Viele!« So lautete einer der wieder und wieder ertönenden Slogans, die auf einer der sogenannten Corona-Demos in Berlin im Herbst 2020 zu hören waren. Einige Tausend Menschen waren zusammengekommen, sodass der Eindruck, »viele« zu sein, für den Moment gerechtfertigt erschien. Mit Blick auf das große Ganze zeichnen die Umfrageergebnisse jedoch ein anderes Bild: Die meisten Menschen konnten und können sich nicht vorstellen, gegen die Maßnahmen der Bundes- und Landesregierungen zur Eindämmung der Pandemie auf die Straße zu gehen. Im Zeitraum zwischen Juli und September 2020 war beispielsweise etwa nur jeder Zehnte der Befragten des »COSMO – Covid-19 Snapshot Monitoring«[7] bereit, an einer Demonstration gegen die einschränkenden Maßnahmen teilzunehmen.[8] Neben Debatten darüber, wie viele Menschen auf der Straße waren und ob die Medien die tatsächlichen Verhältnisse in der Bevölkerung wahrheitsgetreu abbilden, bestimmte in den folgenden Wochen vor allem eine Frage Talkshows, Leitartikel und Frühstücksdiskussionen: Was verbindet die Menschen dort auf der Straße? Denn längst war klar, da marschieren waschechte Nazis neben Opa Willi, der seine Frau nicht mehr im Pflegeheim besuchen darf. Während Moderatoren also noch fleißig eruierten, war den Psychologen längst klar, dass die Demos und Kundgebungen vor allem eins waren und sind: Erlebnisse der Selbstbestätigung, nicht allein zu sein.

Das Gegenteil vom Alleinsein ist Zugehörigkeit. Vielleicht ist der Wunsch, dazugehören zu wollen, sogar der stärkste Drang, der uns Menschen ausmacht. Bei aller Individualität, Unabhängigkeit und Selbstverwirklichung sind wir am Ende soziale Wesen auf der Suche nach Anerkennung, Geborgenheit und Sicherheit. So ist unser Hang, zu gruppieren, uns ein- oder auszusortieren, vor allem ein Mechanismus unseres Hirns, um Unsicherheit zu verringern. Teil der Vorhersage-Apparatur in unserem Kopf ist es daher, innerhalb von Millisekunden zu entscheiden, wer dazugehört und wer nicht. Ein Teil unseres Steinzeithirns ist ständig damit beschäftigt, zu entscheiden, wer zur In-Group dazugehört und wer als Teil der Out-Group »draußen« bleiben muss. Neben Sicherheit schaffen Gruppen Identität und auch Abgrenzung in einer globalen, vernetzten, sich ständig verändernden Welt. Letzteres bringt uns zurück zu den Corona-Demos und der Frage, was Querdenker, Rechtsextreme, Esoteriker und Opa Willi verbindet. Welcher Gruppe gehören sie an?

Wir alle wissen in etwa, was 2020 geschah. Ein Virus und die von diesem Virus ausgelöste Pandemie versetzen die Welt in einen Zustand maximaler Unübersichtlichkeit. Schulen auf oder zu? Masken ja oder nein? Hotels, Restaurants und Theater geöffnet oder nicht? Private Feiern drinnen absagen, draußen oder mit Abstandsregeln? Dinge, die sich zu widersprechen scheinen, finden gleichzeitig statt. In dieser maximalen Ungewissheit kommt die Vorhersagefunktion unseres Gehirns gewaltig ins Straucheln und ist schlichtweg überfordert. Ich stelle mir diesen Zustand manchmal bildlich so vor, dass ganz viele Warnlampen im Kopf blinken und die vielen kleinen Nervenzellen sich schulterzuckend gegenüberstehen, weil sie nicht mehr wissen, wie sie »feuern« sollen. Gewohnheiten und bisherige Erklärungsmuster funktionieren nicht mehr, sodass die verwirrten Neuronen in solchen Ausnahmesituationen noch stärker dazu tendieren, Gewissheit in vermeintlich kausalen Erklärungen zu finden. Und so erblühen Verschwörungserzählungen à la »xy hat das Virus in die Welt gesetzt oder gar erfunden«. Ich werde entsprechende Geschichten und Mythen an dieser Stelle nicht explizit machen, da schon die Erwähnung dafür sorgt, dass ein Teil unseres Gehirns »denkt«: »Mhh, das habe ich schon öfter gehört – vielleicht ist da ja doch was dran!« Wiederholung ist nicht nur im positiven Sinne eine der stärksten Methoden, um etwas im Gedächtnis abzuspeichern, sie funktioniert leider auch für Falschmeldugen und Lügen.

Das, was die Gehirne in der bunten Mischung aus Demonstrierenden also verbindet, ist die Überforderung. Es ist der Versuch, in einer maximal ungewissen Situation Kausalitäten und Erklärungen zu finden. Inkubationszeiten, exponentielles Wachstum, Präventionsparadox, R-Werte und zahlreiche andere Kennzahlen, die uns täglich um die Ohren und ins Gehirn geworfen werden, helfen da wenig. Die Ungewissheit auszuhalten ist anstrengend, für jedes einzelne Gehirn und damit auch für die Gesellschaft inklusive Politik als Ganzes. Wir erinnern uns an das »faule Gehirn«.

Das, was die Hirne der Demonstrierenden verbindet, ist also ein Gruppengefühl und damit die Gewissheit: Ich bin nicht allein. »Wer sind wir?« – »Viele!« Gruppen- oder Stammesdenken ist evolutionsbiologisch gesehen genau wie der Energiesparmodus des Gehirns natürlich zunächst einmal ein Überlebensmechanismus. Wer mir in der Steppe oder im Urwald entgegenkommt und anders aussieht als ich, könnte mir an den Kragen wollen. Der andere »Stamm« – das sind für die Demonstrierenden nicht nur die Regierung, sondern schnell auch ein Großteil der Medien und vielleicht sogar alle Menschen, die nicht auf der Straße sind. Alle auf der Straße verbindet die Überzeugung, »anders« zu sein als die »anderen«, die eine Bedrohung bedeuten. Sie scheinen die eigene Freiheit zu bedrohen oder die finanzielle Sicherheit. In jedem Fall stellen sie eine Bedrohung dar, die es zu kontrollieren gilt. Die Wahrnehmung dieser Bedrohung besteht – wie bei jedem Gruppendenken – aus einer gemeinsamen Zutat: Vorurteile.

Was passiert, wenn wir Vorurteile treffen? Unser Gehirn beurteilt automatisch und ohne dass wir es verhindern können, unser Gegenüber. Nehmen wir das Wort »Vor-Urteil« beim Namen, dann trifft unser Steinzeithirn zahlreiche Urteile, bevor wir uns ihrer durch ein »eigenes Urteil« bewusst werden. Das passierte in den Hirnen unserer Vorfahren vor Millionen Jahren, die in der Wüste einem anderen Stamm begegneten. Es passiert noch heute, wenn unser Gegenüber eine andere Hautfarbe, ein anderes Geschlecht oder einen anderen, vielleicht religionsspezifischen Kleidungsstil hat. Und es passiert, wenn die Teilnehmer einer Corona-Demo einem Regierungsvertreter gegenüberstehen.

Die Forschung des US-amerikanischen Psychologen Steven C. Hayes beschäftigt sich mit diesen Dynamiken. Der renommierte Psychotherapieforscher hat mit seiner Forschungsgruppe zahlreiche Formen von Vorurteilen untersucht und einen gemeinsamen Kern gefunden: Ob Vorurteile gegenüber Geschlechtern, Gewicht, sexueller Orientierung, Ethnizität oder anderem – alle Vorurteile ließen sich durch ein Abgrenzen gegenüber einer anderen Gruppe erklären. Diese Abgrenzung manifestiert sich in drei Charakteristiken: Erstens sind Mitglieder der In-Group nahezu unfähig, die Perspektive der Out-Group einzunehmen. Zweitens sind sie nicht in der Lage, Schmerz und Leid der »anderen« zu spüren, wenn sie dennoch versuchen, deren Perspektive einzunehmen. Und drittens sind sie emotional nicht imstande, Schmerz und Leid von Menschen außerhalb der In-Group nachzuempfinden, wenn diese ihn physisch spüren.[9]

Alle, die jetzt vielleicht denken: »Na ja, das sind ja Extremfälle, das trifft auf mich nicht zu«, muss ich enttäuschen. Auch auf die Gefahr hin, mich zu wiederholen: Wir alle haben diese Automatismen in uns, ob wir wollen oder nicht. Wir alle vertrauen eher Menschen, die »zu uns gehören«, sei es aufgrund von Hautfarbe, Geschlecht oder Weltanschauung. Um meinen Punkt zu untermauern, hier ein paar der zahlreichen Forschungsergebnisse, die unser ausgeprägtes Gruppendenken verdeutlichen.

Wenn in den USA ein republikanischer Politiker Republikanern vom »menschengemachten Klimawandel« berichtet, glauben die Zuhörer ihm eher als einem demokratischen Politiker oder Wissenschaftler.[10] Beobachtet ein Christ die Hand eines anderen Christen, die einen Schmerz erfährt, ist die empathische Reaktion auf neuronaler Ebene, also im Gehirn gemessen, stärker, als wenn er die Hand eines Glaubensvertreters einer anderen Religion oder einer Atheistin beobachtet.[11] Hellhäutige Ärzte in den USA verschreiben dunkelhäutigen Patienten seltener Schmerzmittel als hellhäutigen Patienten.[12] Wichtig bei allen diesen Beispielen ist, dass sich die untersuchten Gruppen ihrer Biases und daraus resultierender Verhaltensweisen nicht bewusst sind. Mit anderen Worten, die Ärzte denken nicht: »Oh, ein Dunkelhäutiger, der bekommt von mir kein Schmerzmittel verschrieben!« Sie tun es automatisch.

Um an dieser Stelle nicht zu verzweifeln, möchte ich kurz eine Mini-Vorschau zum Kapitel 3 geben, in dem es auch darum gehen wird, welche Maßnahmen und Tricks uns helfen können, Vorurteile zu reduzieren und Gruppen neu zu denken. Dabei spielt natürlich der schon vorgestellte neueste Teil unseres Gehirns – der präfrontale Kortex – eine grundlegende Rolle. Er ist am Werk, wenn wir uns beispielsweise nicht in erster Linie als Fan von Schalke oder Dortmund, nicht als Muslimin oder Jüdin sehen, sondern als Fußballfans oder als Gläubige und damit als Teil einer gemeinsamen Gruppe. Wie politische Mitteilungen aussehen, wenn sich auch Politiker und deren Kommunikationsexperten die Wirkung von Gruppendenken bewusst machen, führte im März 2020 der australische Premierminister

Scott John Morrison anschaulich vor. Genau wie hierzulande gab es zu Beginn der Pandemie in Australien in vielen Geschäften leere Toilettenpapierregale. Morrison nannte die Hamsterkäufe an WC-Papier »lächerlich, es ist un-australisch und muss aufhören«.[13] Ein cleverer Schachzug, denn wer sich ein wenig mit Australiern auskennt, weiß um ihren ausgeprägten Nationalstolz. Niemand will »un-australisch« sein.

Neben der Nationalität bietet historisch gesehen vor allem eine weitere Gruppe Sicherheit und verlässliche Ergebnisse für die Vorhersagen unseres Gehirns: Religion beziehungsweise der damit verbundene Glaube. So sind die wichtigsten Regeln im Christentum im wahrsten Sinne des Wortes in Stein gemeißelt. Zieht eine gläubige Person in eine neue Stadt oder gar ein anderes Land, gibt es einen Ort, an dem sie sich gar nicht oder weniger fremd fühlen wird: Sie sucht die örtliche Kirchengemeinde auf, findet sozialen Anschluss, gemeinsame Rituale und Gewohnheiten sowie die Gewissheit, dass auch in der Fremde Bekanntes zu finden ist. Der gemeinsame Glaube verbindet und vereint. Vielleicht in Form von Gottesdiensten, aber auch durch den gemeinsamen Wochen- und Jahresrhythmus. Ostern und Weihnachten geben dem Jahr, Samstage und Sonntage der Woche eine Struktur und damit Gewissheit.

Religiöse Vorstellungen sind immer gekoppelt an Geschichten, die wir uns erzählen. Geschichten von Propheten, Erlösern und Heilsbringern, die verbunden sind mit der tiefen Gewissheit, dass es »dort oben« etwas gibt. »Dort oben« – meist werden Gottheiten dem Himmel zugeordnet – gibt es etwas, was uns unsere Unsicherheit nimmt.

Aus psychologischer Sicht spielt die Gewissheit, die uns die Geschichten rund um Gott geben, eine entscheidende Rolle für die Bedeutung von Religionen. Die Anekdote eines Siebenjährigen aus dem Schulunterricht fasst es gut zusammen. Er und seine Klassenkameradinnen haben soeben die Aufgabe bekommen, ein Bild von Gott zu malen. Während die anderen beginnen, alte Männer mit Bart zwischen Wolken aufs Papier zu bringen, schaut er die Lehrerin verdutzt an und sagt: »Gott braucht man dann, wenn man mit seinem Wissen nicht weiterkommt.« Schließlich lässt er sich doch überzeugen und gibt seinem Abbild im Gegensatz zu den Porträts der Mitschüler einen ernsten Gesichtsausdruck. Die Erklärung ist einleuchtend. Na, wenn schon die Schulleiterin angesichts der vielen täglichen Aufgaben immer so ernst schauen würde, wie solle dann Gott mit Blick auf seine ganzen Aufgaben mit so vielen Menschen auf der Welt erst dreinschauen müssen.

Abseits der Frage, ob Gott ein Geschlecht hat, lächelt oder nicht und sich Menschen ein Bild von ihm oder ihr machen, zeigen sämtliche Statistiken für Deutschland ein deutliches Bild: Der Anteil der Menschen, die einer Religionsgemeinschaft angehören, nimmt stetig ab. 2019 erreichte die Anzahl der Kirchenaustritte aus der katholischen Kirche mit mehr als 272 000 einen historischen Höchststand. Bei der evangelischen Kirche waren es ebenfalls gut 270 000 Austritte.[14] Der seit Jahren anhaltende Austrittstrend schlägt sich in den Religionszugehörigkeiten nieder, sodass laut der aktuellen Zahlen vom Jahresende 2019 39 Prozent der Bevölkerung konfessionslos sind.

Der menschliche Drang, Ungewissheit zu minimieren, und die damit verbundene Suche nach Gruppen, die uns dieses Gefühl geben, ist aber nach wie vor vorhanden. Wohin wandern also viele Menschen ab? In einen Bereich, der gemeinhin als Esoterik bezeichnet wird. Die Erklärung dafür liegt auf der Hand. Denn nicht nur der »klassische« Glaube wird weniger, auch andere Gruppen als Quellen von Gewissheit nehmen weniger Platz in unserem Leben ein oder fallen vollständig weg. So leben weniger Menschen in familiären Strukturen. Die Anteil der sogenannten Singlehaushalte stieg laut der aktuellen Zahlen des Statistischen Bundesamtes seit 1991 von 34 Prozent auf 42 Prozent im Jahr 2019.[15] Die wenigsten Menschen wohnen in generationenübergreifenden Gemeinschaften. Einsamkeit macht sich breit. Das Gefühl von Unsicherheit angesichts der eigenen Lebenssituation und Zukunft spüre ich nicht nur bei den Studierenden, die ich unterrichte, sondern es ist ein gut dokumentiertes Phänomen unserer individualisierten Kultur.

Da bietet die breite Palette an spirituellen (Lebens-)Ansätzen wieder Sinn und Gewissheit. Denn meist liefern die gedanklichen Konstrukte dahinter eine nachvollziehbare Struktur, die bestimmten Prinzipien folgt. Diese Prinzipien gehen nicht selten mit einer Abkehr von einer wissenschaftlich geprägten Weltsicht einher. Das kann so weit gehen, dass Wissenschaft selbst zum Kampfbegriff erklärt wird, weil sich nun mal »nicht alles wissenschaftlich erklären« lasse. Der Sprung zu persönlichen Anfeindungen gegenüber Menschen, die entsprechende Überzeugungen infrage stellen, ist dann nicht mehr weit.

Ich habe das selbst erfahren, als ich einen Kommentar zum Thema Homöopathie veröffentlichte.[16] Knapp sechshundert Kommentare unter dem Artikel inklusive persönlicher Anfeindungen, zahlreiche E-Mails und sogar Beschimpfungen per Post sind das beeindruckende Resultat meines Kommentars. Dabei waren natürlich nicht alle Rückmeldungen negativ oder persönlich. Spannend ist aber die Tatsache, dass die Thematik die Gemüter so erhitzt hat. Eine ähnliche aufregende und emotionale Bandbreite an Reaktionen generierte bisher lediglich ein anderer journalistischer Beitrag von mir. Darin diskutierte ich mit einem anderen Autor über … Na? Richtig! Religion und die Existenz (eines) Gottes.[17]

Was Religion und Homöopathie verbindet, sind der tiefe Glaube an Geschichten, die bestimmte Lebensbereiche und -fragen erklären. Dabei liefern sie eine Form der Allgemeingültigkeit, die keinen Raum für Unsicherheit lässt. Das menschliche Gehirn »freut« sich, wenn sämtliche Vorhersagen aufgehen. Der Organismus erfährt weniger Stress. Auch wenn es gewisse Unterschiede zwischen »Religiosität« und »Spiritualität« gibt,[18] überlappen beide Konzepte stark und haben ähnliche Wirkungen auf unser Wohlbefinden. So zeigen zahlreiche Studienergebnisse einen positiven Einfluss von Religion und Spiritualität auf die mentale Gesundheit.[19]

Doch das Gefühl von Gewissheit hat auch einen Preis. Und damit meine ich nicht den häufig stolzen Preis von Sitzungen bei Heilern, Homöopathen und anderen Heilsversprechern. Ich sitze mal wieder auf dem Rad und lausche einer Folge des Podcasts »Hoaxilla«, in dem es auch um Esoterik und Spiritualität geht. Gerade geht es um Engel, und in Gedanken bin ich wieder ein kleines Mädchen, das im Bett liegt und dem der Papa einen »Schutzengel« zur Seite wünscht. Die Vorstellung, dass da jemand – oder besser noch, ein übernatürliches Wesen – auf mich aufpasst, ist beruhigend und lässt mich nach einem aufregenden Tag beruhigt einschlafen.

Jetzt muss ich im Podcast zurückspringen, weil ich gedanklich in meinem Kinderzimmer im Bett lag, statt einem der Gastgeber der munter diskutierenden Runde zuzuhören. Der deutsche Psychologe und Publizist Alexander Waschkau bringt auf den Punkt, warum der Glaube an Engel, dem sich laut seiner Aussage häufig Menschen hingeben, denen Religion und Gott eine Nummer zu weit weg seien, auch gefährlich sein kann. Vertraue ich einem Engel, dass er sich um mich kümmert, dann erhalte ich nicht nur ein Gefühl von Sicherheit, sondern gebe auch Verantwortung und Wertschätzung mir selbst gegenüber ab. Alexander Waschkau fasst es so zusammen: »Dass ich auch allein etwas wert bin, das gebe ich damit ab. So romantisch ein Engel ist, ist es im Grunde nicht gut für mich.«[20]

Nachfolgend beschreibt er die »brandgefährliche Entwicklung, dass solche Bilder auch in der Psychotherapie von einigen Therapeuten integriert werden«. Das ist insofern problematisch, weil die innere Kontrolle, die notwendig ist, um psychischen Herausforderungen zu begegnen, vom Individuum nach außen abgegeben wird. Im Zweifel wird sie an ein esoterisches Wesen delegiert. Aus der kindlichen Vorstellung eines Schutzengels mit

Flügeln und weißem Lendenschurz wird spätestens dann eine Gefahr, wenn die Kontrollübertragung an Wesen oder bestimmte Verhaltensweisen ursächliche Erklärungen für Krankheiten liefern soll. Im Podcast ist die Rede von Familienaufstellungen, bei denen die Untreue der Ehefrau als Ursache für ihre aktuelle Krebserkrankung »identifiziert« wurde.

Welche Auswüchse die ins Leere laufenden Erklärungs- und Vorhersageversuche einiger Steinzeithirne annehmen kann, konnten wir auch seit Beginn der Corona-Pandemie alle »live« mitverfolgen. Die Überforderung angesichts der vielen offenen Fragen und der Ungewissheit darüber, wie sich unser Leben in den darauffolgenden Monaten weiter gestalten würde, lieferte von Beginn an einen dankbaren Nährboden für die bereits erwähnten Verschwörungserzählungen. Parallel wurden wir alle mindestens gefühlt und mindestens ein bisschen zu Hobby-Virologen und Wochenend-Epidemiologen, die mit Begriffen um sich warfen, die sie einige Wochen zuvor noch nicht gekannt hatten. Doch gleichzeitig war uns allen klar: Die Vorhersageapparatur in unseren Köpfen und damit wir sind heillos überfordert. Längst hatten wir die Kontrolle verloren.

Das ist das Stichwort für Herausforderung Nummer 3: Kontrollverlust. Oder besser gesagt: der wahrgenommene Kontrollverlust.

10 Herausforderung Nummer 3: Ein Gehirn im Kontrollverlust

In den Sechzigerjahren begann der britische Epidemiologe und Gesundheitswissenschaftler Sir Michael Marmot umfassende Untersuchungen zum Zusammenhang von Arbeit und Gesundheit durchzuführen.[1] Gemeinsam mit seinen Kollegen wertete er Daten von Tausenden britischen Angestellten unterschiedlicher Hierarchieebenen aus. Als er untersuchte, wer am anfälligsten für einen Herzinfarkt war, machte er eine zunächst verblüffende Entdeckung: Es waren nicht die Chefs mit den meisten Zuständigkeiten und der größten Verantwortung. Im Gegenteil: Die »Bosse« hatten eine viermal so geringe Wahrscheinlichkeit, einen Herzinfarkt zu erleiden, als der Durchschnitt.[2]

Um der Sache auf den Grund zu gehen, schaute der Wissenschaftler sich genauer an, welche Menschen am stärksten gestresst waren und am häufigsten an Depressionen litten. Dabei sorgte er dafür, dass weder ein Unterschied im Gehalt noch im Status die Ergebnisse erklären konnte. Sogar die Beschaffenheit des Büros berücksichtigte er bei der Auswertung. Und er machte einen entscheidenden Faktor aus: Je weniger Kontrolle jemand über seine Arbeit und dazugehörige Entscheidungen hatte, desto wahrscheinlicher war es, dass die Person depressiv war.

Einige Jahre später bat die britische Steuerbehörde aufgrund steigender Suizidzahlen in ihren Reihen den Epidemiologen um Hilfe. Er wurde erneut fündig. Die Mitarbeiter fühlten sich nicht in der Lage, der Arbeitsbelastung zu begegnen. Der Berg offener Aufgaben schien sich ihrer Kontrolle zu entziehen. Einen Zusammenhang zwischen Aufwand und Belohnung konnten sie nicht ausmachen. Es schien niemanden zu interessieren, ob jemand hart arbeitete oder sich aus der Verantwortung stahl. Die Schlussfolgerung liegt auf der Hand: Das Gefühl von Kontrollverlust kann Menschen so sehr zur Verzweiflung bringen, dass sie keinen anderen Ausweg mehr sehen, als sich das Leben zu nehmen.

Der britische Journalist und Autor Johann Hari, der seine eigene Depression öffentlich gemacht hat, benennt in seinem Buch *Lost Connections*[3] neun Gründe für Depressionen und Angst. Grund Nummer sieben: »Die Trennung von einer hoffnungsvollen und sicheren Zukunft«. Für mich ist das eine Umschreibung von Kontrollverlust.

Wir können uns also zunächst auf die folgende Aussage einigen: Das Gehirn mag keinen Kontrollverlust. Verneinungen mag es im Übrigen auch nicht. Und doppelte Verneinungen erst recht nicht. Daher ist folgende Formulierung die leichter zu verarbeitende: Das Gehirn will Kontrolle haben. Nicht umsonst wurde »Take back control!« zum Slogan der Brexit-Befürworter, die sich von der Regierung in den Zustand eines Kontrollverlusts gesetzt fühlten. So kommen wir zu den zwei Funktionsweisen, die bei der dritten und letzten Herausforderung unseres Steinzeithirns eine wichtige Rolle spielen. Bei der ersten geht es darum, wie gut oder schlecht unsere Risikobewertung ist und was die wiederum mit Verschwörungserzählungen zu tun hat. Die zweite Funktionsweise knüpft direkt daran an. Es geht um die Emotion, die zentral für unsere Risikobewertung ist. Einige Psychologen und Neurowissenschaftler nennen sie gar die »wichtigste Emotion« von Mensch und Tier. Die Rede ist von der Angst.

Beide Funktionsweisen sind Ausdruck für das Bestreben unseres Gehirns, die Kontrolle zu behalten oder zu bekommen. Das einzige, aber gravierende Problem dabei ist, dass der faszinierende Zellhaufen in unserem Kopf auf kurzfristiges Denken optimiert ist. Schließlich geht es ums Überleben, und zwar jetzt und hier. Welcher Steinzeitmensch musste schon wissen, was in dreißig Jahren passieren würde? Damals gab es weder Vorsorgeuntersuchungen noch Rentenkassen. Auch wenn mittlerweile gut belegt ist, dass bereits unsere frühen Vorfahren ein hohes Alter erreichen konnten, lag die durchschnittliche Lebenserwartung bei wenigen Jahrzehnten.[4] Die hohe Kindersterblichkeit spielt dabei eine wichtige Rolle. Aber ganz abgesehen davon, gab es schlichtweg keine gesellschaftlichen oder sozialen Konstrukte, die langfristiges Denken erforderten beziehungsweise belohnten. Ausgestattet mit dem gleichen Steinzeithirn in unserem Kopf, sind wir darum auch heute noch schlechte Risikobewerter, vor allem, wenn ein längerfristiger Blick erforderlich ist. Sind wir zusätzlich auch noch von Angst getrieben, dann sind schlechte Entscheidungen – getrieben von einer kurzfristigen und damit kurzsichtigen Perspektive – garantiert.

Unser Gehirn ist ein mieser Risikobewerter

Hand aufs Hirn: Wann haben wir das Coronavirus SARS-CoV-2 ernst genommen? Ich meine, so richtig ernst genommen als eine Gefahr, die uns bedroht? Als einen Grund, Urlaube abzusagen, Konferenzen und Sportveranstaltungen auf (un)bestimmte Zeit zu verschieben, Homeoffice anzuordnen, Kontaktbeschränkungen zu erlassen und sogar Grenzen zu schließen?

Ich erinnere mich noch gut an meinen »Moment des Ernstnehmens«: Ich bin für einen Vortrag in Heidelberg. Am nächsten Tag soll ich nach Mannheim weiterreisen zu einer Konferenz, bei der ich ebenfalls für einen Vortrag eingeladen bin. Eigentlich mit einem Zwischenstopp inklusive Auftritt in Frankfurt. Die Veranstaltung dort ist aber bereits abgesagt. Überall im Land gibt es unterschiedliche Beschränkungen, was die Anzahl der Teilnehmer bei Großveranstaltungen anbelangt.

Erste Hygienekonzepte werden entwickelt. Statt Händeschütteln gibt es Berührungen mit den Ellbogen oder Füßen. Das Thema »Masken« bestimmt den öffentlichen und privaten Diskurs. Weltweit gibt es, soweit wir wissen, knapp hundertfünfzigtausend Menschen, die an COVID-19 erkrankt waren oder sind.[5] Etwas mehr als viereinhalbtausend Menschen sind bereits verstorben. Es ist der Tag, an dem die Weltgesundheitsorganisation (WHO) COVID-19 als Pandemie einstuft. Es ist der Tag, an dem »Corona« beginnt, mein eigenes Leben massiver zu beeinflussen als noch einen Tag zuvor.

Es ist der 11. März, und ich begreife zu ahnen, dass uns das alles noch sehr lange beschäftigen wird. Warum? Eben weil das Virus in meinem Leben »angekommen« ist. Es winkt nicht mehr nur aus der Ferne, es klingelt an meiner Haustür. Am selben Tag werde ich telefonisch die anderen Redner der geplanten Konferenz in Mannheim davon überzeugen, die Veranstaltung abzusagen. Wenn ich rückblickend darüber nachdenke, schäme ich mich ein wenig, dass ich »so spät dran war«. Dass auch ich meinem Gehirn, dem miesen Risikobewerter, zum Opfer gefallen bin. Obwohl ich bereits in der Schule gelernt habe, wie exponentielles Wachstum aussieht. Obwohl ich mich seit Jahren damit beschäftige, welche Biases unser Gehirn an den Tag legt, wenn wir Gefahren und damit verbundene Risiken einschätzen.

Irgendwie ist es fast ein beruhigendes Gefühl, als ich einige Wochen später ein weiteres Mal erfahre, dass wirklich niemand vor den eigenen Biases gefeit ist. Ich lausche den beiden intellektuellen Größen und Autoren Sam Harris und Paul Bloom, die sich beide seit Jahrzehnten als Neurowissenschaftler, Psychologen und Kognitionswissenschaftler mit der Funktionsweise unseres Gehirns beschäftigen. Im Podcast »Making Sense« schildern die beiden US-Amerikaner ihren eigenen »Moment des Ernstnehmens«.[6] Es war keine Statistik, keine Bilder aus nah oder fern, kein Vortrag eines Virologen oder Epidemiologen, sondern die COVID-19-Diagnose eines bestimmten Menschen.

Tom Hanks. Frei nach dem Motto: »Wenn Tom Hanks Corona bekommen kann, muss es eine echte Gefahr sein. Wenn Tom Hanks Corona hat, dann können wir es nicht mehr ignorieren.« Auch Sam Harris und Paul Bloom reflektieren ihre eigenen Biases selbstkritisch, was zugegebenermaßen guttut.

Wir alle wissen, was in den darauffolgenden Monaten passierte. Die Pandemie stellt unser Leben, unser Arbeiten, unsere Gewohnheiten und unseren Alltag auf den Kopf. Weniges scheint mehr, wie es war, und gleichzeitig passieren plötzlich Dinge, die noch wenige Tage oder Wochen zuvor unmöglich schienen. Der Himmel frei von Flugzeugen, die Straßen fast menschenleer, und digitales Leben, Lernen und Lehren wird zum »neuen Alltag«. Politische Entscheidungen, die sonst Monate oder gar Jahre in Anspruch nahmen, werden im Tagesrhythmus gefällt und umgesetzt. Unternehmen stellen ihre Produktion um, und statt Motoren werden etwa Beatmungsgeräte gebaut, statt T-Shirts Masken genäht. Um zurück zur Hirnebene zu kommen: Die meisten Gehirne dieser Welt haben begriffen, dass es ernst ist.

Dafür waren vor allem drei Zutaten notwendig. Zeitliche Nähe, also »es passiert jetzt«, räumliche Nähe, also »es passiert vor meiner Haustür oder sogar in meinem Haus«, und menschliches Leid, das jetzt und direkt spürbar ist.

Gerade zu Beginn der Pandemie erreichten mich fast täglich Interviewanfragen, die sich darum drehen, was auf psychologischer Ebene gerade mit uns passiert. Ich wurde nicht müde, immer wieder auf die drei Zutaten zu verweisen, die unser Gehirn benötigt, um vom Passivmodus in den Handlungsmodus zu wechseln: menschliches Leid in zeitlicher und räumlicher Nähe. Im Grunde geht es wieder um die Frage »Change by design or disaster«. Schaffen wir es als Menschen, die Risiken früh genug und gut genug einzuschätzen, um das Schlimmste zu verhindern?

Wie schwierig die Zukunftsplanung für die Spezies Mensch

ist, fasst der US-Virologe Dennis Caroll Anfang April 2020 gut zusammen. Im Deutschlandfunk wird er gefragt, ob das Risiko derzeit unterschätzt werde. Seine Antwort: »Ja, ohne Zweifel. Das ist aber eine weitverbreitete Haltung – egal ob in den USA, in Deutschland oder Indien. Wir neigen als Weltgemeinschaft dazu, Risiken zu unterschätzen. Meistens investieren wir Geld in jene Gefahren, die wir bereits kennen und sehen. Als das Coronavirus in der Natur zirkulierte, haben wir uns nicht darum geschert. Als es Menschen befallen hat, haben wir darauf reagiert. Wichtig ist deshalb, dass wir unsere Prioritäten bei Investitionen ändern. Zum einen, indem wir etwa Stiftungen stärken. Und indem wir anfangen, Risiken zu erkennen, bevor sie übergreifen. ›Das Virus kennen, bevor es uns kennt.‹ So könnte die Devise lauten. Das bedeutet aber, dass wir mehr ins Unbekannte investieren. Und darin sind wir bisher sehr schlecht. Solche Investitionen wurden in den vergangenen Jahren sträflich vernachlässigt. Während meiner Zeit bei der US-Behörde für Entwicklungszusammenarbeit, der USAID, leitete ich ein solches Forschungsprogramm. Wir hatten ein Budget von 20 Millionen Dollar pro Jahr. Das war vergleichsweise viel, aber grotesk wenig angesichts der Dringlichkeit der Aufgabe. Dahingehend brauchen wir deshalb ein großes globales Netzwerk, um auf künftige Fälle vorbereitet zu sein.«[7]

In seiner Antwort wendet der Virologie meine theoretischen Überlegungen der drei Zutaten praktisch auf den Fall »Virus« an. Gleiches gilt natürlich für sämtliche andere »Krisen« unserer Zeit. Warum konnte es zur Finanzkrise 2008 kommen? Weil lange genug ignoriert wurde, welche systemische Gefahr von der außer Kontrolle geratenen Finanzwirtschaft ausgeht. Bis der Punkt erreicht war, an dem es kein Zurück mehr gab und nicht nur Banken & Co. außer Kontrolle geraten waren, sondern auch die Steinzeithirne der Betroffenen, die »plötzlich« nicht mehr wussten, wie es weitergehen sollte. Ignorierte Warnungen gab es auch hier.[8]

Warum adressiert die Weltgemeinschaft die Klimakrise nicht ausreichend? Weil die drei Bedingungen des Leids in zeitlicher und räumlicher Nähe häufig noch nicht ausreichend erfüllt sind. In welchen Ländern sind die meisten Menschen davon überzeugt, dass der »Klimawandel ein sehr oder extrem ernsthaftes Problem« sei? In Chile, Kenia und Südafrika sagen das neun von zehn Befragten und sind damit Spitzenreiter. In der gleichen Umfrage, die Teil des aktuellen *Digital News Report* sind, taucht Deutschland mit knapp 60 Prozent im unteren Drittel auf.[9] Die Schlusslichter sind Schweden (50 Prozent), Norwegen (42 Prozent) und die Niederlande (41 Prozent). Insgesamt zieht sich vor allem ein Bild durch die Ergebnisse: In den Ländern, in denen die Folgen der menschengemachten Klimakrise bereits besonders stark im Alltag zu spüren sind, schätzen sie mehr Menschen als große Bedrohung ein. So wurden 2019 Chilenen erstmals innerhalb ihres Landes aufgrund der seit zehn Jahren anhaltenden Dürre vertrieben.[10] Anders ausgedrückt: Die Länder, die gemessen an den Treibhausgasemissionen am stärksten zum menschengemachten Klimawandel beitragen, haben die geringste Sorge mit Blick auf die Folgen der Klimakrise.

Direkt damit verbunden ist ein weiterer Grund dafür, warum die Weltgemeinschaft die Klimakrise nicht ausreichend adressiert: weil die Medien in den letzten Jahrzehnten ihrer Verantwortung nicht gerecht geworden sind, die Relevanz der Thematik abzubilden. Um es konkret zu machen: Schmelzende Gletscher und halb verhungerte Eisbären mögen zwar eindrucksvoll wirken, sind aber mit Blick auf die notwendigen Zutaten viel zu weit weg von mir, um mein Steinzeithirn in den Handlungsmodus zu versetzen. Ein »positives Gegenbeispiel« liefert die Berichterstattung über die globale »For Future«-Bewegung. Angefangen mit Greta Thunbergs Schulstreik, bringt sie längst nicht mehr nur Schüler und Studierende zusammen, sondern auch Eltern, Großeltern, Wissenschaftler, Unternehmer und viele andere Gruppen. Die Präsenz der »X For Future«-Gruppen ist längst nicht mehr nur auf die Straße beschränkt, sondern zieht sich durch die Medien und generiert so eine zunehmende öffentliche Aufmerksamkeit. Während es vor zwei Jahren noch eine fast kuriose Ausnahme war, junge Vertreter von *Fridays For Future* in einer deutschen Talkrunde anzutreffen, gehört es mittlerweile fast zum guten Ton, wenn Energieversorgung, Mobilität und Bildung der Zukunft diskutiert werden.

Eine weitere traurige, aber gleichzeitig nahbare Entwicklung, die uns in Deutschland und anderen Ländern des sogenannten globalen Nordens im wahrsten Sinne des Wortes zunehmend die Klimakatastrophe vor Augen führt, sind die sterbenden Wälder. Ich muss gar nicht mehr durch den Harz wandern, um riesige tote Waldflächen anzutreffen, sondern lediglich meine Heimat am Wiehengebirge anschauen, um die riesigen braunen Flecken zu erblicken. Aus der Ferne habe ich sie im vergangenen Sommer zunächst für Felsen gehalten. Die aktuellen Daten des Bundesministeriums für Ernährung und Landwirtschaft in der »Waldzustandserhebung« bestätigen meinen Eindruck: »Noch nie seit Beginn der Erhebungen im Jahre 1984 war der Anteil der Bäume ohne Kronenverlichtung so gering wie 2019.«[11]

Und ich muss nicht mehr nach Indien schauen, um Hitzewellen und Hitzetote in großer Zahl zu beobachten. So offenbarten die Ergebnisse einer groß angelegten Studie der renommiertesten medizinischen Fachzeitschrift *The Lancet* Anfang Dezember 2020: Modellrechnungen zeigen, dass gerade in Deutschland die Zahl der Hitzetoten im weltweiten Vergleich besonders hoch liegt. Nur die beiden bevölkerungsreichsten Länder der Welt, Indien und China, lagen in absoluten Zahlen vor Deutschland. Im Jahr 2018 starben laut der Berechnungen rund zwanzigtausend über Fünfundsechzigjährige durch Hitze.[12] »Immer mehr Hitzetote in Deutschland« titelte selbst die *Tagesschau* am Tag nach der Veröffentlichung der Studie.[13] Der Chefredakteur Richard Horton von *The Lancet* fasst die Ergebnisse in einem warnenden Appell zusammen: »Es für uns alle jetzt an der Zeit, die umweltbedingten Gesundheitsfaktoren ernster zu nehmen. Wir müssen uns mit der Klimakatastrophe auseinandersetzen, die Artenvielfalt schützen und die natürlichen Systeme stärken, von denen unsere Zivilisation abhängt.«[14] Wenige Tage später ging ein weiterer Warnschuss in Form einer Tatsache durch die Medien: Der neueste Bericht des Erdbeobachtungsprogramms »Copernicus« der Europäischen Kommission und der Europäischen Weltraumorganisation zeigte, dass der November 2020 weltweit der wärmste November seit Beginn der Wetteraufzeichnungen war. Europa erlebte seinen wärmsten Herbst seit Aufzeichnungsbeginn.[15] Seit Anfang Januar 2021 wissen wir auch: 2020 steht gemeinsam mit 2016 auf dem Siegertreppchen als »wärmstes Jahr«.[16] Auf Europa bezogen schafft es 2020 sogar, 2016 auf den zweiten Platz zu verweisen.[17]

Und wie hängt all das jetzt mit den Verschwörungserzählungen zusammen? Zunächst einmal sind solche Erzählungen nichts weiter als ein Versuch, die Welt und die Geschehnisse in ihr zu verstehen. Wir wissen bereits von den beiden ersten Herausforderungen, dass unser Gehirn auf der Suche nach ebendiesem Verständnis stets versucht, ursächliche Erklärungen zu finden, und gleichzeitig ständig damit beschäftigt ist, Vorhersagen zu treffen. Beides geschieht mit dem Ziel, Unsicherheit zu vermeiden und Gewissheit zu generieren.[18]

Wann ist die Lücke zwischen dem, was in der Welt passiert, und unserem Verständnis und nachvollziehbaren Erklärungen dafür am größten? Richtig: in Zeiten kollektiver Verwirrung. Entweder ausgelöst durch unvorhersehbare Extremereignisse wie 9/11 oder ausgelöst durch langfristige Bedrohungen wie Klimakatastrophe, wirtschaftliche Instabilität oder … eine Pandemie. Immer dann, wenn das Gefühl von Kontrollverlust besonders groß ist. So ist die Corona-Pandemie meisterhaft darin, die Lücke zwischen dem, was in der Welt passiert, und unserem Verständnis davon zu maximieren. Werden wir Geburtstag,

Weihnachten oder Karneval feiern können? Welchem Risiko setze ich mich aus, wenn ich Klopapier und Nudeln einkaufen gehe? Wie wird sich meine Arbeit verändern? Wie sieht die Bildung meiner Kinder aus? Werde ich meinen Job verlieren? Kann ich überhaupt irgendetwas für das kommende Jahr planen?

Die Corona-Pandemie ist der Super-GAU für die Vorhersageapparatur in unseren Köpfen. Alle Kontrolllämpchen blinken wie wild. Gleichzeitig ist sie das gefundene Fressen für Mythen und Verschwörungserzählungen, weil ausgehungerte Gehirne regelrecht auf sie warten, während sie überfordert und verzweifelt versuchen, die Welt zu verstehen. Die Ungewissheit, mit der wir jeden Morgen aufstehen, ist das beste Einfallstor für Geschichten, die all der Ungewissheit einen Riegel vorschieben und ihr einen vermeintlichen Sinn gegenüberstellen. So sind Verschwörungserzählungen nichts weiter als ein Schutzmechanismus unseres Gehirns, damit einige der metaphorischen Warnlampen im Kopf wieder erlöschen. Ein Schutzmechanismus, damit die Unsicherheit abnimmt und die Vorhersagen nicht länger ins Leere laufen.

Der Vollständigkeit halber möchte ich noch erwähnen, dass auch der Negativitäts-Bias hier wieder mit von der Partie ist. Immerhin könnte es ja um Leben und Tod gehen, also besser das Schlimmste annehmen. Alles in allem entstehen so Geschichten, die wir mit Blick auf die Pandemie immer wieder hören oder lesen konnten. Allein das ist ein Problem beziehungsweise kann zur Herausforderung werden. Denn wie bereits erwähnt, gilt: Je öfter wir etwas wahrnehmen – egal, wie groß der Murks auch sein mag –, desto eher tendieren wir dazu, es für wahr oder zumindest »relevant« zu halten. Ich gebe erneut bewusst kein Beispiel, um den entsprechenden Effekt nicht wirken zu lassen. Klar ist aber auch, dass es einige Menschen gibt, für die der »Moment des Ernstnehmens« bisher nicht stattgefunden hat.

Das gilt sowohl für Corona als auch fürs Klima. Sie spüren nicht am eigenen Leib, sei es über Tom Hanks oder Rekordtemperaturen, dass die jeweilige Problematik »real« ist. Also sind es »die anderen«, die auf dem Holzweg sind und Gefahren bekämpfen, die keine sind. So umschifft ihr Gehirn den Kontrollverlust und schafft gleichzeitig eine Gruppenzugehörigkeit mit all denen, die die Dinge genauso sehen wie sie. Im Kern sind Verschwörungserzählungen nichts anderes als Ausdruck des Misstrauens gegenüber »anderen«. Auch in dieser Hinsicht sind Verschwörungserzählungen also ein Überlebensmechanismus unseres Gehirns.

Denken wir uns noch mal zurück in die Lebensumgebung unserer Vorfahren und wie sie Risiken einschätzten, dann wird das schnell klar. Nehmen wir an, eine Gruppe Steinzeitmenschen begegnet bei der Wanderung durch die Steppe einer fremden Gruppe. Dann tun die Hirne der jeweiligen Gruppen gut daran, das Risiko eines feindlichen Verhaltens erst mal hoch einzuschätzen. Denn geschieht das nicht, ist es möglicherweise die letzte Einschätzung, die sie vornehmen. Anders ausgedrückt: Unsere Vorfahren gingen ein geringeres Risiko ein, wenn sie besonders misstrauisch waren.

Der Negativitäts-Bias lässt grüßen. Es ist der gleiche Effekt, der uns auf dem Waldboden eine Schlange sehen lässt, bevor wir über uns selbst lachen und den Stock zur Seite kicken. Der niederländische Psychologe und Autor Jan-Willem van Prooijen bringt es auf den Punkt, wenn er sagt, unser Gehirn habe sich regelrecht dahin entwickelt, an Verschwörungserzählungen zu glauben.[19] Diese Erzählungen sind ein Versuch, die Welt zu verstehen. Ein Versuch, das Gefühl des Kontrollverlusts loszuwerden, das vor allem dann eintritt, wenn wir der Komplexität der Realität nicht mehr Herr oder Herrin werden. Was liegt da näher, als die Verantwortung für die Misere bei den »anderen« zu suchen. Fertig ist die Verschwörungserzählung. Klar ist wie bei allen anderen Biases spätestens an dieser Stelle, dass jeder von uns einen gewissen Hang zu solchen Erklärungen hat. Der eine mehr, die andere weniger.

Neben den situativen Kriterien, die unseren Hang zu Verschwörungen bestärken können, gibt es auch einige Persönlichkeitseigenschaften, die Menschen eher an Verschwörungserzählungen glauben lassen. Wichtig ist dabei, dass es sich um Korrelationen handelt. Die Henne-Ei-Frage bleibt also vorerst offen. Bisherige Studienergebnisse zeigen unter anderem, dass durchschnittlich bestimmte Charakteristika mit einer höheren Empfänglichkeit für Verschwörungen einhergehen. Ohne dass das nun wie ein Steckbrief auf der Polizeistation klingen soll, hier kurz und schmerzlos eine Übersicht: männlich, unverheiratet, weniger gebildet,[20] weniger Einkommen, arbeitslos, ethnische Minderheit, schwaches soziales Netzwerk,[21] extreme politische Überzeugungen unabhängig von einer bestimmten Richtung,[22] individueller und kollektiver Narzissmus. Vieles davon beschreibt Situationen, in denen Menschen besonders auf der Suche nach Kontrolle sind, weil sie größeren Risiken ausgesetzt sind. So geht Arbeitslosigkeit vor allem bei Männern häufig mit dem Gefühl einher, versagt zu haben, und kann zu psychischen Problemen führen.[23] Die Identifikation mit einer Gruppe, die bedroht ist – wie im Fall von ethnischen Minderheiten –, ist ein so starker Prädikator, dass er den schützenden Effekt von Bildung verdrängen kann.[24] Dieser Schutz ist übrigens auch nicht allumfänglich. So sind Menschen mit hoher Bildung nicht automatisch immun gegen Verschwörungsgeschichten. Anhänger einer politischen Partei, die gerade eine Wahl verloren hat, tendieren stärker zu Verschwörungserzählungen.[25] Auch hier kommt wieder unser Gruppendenken zum Tragen. Die fremde Gruppe, der unsere Vorfahren in der Wildnis begegnet sind, ist im 21. Jahrhundert die gegnerische Partei. Ist die an der Macht, »lohnt« es sich, besonders misstrauisch zu sein. Oder um mal wieder eine Analogie aus dem Sport zu bringen: Welche Fans zeigen sich nach dem Spiel am ehesten misstrauisch gegenüber den Entscheidungen der Schiedsrichterin? Natürlich die Anhänger der Mannschaft, die verloren hat.

Der beste Prädikator für die Neigung zu Verschwörungserzählungen ist übrigens der Glaube an eine andere. Denn ist der Glaube an eine bestimmte Verschwörung einmal fest verankert, öffnet er Tür und Tor für weitere. Die Überzeugung, dass »hinter den verschlossenen Türen der Mächtigen dieser Welt« mehr vorgeht als bisher angenommen, kann zu einer Weltanschauung werden. Und tatsächliche Verschwörungen – wie reale Skandale, über die in den Medien berichtet wird – können den Glauben an geheime Strippenzieher zusätzlich verstärken.

Wir landen also immer wieder beim Kontrollverlust – um den es bei Herausforderung Nummer 3 geht. Die mäßige Risikobewertung unseres Gehirns haben wir nun inklusive evolutionsbiologischer Erklärung ein wenig besser verstanden. Fehlt nur noch die Analyse der Emotion, die all das »ermöglicht«. Die Angst.

Ein Gehirn in Angst will bloß überleben

Zunächst ist Angst nichts weiter als ein weiterer sinnvoller Überlebensmechanismus. Ein evolutionsbiologisch sehr altes Netzwerk aus verschiedenen Regionen, die unser »Angstgehirn« bilden, reagiert blitzschnell angesichts möglicher Gefahren. Das kann der schon erwähnte Stock auf dem Waldboden sein, den wir zunächst für die Schlange halten. Der ganze Körper wird in einen Alarmmodus versetzt, und unser Gehirn sorgt auf allen Ebenen dafür, dass wir schnell handlungsfähig sind. Auf dieser Ebene unterscheidet sich unser Gehirn weder von dem eines Huhns noch von dem einer Ratte. Das, was das menschliche Gehirn von denen der anderen Lebewesen unterscheidet, ist etwas, was wir vielleicht am besten als »Vernunftgehirn« bezeichnen können und was sich im evolutionsbiologisch neuesten Teil des Gehirns befindet, dem präfrontalen Kortex.

Diese schon in Herausforderung Nummer 2 erwähnte Kontrollzentrale macht uns Menschen zu Menschen, da sie nur in unserer Spezies so stark ausgeprägt und so weit entwickelt ist.

So weit, so gut: Das Angstgehirn sorgt also dafür, dass wir bei akuten Gefahren alles mobilisieren, um zu überleben. Ansonsten ist das Vernunftgehirn mit von der Partie und hilft uns, Entscheidungen zu treffen, die über den nächsten Stock auf dem Weg oder den digitalen Säbelzahntiger in Form von bedrohlichen Nachrichten hinausgehen.

Was passiert aber nun, wenn wir dauerhaft in Angst sind? Wenn wir angesichts der ausgerufenen »Dauerkrise« Angst haben, unser bisheriges Leben zu verlieren? Wenn wir Angst haben anzuerkennen, dass wir unseren Lebensstil ändern müssen? Wenn wir Angst haben, dass es uns und den Menschen, die uns wichtig sind, an den Kragen geht? Durch finanzielle Not, durch ein Virus, durch Hitze …

Wenn die Vorhersagen unseres Gehirns immer wieder ins Leere laufen, wird aus einer akuten Angst (der Furcht) irgendwann ein chronisches Angstgefühl. Auf neuronaler Ebene sorgt Angst auch dafür, dass die Hirnregionen, in denen unsere Erfahrungen gespeichert sind, und die Kontrollzentrale im präfrontalen Kortex nicht mehr zugänglich sind.[26] Wie bei einer Sackgasse ist die Zufahrt gesperrt. Auf der Verhaltensebene macht sich das in kurzfristigem Denken bemerkbar. »Angst ist ein schlechter Berater«, weil durch sie unsere ohnehin nicht besonders gute Risikoeinschätzung noch miserabler wird. Und damit nicht genug. Denn Angst blockiert im Gehirn nicht nur den Zugang zu bereits Gelerntem und unserer Kontrollzentrale, sondern beeinträchtigt auch unser Arbeitsgedächtnis. Je ängstlicher wir sind, desto schlechter können wir Aufgaben unterschiedlichster Natur lösen. Anders und noch einfacher formuliert: Angst macht uns dümmer.[27]

So können wir uns Angst als die denkbar schlechteste Versicherungsberaterin oder den miserabelsten Gesundheitsberater vorstellen. Denn ein Gehirn im Alarmmodus will bloß noch überleben. Es sorgt aber nicht dafür, dass sein Träger gute Entscheidungen unter Berücksichtigung vorhandenen Wissens und mit langfristigem Blick nach vorn treffen kann.

In dem Film *Die Getriebenen*[28] zur politischen Situation auf dem Höhepunkt der »Flüchtlingskrise« 2015 begegnet mir eine Szene mit Bundeskanzlerin Angela Merkel und ihrem Mann Joachim Sauer, die den Spannungsbogen zwischen »Gehirn in Angst« und »guten Entscheidungen« wunderbar anschaulich macht. Einem Mix aus kurzen Aussagen von Nachrichtensprechern, die unterstützt von entsprechenden Bildern von Überlastung, Leid und Chaos berichten, folgt eine Angela Merkel, die in Südtirol auf einer Veranda sitzt. Bergpanorama, Vogelgezwitscher, Sonnenstrahlen im Gesicht. Die idyllische Szenerie bildet eine Art Antithese zu Angst und Aufruhr. Die Bundeskanzlerin sitzt mit geschlossenen Augen in Freizeitgarderobe in einem zurückgeklappten Holzstuhl. Die Grübelfalten in ihrem Gesicht sind deutlich erkennbar, doch sie wirkt nicht hektisch, nicht hysterisch, nicht gestresst, sondern ruhig und hoch konzentriert. Ihr Mann schaut sie liebevoll an. Seine Stuhllehne ist aufrecht gestellt, er liest in einem Buch oder Bericht. »Deine Gelassenheit bewundere ich immer wieder.« Sie lässt sich zwei Atemzüge Zeit, die Augen weiterhin geschlossen. Dann ein kurzer Seufzer und ihre Antwort, die klarmacht, was ich meine, wenn ich Angst als schlechten Zukunftsberater bezeichne: »Wenn Aufregung helfen würde, Probleme zu lösen, dann würde ich mich aufregen.« Am Gesichtsausdruck ihres Mannes wird klar: Er gibt ihr recht – was seine Bewunderung nicht mindert. So wird Angela Merkel in dieser Szene zur bedachten Problemlöserin, die sich nicht von der Angst vereinnahmen lässt. Gleichzeitig widersetzt sie sich den Machtspielchen der männlichen Politiker des Landes, die – getrieben von Angst um Macht und Wiederwahl – den Blick für Lösungen allzu oft aus dem Blick zu verlieren scheinen.

In einer anderen Szene beim gemeinsamen Frühstück in der Wohnung des Ehepaares Merkel-Sauer kommt diese Haltung mit ein wenig Empörung in der Stimme, fast ein wenig verzweifelt angesichts der fehlgeleiteten politischen Energie ihrer männlichen Kollegen, zur Sprache. Wir hören gerade noch das fast demütige »unten«, was sich auf die Wahl der Hälfte des Brötchens bezieht, das Joachim Sauer gerade aufgeschnitten hat. Dann erhebt die Kanzlerin ihre Stimme: »Kann man nicht irgendwann mal kapieren, dass ich mich um Lösungen bemühe statt darum, irgendwo Erster zu sein!« Mit einer Spur naiver Verzweiflung schaut sie ihren Mann und damit mich als Zuschauerin an. »Vielleicht kann man dann auch irgendwann mal endlich kapieren, dass es doch eine Selbstverständlichkeit ist, Menschen in Not zu helfen. Wann haben wir das denn je infrage gestellt?« Die Kamera schwenkt zu Joachim Sauer, der sich mit seinem Messer am Marmeladenglas bedient.

Ähnlich wie der Kontrast zwischen Bergidylle und einem Europa im Aufruhr besticht auch diese Szene durch die Gegenüberstellung. Die Sicherheit des heimischen Frühstückstischs, an dem Brötchen geteilt werden, steht der Angst und Unsicherheit der Menschen »da draußen« gegenüber. Während die einen aus Angst ihre Heimat verlassen haben und bereit sind, alles inklusive ihres eigenen Lebens zu riskieren, sind die anderen von der Ungewissheit getrieben, die ihnen täglich auf den Bildschirmen präsentiert wird. Und treiben so Politiker und Journalisten vor sich her. So gesehen, trifft der Titel *Die Getriebenen* auf sämtliche Protagonisten zu. Was sie vereint, ist der Zustand ihrer Gehirne, in dem das Angsthirn aktiv ist, getrieben von Unsicherheit und Ungewissheit. Fast ein Jahrhundert zuvor hat der wohl bedeutendste Autor sogenannter fantastischer Horrorliteratur im 20. Jahrhundert, H. P. Lovecraft, bereits formuliert, was später Psychologen und Neurowissenschaftler anhand empirischer Daten untermauern sollten. Der US-amerikanische Schriftsteller, selbst von Angst und Unsicherheit getrieben, beginnt seinen 1927 veröffentlichen Essay »Supernatural Horror in Literature« mit den Worten: »Die älteste und stärkste Emotion der Menschheit ist Angst, und die älteste und stärkste Art der Angst ist die Angst vor dem Unbekannten.«[29]

Diese Angst führt nicht nur dazu, dass wir schnelle, unüberlegte Entscheidungen treffen – also Entscheidungen mit geringer oder ganz ohne Beteiligung des Vernunfthirns. Sie führt auch dazu, dass unsere ohnehin von Biases beeinflusste stets subjektive Wahrnehmung der Welt noch selektiver wird. Besonders anschaulich zeigt das eine Szene, die sich im Spätsommer 2020 auf eine Demonstration der sogenannten Corona-Leugner in Berlin abspielt. Inmitten von Hetze gegen Bill Gates, der Anprangerung einer möglichen »Impfpflicht« und Plakaten, die verlauten lassen, dass es kein Virus gäbe, geschweige denn Corona-Patienten und -Tote in Krankenhäusern, interviewen Journalisten einen jungen Mann mit Rastalocken und Stricksocken. Seit Wochen wird diskutiert, wer da eigentlich auf den Straßen unterwegs sei. Er habe weit und breit keine Rechten gesehen, sagt der junge Mann. Zwei Meter weiter weht eine Reichsflagge. Dann fügt er hinzu: »Ach, rechts und links sind doch sowieso nur Kategorien, mit denen das Volk gespalten werden soll.«[30]

Wenn ich all das lese, kommt mir immer wieder Pippi Langstrumpf in den Sinn »Ich mach mir die Welt, widde widde wie sie mir gefällt.« Die Wahrnehmung und Einschätzung des Protagonisten geht über den alltäglichen subjektiven Charakter hinaus, mit dem wir alle die Welt in jedem Moment interpretieren. Hier werden Fakten verleugnet, und hier wird deutlich, wie krass unsere Wahrnehmung durch unsere Weltsicht bestimmt wird. In der Psychologie werden diese Einflüsse als »Top Down«-Einflüsse bezeichnet. Also alles, was an Erfahrungen, Erwartungen, Wissen und Weltsicht in unserem Gehirn vorhanden ist und so die Sinneswahrnehmungen beeinflusst, die »Bottom up« auf Augen, Ohren, Zunge, Nase und Haut treffen. Wichtig ist also: Der junge Mann lügt nicht. Er hat die Reichsfahne entweder wirklich nicht »wahrgenommen« (Aussage Nummer 1) oder sie so interpretiert, dass sie nicht »den Rechten« zuzuordnen ist (Aussage Nummer 2). Die »Umdeutung der Realität«, wie die beiden Journalisten vor Ort es nennen, trifft es gut. Im Gehirn des Mannes hat das Angsthirn das Steuer übernommen. Vielleicht befindet es sich kurz vor dem Kontrollverlust, weil alles auf »Überleben« eingestellt ist.

Wenn das Recht auf eine eigene Meinung mit einem vermeintlichen Recht auf eigene Fakten verwechselt wird, verliert jede Tatsache, jede wissenschaftliche Erkenntnis ihre Bedeutung. Wenn nicht mehr über die Bedeutung von Fakten diskutiert wird, sondern über die Existenz von Fakten selbst, ist kein demokratischer Diskurs mehr möglich. Das macht den Angstzustand der Steinzeitgehirne so gefährlich.

11 Besser umdenken

Wenn wir so weitermachen wie bisher und uns die Funktionsweisen unseres Steinzeithirns kontrollieren, die nur an kurzfristigem Überleben interessiert sind, dann haben wir verloren. Dann verpassen wir die Chance zu erkennen, welche Denk- und Verhaltensweisen uns wirklich gesund und glücklich machen. Ja, wenn wir so weitermachen wie bisher, dann schaffen wir uns selbst ab. Das wäre »am Ende« doch sehr ironisch, weil wir zu einer Spezies würden, die sich selbst ausrottet. Wir hätten dann auf jeden Fall das Mantra vom egoistischen Menschen widerlegt, der immer auf den eigenen Vorteil aus ist. Denn genau diese Denkweise hätte »am Ende« zur eigenen Vernichtung geführt.

Damit es nicht so weit kommt, müssen wir umdenken und verstehen, dass wahrer Egoismus – oder besser gesagt, wahres Eigeninteresse – darin besteht, kooperativ zu sein. Damit das gelingt, müssen wir uns auf den viel größeren Teil unserer Biologie konzentrieren und unsere »wahre Natur« nicht nur erkennen, sondern auch in sämtlichen gesellschaftlichen Strukturen verankern. Wir müssen neue Belohnungsstrukturen schaffen, die nicht kurzfristiges, sondern langfristiges Denken belohnen. Die nicht das Angsthirn befeuern, sondern eine Kombination aus Belohnungs- und Vernunfthirn.

Die gute Nachricht lautet: Jetzt ist genau die richtige Zeit, das zu tun! Wenn wir schon alle von »Dauerkrise« reden, dann können wir die Krisen dieser Zeit nutzen für das, was die Krise ursprünglich meint. Wir können sie als Wendepunkt verstehen.

Ich muss an den einen Satz denken, der mich vor Monaten sehr beeindruckt hat, weil er so treffend zusammenfasst, worin die historische Chance der aktuellen Situation liegt. Wieder saß ich auf dem Rad und hörte Podcast. Dieses Mal lauschte ich der deutschen Journalistin und Autorin Düzen Tekkal. Während ich mich einen der wenigen Hügel im Münsterland hocharbeitete, lausche ich ihren Erfahrungen als Kriegsreporterin. Dann sagt sie den einen Satz, der mich innehalten lässt: »Kriege und Krisen machen ehrlich.« Ich denke, dass sie das tun, weil sie der »Was jetzt?«-Frage automatisch die Hauptrolle einräumen, weil niemand mehr um sie herumkommt. Sie legen offen, worum es wirklich geht, und gleichzeitig ermöglichen sie es uns, Herausforderungen an der Wurzel zu packen. Also ***radikal*** zu sein und zu fragen: ***Was, wenn wir es wirklich wollen?***

Vorhang auf für das dynamische Denken.

III

Raus aus der Dauerkrise. Was kann ich tun?

12 Unsere Natur zeigt uns den Weg

»Glaubst du, das Leben verstanden zu haben?«

Noch habe ich die Frage nicht gestellt. Aber es ist einer dieser Tage, an denen sie bereits in der Luft liegt. In den vorherigen Tagen hat sie sich immer wieder aufgedrängt. Ein wenig wie ein ungebetener Gast, der erst ohne Anmeldung vor der Tür steht, dann ununterbrochen redet und jetzt nicht die geringsten Anstalten macht, jemals wieder gehen zu wollen.

Es ist Anfang Mai 2020. Ich fühle mich vom Leben herausgefordert, weil es mich in die Ecke zu drängen scheint. Weil ich mal wieder an dem Punkt stehe, an dem ich das Gefühl habe, jeden Gedanken gedacht zu haben. Die ganze Sache, die sich Leben nennt, von oben und unten, von vorn und hinten und sogar von der Seite gedanklich beleuchtet zu haben. Ein Stück weit daran verzweifelt zu sein, weil sich so wenig zu ändern scheint. Und dennoch fühle ich mich von einer vagen Ungeduld getrieben.

Nun stehe ich auf dem Brocken, statt wie »vor Corona« geplant ein paar Tage in Prag zu verbringen. Auch wenn die höchste Erhebung im Harz mit ihren 1441,2 Metern wenig von einem Berggipfel hat und inklusive Hotel, Restaurant und Bahnhof auch keine echten Wildnisgefühle bei mir aufkommen lässt, hat der Ort etwas Heroisches. Vielleicht liegt es am Wetter – es besticht durch einen Mix aus Sonne und breiten Wolkenbändern, mit denen der Wind zu spielen scheint. Fast stürmisch bläst der Wind mir um die Ohren. Die Haare landen trotz Haarband immer wieder vor den Augen und versperren die Sicht. Nach der körperlichen Anstrengung der Wanderung in den letzten Stunden habe ich das Gefühl, mich wieder lebendig zu fühlen. Nach den letzten Tagen des »Im-Kreis-Drehens« endlich einen Weg zu gehen, der ein Ziel hat. Das Leben auf einer Wanderung fühlt sich immer überschaubar an. Es gibt mir das Gefühl von Kontrolle und gleichzeitig eine beruhigende Einfachheit. Ein Rucksack mit Nahrung und vielleicht einer Extralage Kleidung. Das Schlimmste, was passieren kann, ist schlechtes Wetter. Der Wind zerzaust mir nicht nur die Haare, sondern scheint auch den Inhalt meines Kopfes durchzupusten. Ein gutes Gefühl.

Und dann entdeckt meine Reisebegleitung einen kleinen Aushang am »Brockenhaus«, der mir einen der »Plopp«-Momente bescheren soll. Unscheinbar klebt der Zettel dort von innen an der Glasfassade, sodass wir ihn von außen lesen können. Wir schauen uns an und wissen, ohne es konkret so benennen zu müssen oder zu können, dass der Spruch eine Teilantwort auf die noch unausgesprochene Frage liefert. Dort steht in Großbuchstaben: »AUGEN AUF UND DURCH!«

Genau darum soll es in diesem dritten und letzten Teil des Buches gehen. Nicht länger »Augen zu und durch!«. Nicht länger »aushalten« oder »durchhalten«, weil es eben so ist. Nicht länger »das haben wir immer so gemacht« und »das geht nicht«. Sondern die Sichtweise, die Perspektive ändern. Das funktioniert nur mit geöffneten statt geschlossenen Augen. Das funktioniert nur, wenn wir aufhören, uns ständig beschäftigen zu wollen und keinen Raum zu lassen für die »großen« Fragen nach dem Sinn.

Rufen wir uns also noch mal die beiden ersten Fragen in den Sinn. Im ersten Teil des Buches haben wir begonnen uns zu fragen: ***Worum geht es wirklich?*** Gekoppelt an den Begriff der ***Krise*** habe ich dazu eingeladen, die Krisen unserer Zeit als das zu erkennen, was der Begriff ursprünglich meint: einen oder in unserem Fall vielleicht sogar viele Wendepunkte.

In der Auseinandersetzung mit der zweiten Frage des ***Was, wenn wir es wirklich wollen?*** im zweiten Teil habe ich dazu eingeladen, die kleinen und großen Herausforderungen unserer Zeit ***radikal*** – also an der Wurzel packend – zu betrachten. Das können wir nur, wenn wir etwas besser verstehen, was eine solche Betrachtungsweise bisher so häufig verhindert. Und ich habe anhand von drei Kern-Herausforderungen einen Crashkurs zu den Funktionsweisen unseres Gehirns gegeben, die es uns manchmal schwierig machen, gemäß unserer eigentlichen Interessen zu handeln. Stichwort Biases und Steinzeithirn.

Neben diesen evolutionsbiologisch alten Strukturen und deren Funktionsweisen, die uns nicht von anderen Tieren auf diesem Planeten unterscheiden, hat das menschliche Gehirn aber auch neuere Strukturen, allen voran der präfrontale Kortex, den ich bereits an einigen Stellen erwähnt habe. Er lässt uns vorhersagen, planen und gibt uns (Selbst-)Bewusstsein. Die vielleicht beste Nachricht bezieht sich aber nicht auf die Anatomie unseres Gehirns, sondern auf seine Funktionalität. Der präfrontale Kortex ist sozusagen die strukturelle Voraussetzung, das Werkzeug oder Instrument, das es unserem Gehirn erlaubt, in jedem Moment seine ganz eigene, neue Melodie zu spielen. Denn unser Gehirn verändert sich ständig, und zwar ein Leben lang. Es ist bis zum letzten Synapsenfunken plastisch.

Die gern bemühte Ausrede »Dafür bin ich zu alt!«, wenn es darum geht, etwas Neues zu lernen oder auszuprobieren, hat also ausgedient. Das zeigen uns die Ergebnisse neurowissenschaftlicher Studien der letzten Jahrzehnte.[1] Es geht also nicht darum, *ob* wir uns verändern wollen, sondern *wie* wir uns verändern wollen. Es geht darum, wieweit wir uns darüber bewusst werden können und wollen, wie wir uns verändern. Und wie sehr wir diese Veränderung steuern können und wollen.

Denn wir können uns nicht *nicht* verändern. (Auch wenn die Rechtschreibprüfung mir das zweite »nicht« rot markiert, gehört es genau dorthin. Vielleicht ein ironischer »Beweis« dafür, dass die Computersoftware nicht so plastisch ist wie unser Gehirn.)

Haben wir einmal begriffen, dass alles, was wir tun, unser Gehirn beeinflusst, dann müssen wir auch anerkennen, dass dies eine riesige Chance und eine enorme Verantwortung zugleich mit sich bringt mit Blick auf die Frage, wie wir unsere Zeit verbringen – von der persönlichen bis zur gesellschaftspolitischen Ebene. Um es ein wenig anschaulicher zu machen: Netflix-Binge-Watching oder eine Dokumentation schauen? Durch negative Schlagzeilen scrollen oder einen Hintergrundartikel lesen? Burger und Muffins oder Salat und Obst? Dem Irrglauben aufsitzen, (noch) mehr Geld mache (endlich) glücklich und zufrieden, oder mutig sein und ehrlich fragen, was guttut? Am aktuellen Status quo festhalten und darauf warten, dass Veränderung durch andere beziehungsweise im schlimmsten Fall »by disaster« stattfindet, oder aktiv mitgestalten?

Ich sage bewusst nicht »am Alten festhalten«, weil das häufig eine Täuschung ist. Das, was wir gern für »alt« halten, ist meist auch nur ein paar Jahre, einige Jahrzehnte oder maximal Jahrhunderte alt. Vielleicht ist es zur dominanten Denkweise geworden, die Menschen unterschiedlich stark zu konservieren versuchen. Wenn Markus Söder die Autoindustrie als »Lebensnerv der deutschen Industrie«[2] bezeichnet, praktiziert er statisches Denken. Dann möchte ich ihn fragen, wo all die Kutschen geblieben sind, die mal auf den deutschen Straßen rumfuhren. Ich möchte ihn fragen, ob er mal ein Nokia Handy hatte und ob er immer noch eins hat. Wir tragen keine Nokia-Smartphones in unseren Hosentaschen, weil Nokia zu lange statisch gedacht hat. Wenn wir jetzt die Auto-, die Kohle- oder die Finanzindustrie »retten« wollen, tun wir das Gleiche.

Es geht hier nicht um Werte, Ideale oder politische Überzeugungen, sondern um die grundlegende Erkenntnis, dass alles, was wir tun, diesen wunderbaren Zellhaufen in unserem Kopf verändert. Jeder Gedanke. In jedem Moment des Lebens sind wir die Summe aller bisherigen Momente unseres Lebens.

Was bedeutet das für unsere Rolle in der Welt? Da die wenigsten Menschen einsam auf einer Insel leben, verändern die meisten von uns täglich nicht nur ihr eigenes, sondern auch viele andere menschliche Gehirne. Wir senden und empfangen. Mal an einen Menschen, mal an viele. Vielleicht in unserer Rolle als Freund, als Tochter, als Vater, als Lehrer, als Politikerin, als Angestellter, als Chefin. Jede Information, die wir in die Welt setzen und die mindestens von einer weiteren Person wahrgenommen wird, verändert also mindestens zwei Gehirne – unser eigenes und das der Empfängerin.

Während ich diese Zeilen an einem grauen Sonntagvormittag tippe, stelle ich mir vor, wie sie Menschen in einigen Monaten lesen werden. Ich male mir aus, wie die Bewegung meiner Finger auf den Tasten die Worte auf dem Bildschirm formt und neben meinem Gehirn das ein oder andere Gehirn verändern wird. Ohne dass ich es vollständig steuern kann. Vielleicht scheint die Sonne, vielleicht regnet oder gewittert es dann gerade. Vielleicht wird es einen Menschen nachdenklich stimmen, vielleicht wird es einen Menschen demütiger vor dem eigenen Denken und Handeln werden lassen, vielleicht wird es einen Menschen verärgern, weil er sich bevormundet fühlt.

In jedem Moment die Summe aller bisherigen Momente unseres Lebens zu sein, bedeutet somit auch, dass wir in jedem Moment ein Abbild unseres bisherigen Austausches mit unserer Umgebung sind. Unser Gehirn und damit wir selbst sind keine statischen Wesen, sondern können uns in jedem Moment in unvorstellbar viele Richtungen entwickeln. Weil die vielen Variablen unserer Umwelt, unserer Gene, unserer Erfahrungen und die Interaktionen aus allen einen hochdimensionalen Raum an Möglichkeiten aufspannen, den sich kaum jemand vorstellen kann. Mir jedenfalls schwirrt beim Versuch, das zu tun, schnell der Kopf.

Unsere Verantwortung und Chance, mit diesem Ozean an Möglichkeiten umzugehen, besteht aus dreierlei Aspekten. Erstens können wir bis zu einem gewissen Ausmaß mitbestimmen, welchen Umgebungen wir uns aussetzen, welche Menschen und Informationen wir »in unseren Kopf lassen« und damit unser

Gehirn verändern lassen. Zweitens können wir bis zu einem gewissen Maß mitbestimmen, wie wir auf all das reagieren, also welche Gedanken wir denken »wollen«. Drittens interagieren die beiden ersten Aspekte ständig miteinander.

Fairerweise muss ich dazu sagen, dass wir auf diese Interaktion den geringsten oder jedenfalls nur einen indirekten Einfluss haben. Unsere biologischen Gegebenheiten inklusive der genetischen Informationen, mit denen wir auf die Welt kommen, spielen hier eine wichtige Rolle, CRISPR hin oder her.

Weil alles in unserem Kopf beginnt – wir erinnern uns an »It's all in your head!« –, habe ich diesem Buch ein Zitat von William James vorangestellt: »Die größte Revolution unserer Generation ist die Entdeckung, dass menschliche Wesen die äußeren Aspekte ihres Lebens verändern können, indem sie die inneren Einstellungen ihres Geistes verändern.« Und die Ergänzung: »Die beste Waffe gegen Stress ist unsere Fähigkeit, einen Gedanken nach dem anderen zu wählen.« In Kombination sind diese beiden Aussagen eine hervorragende Überleitung zur Kernfrage des dritten Teils in diesem Buch: ***Was kann ich tun?*** Verbunden mit dem Kernbegriff der ***Neu-Gier***.

Um die zu praktizieren und »gierig« auf »Neues« zu sein, müssen wir das statische Denken hinter uns lassen und Tür und Gehirn öffnen für das, was ich als dynamisches Denken bezeichne.

»Also haben wir als Weltgemeinschaft die Aufgabe, unsere Köpfe besser zu verstehen!« So fasst es meine Gesprächspartnerin Jenni Hauwehde abschließend an ein langes und persönliches Interview zusammen, das sie im Mai 2020 zum Thema »Desinformation« mit mir führte.[3] Ich mag diesen Satz, weil ich denke, dass er die perfekte Brücke von den Herausforderungen zu den Chancen bildet, die unser Gehirn mit sich bringt.

13 Dynamisches Denken: Fokus auf das, was wirklich wichtig ist

Der Treibstoff für dynamisches Denken ist die Neugier, beginnend mit der Neugier auf uns selbst. Denn blicken wir neugierig auf uns selbst, dann sind wir automatisch auch neugierig auf andere und die Welt.

Doch bevor wir weiter über die Neugier nachdenken, bedarf es natürlich erst mal einer Definition. Denn wie bei so vielen Begriffen, die wir alltäglich benutzen und bei denen wir das Gefühl haben, sehr genau zu wissen, was wir damit meinen, kommen wir auch bei der Neugier schnell ins Zögern, wenn es darum geht, »mal eben« zu erklären, was das eigentlich ist. Also hier eine griffige Definition: Neugier ist unsere intrinsische Motivation, neue Informationen zu erlangen.[1] Es ist jener Zustand, in dem wir »wie von selbst« fragen, recherchieren, zuhören und zuschauen, ohne dass uns jemand oder etwas von außen dafür belohnt.

Das Stichwort »belohnen« ist entscheidend. Denn auch wenn die Forschung zur Neugier in vielerlei Hinsicht noch in den Kinderschuhen steckt, scheint unsere »Gier aufs Neue« sehr übergriffig im positiven Sinne zu sein. Sprich, wenn wir »Neugier« praktizieren, weil uns etwas interessiert, dann überträgt sich dieser Zustand auch auf andere Inhalte, denen wir vielleicht eher neutral gegenüberstehen. Genau das untersucht der Neurowissenschaftler Matthias Gruber. Vor einigen Jahren haben er und ich parallel am University College London zu ähnlichen Themen geforscht. Mittlerweile ist er nach einigen Jahren Forschungsaufenthalt in den USA an der Cardiff University in Wales gelandet und in seiner Forschungsgruppe, dem »Motivations- und Gedächtnis-Labor«, dreht sich alles um die Neugier.[2]

Was uns beide umtreibt, ist also die Neugier auf die Neugier. Schon vor Corona haben wir uns dazu in Video-Calls ausgetauscht, und ich weiß noch sehr genau, wie er mir von seinen Studienergebnissen aus der Zeit in den USA berichtete. Gemeinsam mit seinen Kollegen konnte er zeigen: Sind wir neugierig, dann lernen wir nicht nur das besser, was uns interessiert, sondern alles, was uns in diesem Zustand der Neugier sonst noch begegnet. Als Neurowissenschaftler wollte Matthias natürlich auch wissen, wie Neugier im Gehirn aussieht. Also haben er und seine Kollegen die Hirnaktivität ihrer Versuchspersonen im Kernspintomografen gemessen und ausgewertet.[3] Die Ergebnisse beschreibt er mit einem anschaulichen Bild: »Neugier scheint das Gehirn in einen Zustand zu versetzen, der ihm erlaubt, jede Art von Information besser zu lernen und zu behalten, wie ein Strudel, der nicht nur all das ansaugt, was wir lernen wollen, sondern auch alles drum herum.«

Er beschreibt das »Wollen-System« im Gehirn, das im Fall von Neugier nicht Schokolade, Geld oder gute Noten verlangt, sondern Informationen. Die Belohnung in Form von Information(en) ist also kognitiver Natur. Sind wir neugierig, ist das »Wollen-System« im Gehirn aktiv und lässt uns nach Informationen suchen.

Was Matthias und andere Wissenschaftler ebenfalls zeigen konnten: Dinge, die wir lernen, wenn wir neugierig sind, verarbeiten wir nicht nur besser, sondern speichern sie auch besser ab, sodass wir uns später besser an sie erinnern können. Wieder findet Matthias ein gutes Bild, um den Zusammenhang zwischen unserer Gier nach Neuem und unserem Gedächtnis zu veranschaulichen: »Im Gehirn wärmt das ›Wollen-System‹ quasi das ›Gedächtnis-System‹ auf. Neugier bringt uns in Schwung.« Sofort habe ich ein Bild vom lockeren Warmlaufen im Kopf und kann mir das gut vorstellen. »Unser Gehirn arbeitet einfach besser, wenn wir neugierig sind. Wenn du es schaffst, Neugier in einer Person auszulösen, will sie unbedingt wissen, um was es geht, und wird sich später nicht nur an die eigentliche Information besser erinnern, sondern auch an alles andere, was du deinem Gegenüber potenziell mitteilen willst.« Diese Erkenntnis ist natürlich besonders für Lehrende – vom Kindergärtner bis zur Professorin – hoch relevant und findet zunehmend mehr praktische Anwendung inklusive entsprechender Literatur zur Umsetzung bei verschiedenen Altersgruppen.[4] Aber auch mit Blick auf Des- und Fehlinformation, Wissenschaftskommunikation sowie Gespräche in Zeiten von vermeintlich unüberwindbarer kommunikativer Polarisierung ist diese Erkenntnis Gold wert.

Auch die Frage, inwieweit Neugier erlernbar ist, diskutieren Matthias und ich immer wieder. Die vielleicht beste Antwort mit Blick auf die bisherige Forschung dazu lautet »Jein«. Es scheint, als könnten wir Neugier zu einer Gewohnheit machen. Indem wir uns immer wieder in den Zustand »neugierig sein« versetzen, wechselt unser Gehirn irgendwann automatisch in den Neugier-Zustand, und wir müssen uns nicht jedes Mal wieder darum bemühen. Das Warmlaufen passiert dann wie von selbst, ohne dass uns jemand zum Training schubsen muss. Vielleicht wird es sogar irgendwann zur Aufwachroutine, weil wir ununterbrochen neugierig unterwegs sind. Wie bei anderen Gewohnheiten auch ist das keine Aufgabe, die von heute auf morgen gelingt, sondern eine, die uns Ausdauer abverlangt. Bis es uns gelingt, Neugier als einen Dauerzustand zu erreichen, der jeden unserer Lebensbereiche durchzieht, müssen wir das eine oder andere Mal das Aufwärmprogramm aktiv beginnen.

Ich kann an dieser Stelle nicht widerstehen, nochmals William James ins Spiel zu bringen. Denn er beschrieb genau diese bewusste Wahl der Gedanken und die damit verbundene Interaktion mit der Umwelt in seinen beiden Zitaten. Anders formuliert: Wir können dynamisches Denken praktizieren, wenn wir uns immer wieder daran erinnern, neugierig zu sein. Mit der Zeit wird das einfacher, weil sich unser Gehirn ständig verändert und das grundlegende Prinzip des Lernens auf neuronaler Ebene die Neugier zur Gewohnheit werden lässt.

Dieses Prinzip ist das Hebbsche Gesetz, benannt nach seinem Entdecker, dem kanadischen Neurowissenschaftler Donald Hebb, der bereits 1949 postulierte: »Neurons that fire together, wire together«[5] – also: »Neuronen, die parallel aktiv sind, verdrahten sich«. So wird durch Wiederholung aus einem neuronalen Trampelpfad eine neuronale Autobahn in unserem Kopf. Dank den Ergebnissen von Matthias und seinen Kollegen wissen wir: Die Neugier macht es uns dabei besonders einfach, weil sie nicht selektiv ist. Wichtig also: Jetzt ist der Zeitpunkt, das Gehirn auf »Neugier-Modus« einzustellen, damit der dritte Teil dieses Buches möglichst gut hängen bleibt.

Anknüpfend an meine These, dass wir uns zu lange auf einen kleinen, eher schlechten Teil unseres Gehirns konzentriert haben und daher in der »Dauerkrise« gelandet sind, möchte ich jetzt für den viel größeren Anteil unserer »wahren Natur« werben. Natürlich wieder anhand von drei Unterthemen, die unsere Chancen illustrieren. Diese drei Chancen sind das Pendant oder die Antithesen zu den drei Herausforderungen aus Teil II. Wenn wir *erkennen,* dass wir den »guten Kern« auch in uns selbst tragen (Chance Nummer 1), und wenn wir *lernen,* unser Gehirn und uns selbst zu hinterfragen (Chance Nummer 2), dann können wir mutig und aktiv den kleinen und großen Herausforderungen *begegnen* (Chance Nummer 3). Die wichtigste Einsicht dabei besteht darin, dass wir nicht nur verstehen, sondern akzeptieren und nach der Erkenntnis leben, dass das, was wir *wirklich* wollen, und das, was uns *wirklich* guttut, tatsächlich das Gleiche ist.

Dieser letzte Teil wird somit zu einer ersten Übung im dynamischen Denken und zum Sprung von der Theorie in die Praxis. Damit der gut gelingt, brauchen wir drei Zutaten. Wie beim Hefeteig in der Rührschüssel stehen die Zutaten nicht hinter- oder nebeneinander, sondern müssen miteinander vermengt werden. Bevor wir uns ans Teigmixen machen, muss aber eins klar sein: Jetzt geht es um die ganz großen Brocken. Es geht um Ehrlichkeit. Es geht um die Frage: Warum stehe ich morgens auf? Es geht um die Frage: »Glaubst du, das Leben verstanden zu haben?«

Nur wer bereit ist, sich damit ehrlich auseinanderzusetzen, wird am Ende einen fertigen Teig vorfinden. Es geht nicht um ein paar Schönheitskorrekturen, um ein wenig Nachpinseln, um ein »zurück zum Alten« oder das gerade in Zeiten von Lockdown, Shutdown und sonstigen Downs geforderte »back to normal«. Stattdessen geht es um die Bereitschaft, sich selbst und damit vieles als »normal« Geglaubte ehrlich zu hinterfragen. Es geht darum, einiges oder einiges mehr davon möglicherweise sogar hinter sich zu lassen. Damit aus dem »build back« ein »build forward« werden kann. Dafür braucht es einen ganzen Brocken Neugier.

Der Hefeteig des dynamischen Denkens hat natürlich drei Zutaten. Beginnen wir also mit Zutat Nummer 1.

Zutat Nummer 1:
Beim dynamischen Denken stellen wir bessere Fragen

»Ich bin dagegen!« – »Nieder mit …!« – »Abschaffung von …!« Wie oft formulieren wir unsere Absichten und Wünsche anhand dessen, was wir nicht mögen, nicht wollen, loswerden oder gar verbieten wollen. Egal ob politische Partei, Stiftung oder Bürgerprotest. Nur allzu oft äußern Interessengruppen unterschiedlichster Couleur ihre Forderungen anhand dessen, *wogegen* sie sind. Allzu oft geht es darum, was »weg muss«. Vielleicht sind sie *gegen* Hass, *gegen* Diskriminierung, *gegen* Unterdrückung und Zerstörung. Ohne Zweifel haben sie dabei häufig gute Absichten, wollen die Welt ein Stück weit besser machen, indem sie den Einfluss von Negativem in der Welt verringern.

Wie oft geht es uns auch im Alltag so, wenn wir gefragt werden, warum wir bestimmte Dinge tun? Vielleicht wollen wir Stress vermeiden, Krankheit verhindern oder Schulden verringern. Wie oft definieren wir uns und unsere Welt entlang dessen, was wir »nicht wollen«? Wie oft sind wir »gegen« etwas, statt »für« etwas? Wie oft verbinden wir unsere Energie mit negativen Gefühlen von Ärger, Wut und Hass? Und was würde passieren, wenn wir öfter »für« etwas wären, wenn wir uns häufiger »für« statt »gegen« etwas einsetzen würden? *Für* Zeitwohlstand, *für* Gesundheit, *für* finanzielle Sicherheit. *Für* eine lebenswerte Zukunft, *für* Gerechtigkeit, *für* Regeneration und *für* Einfallsreichtum. Was, wenn wir uns jeden Morgen fragen würden: »Wofür stehe ich heute auf?«

Das mag zunächst ein wenig nach Gefühlsduselei klingen oder nach einem dieser schlauen Sprüche auf Kalendern, Teebeuteln oder den Wänden von Gäste-WCs. Es geht aber um mehr, als sich einmal mit dem Blick auf eine dieser Lebensweisheiten kurz gut zu fühlen, vielleicht sogar für einen Moment einen guten Vorsatz zu formulieren, der dann aber genauso schnell wieder vergessen wird, wie das Kalenderblatt abgerissen ist, der Teebeutel im Mülleimer landet oder die Klospülung betätigt wurde.

Es geht um einen fundamental anderen Denkansatz. Ich traue mich kaum, es nochmals zu wiederholen, aber: »It's all in your head!« Unser Denken bestimmt nicht nur, wie wir die Welt generell sehen, sondern auch, wie wir unsere eigene Rolle darin wahrnehmen, sie einschätzen und am Ende auch in der Welt handeln. Unser Denken oder vielleicht noch ein wenig allgemeiner ausgedrückt, unsere mentale Welt, ist der Ursprung unserer Motivation und damit auch unserer Energie und Handlungsfähigkeit. Weil ich beim Schreiben der vorherigen Aussagen selbst ein wenig an Yogitee-Sprüche und Esoterik denken muss, hier noch mal die Klarstellung, dass das alles nichts mit cleveren Marketingideen, Feelgood und Heilsversprechen zu tun hat, sondern mit einer grundlegenden Veränderung unseres Denkens, die unser Gehirn und Verhalten neu gestaltet.

Bevor ich dafür ein paar Beispiele liefere, um das Ganze weg von der Theorie und in die Praxis zu holen, wage ich es, den »schlauen Spruch« zu zitieren, den ich nicht müde werde zu wiederholen. Wie hoffentlich schon deutlich geworden ist, bin ich kein Freund solcher Sprüche, weil sie meist eine sehr kurze Halbwertszeit haben. Aber es gibt eine Aussage des US-amerikanischen Autors und Psychotherapeuten Steve de Shazer, die nicht nur perfekt an das »Wofür-statt-wogegen«-Fragen anknüpft, sondern auch eine enorme Halbwertszeit zu haben scheint und mein Leben tatsächlich verändert hat. Es ist die Aussage:

Das Reden über Probleme schafft Probleme,
das Reden über Lösungen schafft Lösungen.[6]

Seit mehr als sechs Jahren verwende ich sie in Vorträgen, Workshops und Diskussionen jeder Art. Manchmal komme ich mir dabei selbst wie ein Kalenderspruch vor und verweise mit einer Art Vorwarnung auf meine Skepsis gegenüber »schlauen Sprüchen«. Dann halte ich einen Moment inne und versuche mit Beispielen zu erläutern, wie unterschiedlich Gespräche jeder Art verlaufen können, wenn sich die Beteiligten statt auf die Probleme auf mögliche Lösungsansätze fokussieren. Wenn statt Sündenbocksuche und Verteidigungsmodus gefragt wird, was alle beim nächsten Mal besser machen könnten. Wenn diejenigen Applaus bekommen, die offen sagen: »Ich habe mich geirrt!« Wenn der Fokus darauf liegt, welches Ziel erreicht werden soll. Nicht auf der Frage, welcher Notfall verhindert werden soll.

Das Faszinierende ist, dass diese zunächst rein semantische Unterscheidung reale Konsequenzen hat. Aus dem einfachen Grund, weil jeder Gedanke unser Gehirn verändert – die Frage ist nur, in welche Richtung. Weil unser Gehirn auf diesem Weg in einen anderen Zustand versetzt wird, den ich als »Nach vorn«-Modus beschreiben möchte. Weil die Beteiligten statt statischem Verhinderungsdenken dann dynamisches Ermöglichungsdenken praktizieren.

Wie schwierig dieser »Switch« ist, erlebe ich selbst jeden Tag, wenn ich versuche, ihn konsequent in sämtlichen Lebenslagen umzusetzen. Unsere Kultur und unsere (Denk-)Gewohnheiten sind häufig so gestrickt, dass derjenige, der über Lösungen sprechen will, als »naiv« oder gar »weltfremd« abgestempelt wird. Gleichzeitig lässt auch mein Steinzeithirn grüßen, wenn es sich – vor allem, wenn ich gestresst bin – lieber mit dem Ausweichen vor Gefahren beschäftigen will (also dem »Wogegen«) als mit dem Erreichen von Zielen (also dem »Wofür«).

Wichtig ist auch die Erkenntnis, dass der lösungsorientierte Ansatz Probleme weder schönredet noch ignoriert, sondern genau das Gegenteil tut. Er nimmt sie ernst und adressiert sie in der bestmöglichen Form. Eben weil er die Probleme loswerden will. Er spricht aber nicht vom Loswerden, sondern vom Erreichen eines neuen Zustands, in dem sie nicht mehr vorhanden sind. Mit anderen Worten: Lösungen sind nur notwendig, *weil* wir vor Problemen und Herausforderungen stehen.

Diese Erkenntnis wurde Steve de Shazer im Rahmen seiner Arbeit als Therapeut bewusst. Er begann in seinen Sitzungen mit Klienten andere Fragen zu stellen. Fragen, die das »Was jetzt?« in den Mittelpunkt rückten und sich gleichzeitig darauf konzentrierten, was die Beteiligten selbst beitragen können. Der Ansatz fand schnell viel Anklang. So sind heute ressourcenorientierte Herangehensweisen in der Psychologie, Psychotherapie und sozialen Arbeit generell weit verbreitet.[7] Dabei stehen die Fähigkeiten und Möglichkeiten der Klienten im Mittelpunkt.

Kernfrage ist immer, wie diese vorhandenen Ressourcen von Klienten und Betroffenen genutzt werden können, um die gewünschten Veränderungen zu erreichen. Der Blick wird nicht auf die Vergangenheit, nicht auf ein »Wogegen« gerichtet, sondern auf die Zukunft und das »Wofür«.

Längst hat der Ansatz das therapeutische Umfeld verlassen und findet Anwendung in zahlreichen anderen Lebensbereichen: von den kleinen Alltagsfragen hin zu den großen Herausforderungen und »Krisen« unserer Zeit. Ich wage sogar zu behaupten, dass er in sämtlichen Lebensbereichen Anwendung finden *kann*. Stärker noch: Er *sollte* oder *muss* angewendet werden, wenn wir den Herausforderungen, um die es »wirklich geht«, ernsthaft begegnen wollen. Also, wenn wir es wirklich ernst meinen und uns in sämtlichen Rollen, in denen wir unterwegs sind, immer fragen: ***Was kann ich tun?***

Wem das alles zu abstrakt erscheint, dem will ich hier ein paar praktische Beispiele basierend auf den Ergebnissen zahlreicher Studien der letzten Jahre vorstellen, die allesamt zeigen: Bekommen wir immer wieder gesagt, wir können nichts verändern, dann werden wir den Versuch auch nicht wagen. Erhalten wir umgekehrt die Information, dass wir Veränderungen bewirken können, dann werden wir uns mit sehr viel größerer Wahrscheinlichkeit ans Werk machen und genau das versuchen. Gehen wir etwa davon aus, dass Intelligenz im weitesten Sinne eine Eigenschaft ist, die wir »mitbekommen«, und somit ein Wesenszug, auf den wir keinen Einfluss nehmen können, dann werden wir nicht versuchen, uns zu verbessern, wenn es um Bereiche geht, bei denen Intelligenz eine Rolle spielt. Wir werden uns beim Schachspiel den schwächsten Gegner aussuchen, gegen den wir vielleicht eine Chance haben zu gewinnen. Wir werden herausfordernde Aufgaben im Privaten und Beruflichen meiden, da sie uns nur immer wieder vor Augen führen (würden), dass unsere Fähigkeiten und Intelligenz begrenzt sind. Wer will angesichts einer Niederlage schon als Verlierer oder gar Versager dastehen. Die Vorstellung, dass unsere Intelligenz, Fähigkeiten und Talente statisch sind, wird in der Psychologie als »fixed mindset«, also »fixe Mentalität oder Denkweise« beschrieben.[8]

Gehen wir aber davon aus, dass Intelligenz durch Training und Herausforderungen veränderbar ist, dann suchen wir uns beim Schachspiel eine möglichst starke Gegnerin. Weil wir davon ausgehen, auf diese Weise etwas lernen und unsere eigenen Fähigkeiten verbessern zu können. Mit einem sogenannten growth mindset, also einer »Wachstumsdenkweise«, gehen wir davon aus, dass wir unsere Intelligenz, Fähigkeiten und Talente beeinflussen können, dass sich Einsatz und Ausdauer lohnen.[9] Dabei geht es nicht darum, dass wir alle das gleiche Ziel erreichen können und nur hart genug an uns selbst arbeiten müssen, um zur nächsten Marie Curie oder dem übernächsten Albert Einstein zu werden. Sondern es geht darum, dass wir schlauer und geschickter werden können, wenn wir mit unseren bereits vorhandenen Ressourcen arbeiten, um unsere Fähigkeiten zu verbessern.[10]

Wie schnell eine solche Wachstumsdenkweise in unseren Köpfen implementiert werden kann, zeigen aktuelle Ergebnisse einer groß angelegten Studie aus dem Jahr 2019 mit US-amerikanischen Schülerinnen und Schülern. Sie erhielten eine einmalige kurze Intervention, in der sie lernten, dass sie ihre intellektuellen Fähigkeiten weiterentwickeln können. Die Ergebnisse schafften es in die renommierte wissenschaftliche Fachzeitschrift *Nature:* Weniger als eine Stunde einer solchen Intervention reichte aus, um bei leistungsschwachen Schülern zu verbesserten Noten zu führen. Außerdem schrieben sich danach mehr von ihnen bei fortgeschritteneren Mathematikkursen ein.[11] Generell scheint sich die Wachstumsdenkweise bei Schülern vor allem positiv auf naturwissenschaftliche und mathematische Leistungen auszuwirken.[12] Einige Wissenschaftler gehen so weit, dass sie die Denkweisen-Theorie mit menschlicher Entwicklung verknüpfen, und argumentieren, dass unsere Denkweise sämtliche Erfahrungen beeinflusst und so eine zentrale Rolle für unsere Lebensentwicklung und unser Wohlergehen spielt.[13] Denn: Es ist alles (nur) in unserem Kopf!

Bestätigt werden diese Annahmen durch Studien, die sich mit einer der grundlegendsten menschlichen Fähigkeiten beschäftigen: der Empathie. Lange Zeit galt unter Psychologen und Philosophen auch unsere Fähigkeit, sich in andere Menschen hineinzuversetzen, als festgeschriebene Größe, also als eine Eigenschaft oder ein Charakterzug, den wir bei der Geburt mitbekommen. Genau wie bei der Vorstellung von Intelligenz als Eigenschaft sorgt das für eine fatalistische Sicht auf Menschen, die Probleme damit haben, empathisch zu sein. Sie selbst gehen davon aus, eben zu den »weniger empathischen« Menschen zu gehören, und ihr Umfeld stempelt sie als ebensolche ab – ohne Chance auf Veränderung. Dabei ist längst klar: Auch unsere Fähigkeit, empathisch zu sein, können wir verändern und verbessern. Der US-amerikanische Sozialpsychologe Jamil Zaki forscht genau zu dieser Fragestellung und vergleicht Empathie mit einem Muskel: Nutzen wir ihn beziehungsweise sie nicht, verkümmern Muskelkraft und empathische Fähigkeiten. Machen wir Gebrauch von ihnen, wachsen sie. Statt Hanteln zu stemmen, können wir unsere Empathie etwa durch Meditation, Freundschaften und sogar das Lesen von Belletristik »trainieren«.[14] Und auch mit Blick auf unsere empathischen Fähigkeiten gilt: Bekommen wir gesagt, dass Empathie keine Eigenschaft, sondern eine erlernbare und trainierbare Fähigkeit ist, zeigen wir automatisch mehr Empathie. Das legen die Ergebnisse von Studien nahe, bei denen Probanden ausgestattet mit der Wachstumsdenkweise ein komplett anderes Verhalten an den Tag legen. Sie verbringen mehr Zeit damit, einer leidenden Person anderer ethnischer Herkunft zuzuhören, und bemühen sich stärker, Standpunkte von Personen mit anderer politischer Meinung zu verstehen.[15] Ähnliche Studien wurden mit Schülern durchgeführt. Lernen sie, dass Empathie der »neueste Trend« ist, dann legen sie sich mächtig ins Zeug und werden nach einigen Wochen Training von ihren Mitschülern als empathischer eingestuft als zuvor.[16] Die Wachstumsdenkweise kann also im wahrsten Sinne des Wortes für persönliches Wachstum sorgen.

Zusammenfassend geht es bei »Zutat 1« des dynamischen Denkens also nicht nur darum, andere Fragen zu stellen, sondern natürlich auch darum, welche Wertvorstellungen und Ziele damit verbunden sind. Wollen wir Menschen sein, die davon überzeugt sind, ihre eigenen Fähigkeiten und Talente entwickeln zu können? Wollen wir Menschen sein, die ihren Mitmenschen empathisch und verständnisvoll begegnen?

Wollen wir öfter »für« etwas eintreten, als »gegen« etwas zu sein? Dann können wir uns als Menschen in unseren unterschiedlichen Rollen immer wieder fragen: Für welche Welt trete ich ein und was kann ich dazu beitragen?

Erkenntnis Nummer 1:
Nicht »wogegen«, sondern »wofür«.

Zutat Nummer 2: Dynamisches Denken überwindet das Lagerdenken

»Um zu erkennen, wie zerbrechlich unser kleiner blauer Planet ist, brauche ich nur einen Augenblick.« Alexander Gerst muss dafür nur aus seiner Raumstation schauen und den Blick Richtung Planet Erde werfen. 2014 reiste der deutsche Astronaut für hundertsechsundsechzig Tage durch das All und umrundete dabei die Erde etwa zweieinhalbtausend Mal. Seine Aussage steht sinnbildlich für den sogenannten Overview-Effekt, den Raumfahrer häufig erleben, wenn sie die Erde aus dem Weltall betrachten. Durch den Perspektivwechsel erleben sie häufig eine tiefe Emotionalität, verbunden mit Gefühlen von Ehrfurcht, Verständnis und einer Verbundenheit allen Lebens auf der Erde.[17]

In den 1970er-Jahren wurde das Foto »Blue Marble« zum Symbolbild der Umweltschutzbewegung. Aufgenommen am 7. Dezember 1972 vom Besatzungsmitglied der Apollo 17 Harrison Schmitt in 29 000 Kilometer Entfernung zur Erde, zeigt es unseren Planeten, der nicht groß und endlos wirkt, sondern einer kleinen, künstlerisch bemalten Murmel gleicht. Schauen wir auf das Foto, dann sehen wir keine Länder, keine Grenzen und keine Trennung, sondern lediglich eine kleine zerbrechlich wirkende Kugel. Wir sehen den einen Planeten, auf dem wir leben und der unsere Heimat ist. Plötzlich spielt es keine Rolle mehr, welche Hautfarbe wir haben, wen wir lieben oder welcher Partei wir unsere Stimme geben. Aus 29 000 Kilometern betrachtet, gibt es auf der Erde keine Nationalitäten, keine Religionen, keine Gruppen mehr. Es gibt kein »wir gegen die anderen«, keine Konflikte und keine Kriege.

Diese Perspektive »von oben« erleichtert es uns, die Frage zu stellen, worum es wirklich geht. Denn sobald Gruppen und Grenzen wegfallen, kann es darauf nur eine Antwort geben: Es geht um menschliches Wohlergehen, um menschliches Gedeihen und die Frage, wie wir das gestalten wollen. Gemäß Zutat Nummer 1 geht es um die Frage: Wie wollen wir unser Leben als Menschen auf dem Planeten Erde gestalten?

Statt uns von alten Gewohnheiten, Unsicherheit und Angst vor Kontrollverlust treiben zu lassen und so den alten Funktionsweisen unseres Steinzeithirns das mentale Steuer zu überlassen, müssen wir lernen, unsere neueren Hirnfunktionen besser zu nutzen. Die zweite Zutat des dynamischen Denkens ist grundlegend dafür, weil wir (vermeintliche) Dichotomien ablegen. Wir lassen das reflexartige Lagerdenken hinter uns und fragen statt »Was trennt uns?« immer »Was verbindet uns?«. So gibt es selbst in der kleinsten Gruppe aus zwei Menschen stets etwas, was sie eint. Vielleicht das Geschlecht, vielleicht die Nationalität, vielleicht eine Sprache, die beide sprechen, vielleicht ein ähnlicher Musikgeschmack, vielleicht die Erfahrung, Eltern zu sein, vielleicht gerade glücklich oder unglücklich verliebt zu sein, vielleicht das Lieblingstier oder ein gemeinsames Hobby. So wird aus Unsicherheit und Angst vor dem Fremden Vertrauen und Erkennen. So gelangen wir in einen Zustand psychologischer Sicherheit, der uns dazu ermutigt, gemeinsam Potenziale zu nutzen, um menschliches Wohlergehen zu steigern.

Wie sehr die vermeintlichen Dichotomien unser gesellschaftliches Denken und Handeln bestimmen, wurde nicht zuletzt auch während der Corona-Pandemie jeden Tag deutlich. Wie oft habe ich mich geärgert, wenn es in Diskussionen, Artikeln und Interviews immer wieder darum ging, dass wir abwägen müssten zwischen »Gesundheit« und »Wirtschaft«, zwischen »Sicherheit« und »Freiheit«.[18] Mit Blick auf die Klimakrise gilt das Gleiche für die vermeintliche Entscheidung zwischen »Umwelt« und »Wirtschaft«. Ich setze alle Begriffe ganz bewusst in Anführungszeichen, weil sie in den Debatten immer nur Platzhalter sind für menschengemachte Konzepte, die wir angeblich gegeneinander abwägen müssen.

Müssen wir alle erst ins All fliegen, um zu begreifen, dass es immer um die eine Sache geht? Nämlich um unser Leben und Überleben auf der »blauen Murmel«? Dass Wirtschaft, Gesundheit, Freiheit und Sicherheit menschengemachte Konzepte sind, die sich unsere Vorfahren überlegt haben, um das menschliche Gedeihen zu fördern? Dass wir irgendwo auf dem Weg dahin immer mal wieder falsch abgebogen sind, weil unser Steinzeithirn wie in Teil II beschrieben eben immer wieder dazu einlädt? Dass wir nun ein paar andere Abbiegungen nehmen müssen, um zu erkennen, worum es wirklich geht?

Es geht nicht darum, die Wirtschaft zu retten, denn sie ist nur ein komplexes Konstrukt, das wir uns aufgebaut haben, um unser Wohlergehen zu steigern. Dynamisch gedacht, geht es stattdessen darum, zu fragen: Welche Wirtschaft brauchen wir, damit diese Steigerung des Wohlergehens für möglichst viele Menschen gelingt?

Genauso wenig geht es darum, die Umwelt zu schützen oder gar zu retten. Die kommt auch gut, vielleicht sogar besser, ohne uns Menschen klar. Statt von »Umwelt-«, »Natur-« und »Klimaschutz« zu reden, sollten wir von »Menschenschutz« sprechen. Sonst wird in wenigen Jahren der Witz der beiden Planeten wahr, der zum Lachen und Weinen zugleich anregt. Dabei trifft die Erde auf einen anderen Planeten, der besorgt feststellt: »Du siehst aber schlecht aus, was ist denn los mit dir?« Daraufhin antwortet die Erde: »Ich bin krank – ich habe Homo sapiens.« Der erste Planet lacht und kann die Erde beruhigen: »Das hatte ich auch, aber das geht schnell vorbei, und dann geht es dir wieder besser.« Klar ist: Die Erde lebt auch ohne uns weiter, wir jedoch sind für unser Überleben auf bestimmte Bedingungen auf der »blauen Murmel« angewiesen. Wenn wir also ständig darüber sprechen, wir müssten den Planeten retten, sollten wir uns vielleicht öfter fragen: Für wen eigentlich?

Es gibt nur die eine planetare Gemeinschaft, die schleunigst versuchen sollte, ihren Lebensraum zu bewahren. Wer könnte dieses Gefühl besser auf den Punkt bringen als jemand, der den Overview-Effekt am eigenen Leib erlebt hat? Michael Collins, neben Neil Armstrong und Buzz Aldrin »dritter Mann« der Apollo-11-Mission, beschreibt seinen persönlichen Overview-Effekt fünfzig Jahre nach der ersten bemannten Raumfahrtmission mit einer Mondlandung in einem Interview mit der *New York Times* so: »Das, was mich wirklich überrascht hat, war die Zerbrechlichkeit, die die Erde vermittelte. Und ich wusste nicht, warum. Ich weiß es bis heute nicht. Ich hatte den Eindruck, dass sie winzig ist, dass sie glänzend ist, dass sie wunderschön ist, dass sie unser Zuhause ist und dass sie zerbrechlich ist.«[19]

Darum müssen wir uns neue Geschichten erzählen.

Erkenntnis Nummer 2:
Statt »wir« gegen »die« – du und ich als »wir«.

Zutat Nummer 3: Beim dynamischen Denken erzählen wir uns neue Geschichten

Vielleicht denken wir bei »Geschichten« erst mal an Märchen, ans Vorlesen oder eine gute Storyline eines Films. Vielleicht teilen wir die Welt sogar in Geschichten und Realität, in Fiktion und Fakten. So wie wir zwischen Belletristik und Sachbüchern unterscheiden.

Wie auch immer: Wir mögen Geschichten, weil sie emotional sind. Als Faustregel gilt: Je emotionaler etwas ist, desto intensiver reagiert unser Gehirn und desto besser bleibt es im Gehirn »hängen«. Darum erinnern sich Menschen auf der ganzen Welt daran, was sie am 11. September 2001 gemacht haben. Ich erinnere mich noch sehr genau daran, wie ich die Bilder der brennenden Türme auf dem Fernsehbildschirm sah, wie meine Mutter, mein Bruder und ich uns fassungslos anschauten, wie ich an dem Tag mit einem Freund telefonierte und wir uns über die Ereignisse in den USA austauschten. So haben wir alle unsere eigenen Geschichten von diesem Tag, genau wie von jedem anderen Tag in unserem Leben.

Zu Beginn dieses Buches habe ich bereits kurz die »Geschichte unseres Lebens« erwähnt, die wir uns alle erzählen. Letztlich sind wir und damit alles, was unser Leben ausmacht, nichts anderes als die Geschichten, die wir uns und anderen erzählen. Unsere Ängste und Freuden, unsere Träume und Gedanken, unsere Erfahrungen und Zukunftsvorstellungen. Wie sehr allein unser Gedächtnis dabei von unseren Biases bestimmt wird, diese Erkenntnis kann zahlreiche Bücher füllen. Bis hin zu sogenannten False Memories, bei denen sich Menschen fälschlicherweise an etwas erinnern, das ganz anders oder sogar nie passiert ist.[20]

Aber hier soll es nicht um die Gedächtnisforschung und die Fehlbarkeit unseres Erinnerungsvermögens gehen, sondern um die Frage: Wo ist die Grenze? Die Grenze zwischen Fakten und

Fiktion? Denn wir erzählen uns nicht nur Geschichten über uns, lassen uns von Fabelwesen verzaubern und laufen den Geschichten hinterher, die uns die Marketingabteilungen dieser Welt erzählen. Wenn sie Produkten Namen geben, Kopfhörer und Smoothies eine Persönlichkeit bekommen und Nikotinkonsum uns an Feiern, Freundschaft und Freiheit denken lassen soll. Auch unsere Gesetze, unsere Religionen und unsere politischen Vorstellungen basieren auf Geschichten, die uns verbinden. Die Mär vom »freien Markt«,[21] die unantastbare Würde des Menschen oder die Vorstellung eines oder mehrerer Götter inklusive entsprechender religiöser Praktiken.

Religionen, Grundgesetze und Wirtschaft basieren nicht auf Naturgesetzen. Die darin verwendeten Konzepte sind stets menschengemacht, geprägt von den Werten – und damit den Geschichten – der Menschen der jeweiligen Zeit. Machen wir uns das bewusst, dann erscheinen Begriffe wie Sklavenarbeit, Wochenende oder Lieferkettengesetz plötzlich in einem anderen Licht. Wir sind in der Lage, sie von einer neuen – dynamischeren – Perspektive aus zu betrachten. Statt sie als unumstößliche Wahrheiten und feststehende Fakten zu begreifen, können wir uns fragen, welche Geschichten (in diesem neuen Sinne) wir mit ihnen verbinden und was sie für uns bedeuten. Wir können erkennen, dass Wörter immer nur ein Versuch sind, bestimmte Werte und Vorstellungen zu transportieren – von einem Gehirn zu einem oder mehreren anderen.

Lassen wir das wirklich und ernsthaft zu, dann bekommt auch die Wand, die wir zwischen Fakten und Fiktion so gern aufbauen, erst Risse und beginnt zu bröckeln. Denn dann ist nicht mehr klar, wo die Grenze verlaufen könnte – zwischen unserer Erinnerung an den 11. September 2001, unserer Vorstellung von Gut und Böse, Krieg und Frieden, Wohlstand und Armut.

Lassen wir das wirklich und ehrlich zu, dann können wir erkennen, was der britische Autor und Aktivist George Monbiot in seinem TEDx-Vortrag 2019 anschaulich zusammenfasst: »Geschichten sind das Mittel, mit dem wir durch die Welt navigieren, sie erlauben es uns, ihre komplexen und widersprüchlichen Signale zu interpretieren. Wenn wir etwas verstehen wollen, suchen wir nicht nach wissenschaftlicher Bedeutung, sondern nach erzählerischer Ehrlichkeit.« Und weiter: »Wir sind erzählende Wesen, und eine Folge von Zahlen und Fakten, egal wie wichtig sie sind – und ihr wisst, dass ich ein Empiriker bin, ich vertraue Zahlen und Fakten – ist nicht imstande, eine überzeugende Geschichte zu entmachten.«[22] Eben weil unser Gehirn kein Computer ist, der beliebig Zeichen für Zeichen speichert, zugänglich macht und gegebenenfalls löscht, sondern das Produkt einer Entwicklung, der Evolution unserer Spezies, einer Geschichte. Die Frage ist also nicht: Erzählen wir uns eine Geschichte? Sondern vielmehr: Welche Geschichte wollen wir uns erzählen? In seinem Vortrag kommt George Monbiot genau dort an und bringt die Zutat Nummer 3 des dynamischen Denkens trefflich auf den Punkt: »Das Einzige, was eine Geschichte ersetzen kann, ist eine andere Geschichte. […] Unsere Aufgabe besteht darin, eine Geschichte zu erzählen, die den Weg zu einer besseren Welt beleuchtet!«

So landen wir bei der einfachen Frage, die wir uns stellen müssen, um zu begreifen, warum jeder bei sich selbst beginnen muss: »Warum stehe ich morgens auf?« Ich stelle sie besonders gern dann, wenn sich Diskussionen mal wieder um Sündenbocksuche, Gruppenzugehörigkeiten und vermeintlich ausweglose Situationen drehen. Rein logisch kann es keine ausweglose Situation geben, da in einem solch hypothetischen Zustand jedes Weitermachen und Handeln unmöglich wäre. Gäbe es keinen »Weg hinaus«, kein »Weiter«, dann wären wir im eigentlichen Sinne handlungsunfähig und tatsächlich an einem Endpunkt angekommen, in dem Raum und Zeit stoppen.

Bitte nicht falsch verstehen. Es soll hier nicht um abgehobene theoretische Betrachtungen gehen, sondern um die zentrale

Frage: Wenn wir nicht über das »Was jetzt?« nachdenken und sprechen wollen, worüber dann? Wir alle wollen doch »irgendwie weitermachen«, wollen eine Zukunft! Egal, in welchem Zeithorizont gedacht. Was uns vereint, ist doch gerade der Wunsch und Wille weiterzuleben. Sobald wir das verstanden haben, ist lösungsorientiertes und dynamisches Denken schlicht und einfach alternativlos.

Kombiniert mit der Frage, warum wir allmorgendlich das Bett verlassen, landen wir so auch bei der Frage nach dem Sinn. Warum tun wir bestimmte Dinge – und andere nicht? Was ist uns wichtig – und was nicht? So bringen uns die Geschichten, die wir uns erzählen, auch zu einem Begriff, der im Frühjahr 2020 zu Beginn der Corona-Pandemie auf einmal überall präsent war. Weil viele Geschichten plötzlich keinen Sinn mehr ergaben, unsere Gedankenwelten und Gewohnheiten nicht mehr »funktionierten«, weil die Welt so anders tickte, sprachen wir plötzlich alle über Systemrelevanz. Wir diskutierten im Zuge der Maßnahmen, um die Verbreitung des Coronavirus einzudämmen, über systemrelevante Berufe.

Wieder habe ich den Satz im Ohr und Hirn: Krisen und Kriege machen ehrlich. So ist die Frage nach der Systemrelevanz eben auch nichts anderes als die Frage nach dem Sinn, nach sinnvollen, weil relevanten Tätigkeiten, mit denen wir unsere Zeit verbringen. Wie genau wollen wir »systemrelevante« Tätigkeiten von anderen unterscheiden?

Manchmal hilft bei Definitionen, das Gegenteil zu kennen. Das Gegenteil von sinnvollen Jobs hat der US-amerikanische Anthropologe David Graeber als »Bullshit Jobs« bezeichnet und meint damit »eine Form bezahlter Anstellung, die komplett unnütz, unnötig oder schädlich ist, sodass selbst der Angestellte seine Existenz nicht rechtfertigen kann, auch wenn er sich als Teil seiner Anstellungsbedingungen verpflichtet fühlt, so zu tun, als wäre das nicht der Fall«.[23] Ein harsches Urteil. Die viel harschere Aussage des 2020 verstorbenen Autors ist allerdings folgende: Mehr als die Hälfte aller gesellschaftlichen Arbeiten sei »nutzlos« und falle in die Kategorie »Bullshit Jobs«.

Und hier schließt sich der Kreis. Vielleicht hat der eine oder andere noch die monatelangen Diskussionen zur Systemrelevanz im Hinterkopf. Ob »mit« oder »ohne« sollte spätestens jetzt klar sein: Was »Bullshit« und was systemrelevant ist, bestimmen wir selbst. Was wichtig ist und was nicht, bestimmen die Werte, die uns wichtig sind. Die wiederum transportieren wir über die Geschichten, die wir uns erzählen – egal ob in einem Roman, in der Netflix-Serie, einem Zeitungsbericht oder einer wissenschaftlichen Untersuchung. Immer liegen den Begriffen, die wir benutzen, Werte zugrunde.

Die spannende Frage lautet also: Können wir uns als Menschen auf eine Art Grundausstattung an Werten einigen? Können wir uns auf das einigen, was wirklich wichtig ist? Was »systemrelevant« ist? Vielleicht hilft dabei der Overview-Effekt, der uns lehrt: Es geht um *ein* System. Denn mit ein wenig Abstand gibt es weder Gruppen noch Grenzzäune. Es gibt nur die eine »blaue Murmel« und ihre Naturgesetze. Darin gibt es uns Menschen, die sich Gesetze und Regeln überlegen, um …

Ja, um was denn eigentlich? Wieder landen wir bei der Frage nach der minimalen Werteausstattung oder der Systemrelevanz. Vielleicht können wir uns auf menschliches Wohlergehen einigen. Oder besser noch: Vielleicht können wir uns darauf einigen, menschliches Wohlergehen steigern zu wollen.

Dass wir bei der Frage danach, was das bedeutet, häufig falschliegen und zudem nicht mal wissen, dass wir falschliegen, habe ich bereits in Teil I erörtert. Warum wir uns persönliche und gesellschaftliche Strukturen inklusive entsprechender Belohnungsstrukturen geschaffen haben, die genau diese »Fehlvorstellungen« befeuern, habe ich in Teil II zusammengefasst. Um uns von diesen Vorstellungen zu lösen, müssen wir die 9 Herausforderung Nummer 2: Die Vorhersage-Apparatur Gehirn Herausforderungen unseres Steinzeithirns verstehen, vermeintliche Dichotomien hinter uns lassen und uns dem dynamischen Denken annähern. Dann sind wir startklar für das, was uns wirklich glücklich und gesund macht. Dann werden wir befähigt, menschliches Wohlbefinden mittel- und langfristig zu steigern. Dann sind wir aufnahmebereit für Teil III dieses Buches und die ehrliche Frage: ***Was kann ich tun?*** Dann sind wir auch in der Lage, uns neue Geschichten zu erzählen. Neue Geschichten darüber, was wichtig ist. Was systemrelevant ist.

Dann sind wir auch bereit zu hinterfragen, was es bedeutet, eine Heldin oder ein Held zu sein. Wir sind bereit zu fragen, was Gewinnen bedeutet, was wir selbst »verdienen« und vor allem auch, was andere »verdienen«. Wie sehr Narrative unsere Weltsicht und politischen Einstellungen beeinflussen, zeigten unlängst die Ergebnisse eines amerikanisch-kanadischen Forschungsteams zum Thema Armut. In fünf Studien mit insgesamt knapp fünfunddreißigtausend Teilnehmern untersuchten sie, was Menschen motiviert, sich für wirtschaftliche Gleichheit einzusetzen.[24] Das wichtigste Ergebnis lässt sich in einem Satz zusammenfassen. Sehen wir Armut vor allem als etwas, was durch äußere Umstände statt durch die Betroffenen verschuldet ist, dann nehmen wir uns des Themas mehr an, bevorzugen egalitäre politische Maßnahmen gegenüber anderen und unterstützen generell ein Verhalten, das Gleichheit fördert.

Wenn wir also ehrlich fragen, was ein »gutes Leben« ausmacht, dann sind wir in letzter Konsequenz auch bereit zu hinterfragen, wem wir die Macht geben möchten, Entscheidungen zu treffen. Vielleicht sind wir sogar bereit, Staats- und anderen Oberhäuptern, Unternehmensführungen und sonstigen Menschen in »Machtpositionen« nicht mehr »Macht«, sondern »Verantwortung« zuzuschreiben. Verantwortung dafür, die Aufgabe in Angriff zu nehmen, »eine Geschichte zu erzählen, die den Weg zu einer besseren Welt beleuchtet«. Was könnte sich dafür besser eignen, als diesen Gedanken mit einer Geschichte zu erzählen. Mit der Geschichte des jungen Hugo, der

Anfang der Dreißigerjahre allein im Bahnhof Montparnasse in Paris lebte.

Als ich mich an einem Augustabend während der Arbeit am Manuskript nach einer Denkpause sehne, schaue ich mir den Film *Hugo* an und finde mich wenig später am Computer wieder. Ich muss mir unbedingt eine Notiz machen, um folgende Szene aus dem Hollywood-Film von 2011 einzubauen: Der Waisenjunge Hugo lebt nach dem Tod seines verwitweten Vaters zunächst bei seinem Onkel, der aber eines Tages verschwindet. Seitdem schlägt er sich auf dem Bahnhof allein durch, ständig auf der Flucht vor dem Aufseher und dessen Hund. Eines Tages begegnet er der etwa gleichaltrigen Isabelle, ebenfalls eine Waise. Die beiden Kinder freunden sich an, und in einer ihrer ersten Unterhaltungen sprechen sie über Monsieur Labisse, einen älteren Herrn, der Hugo ein Buch geschenkt hat. Isabelle antwortet: »Das macht er immer. Er gibt den Büchern eine Heimat. So nennt er das.« Hugo schaut Isabelle nachdenklich an, als er versucht, das Verhalten des Mannes einzuordnen: »Er hat eine echte …« Hugo hält kurz inne und sagt das alles entscheidende Wort: »Bestimmung«. Was folgt, ist ein Dialog über das Leben, geführt von zwei Teenagern, die zwischen den riesigen Zahnrädern der Bahnhofsuhr stehen.

Isabelle blickt kindlich fragend zu ihrem neuen Freund: »Wie meinst du das?« – »Alles hat eine Bestimmung, sogar Maschinen«, erklärt Hugo. Er ist damit beschäftigt, einige Schrauben der Zahnräder mit Öl aus einer kleinen Metallflasche zu versorgen. »Uhren geben die Zeit an, Züge bringen uns ans Ziel. Sie tun, wofür sie geschaffen wurden. Wie Monsieur Labisse.« Hugo unterbricht die Versorgung der Zahnräder abrupt und schaut Isabelle aufgeregt an. Seine Mimik lässt vermuten, dass er soeben etwas sehr Wichtiges verstanden hat: »Vielleicht machen mich kaputte Maschinen deshalb so traurig. Sie können nicht tun, wofür sie geschaffen wurden.« Seine Stimme wird lauter und ist plötzlich voller Begeisterung. Es ist die Begeisterung, die wir haben, wenn uns ein Gedanke in den Sinn kommt, der uns eine neue Erkenntnis beschert und den wir unbedingt mit jemandem teilen möchten. Ich vermute, in Hugos Kopf hat es in diesem Moment laut »Plopp« gemacht. Isabelle sitzt neben der Rückseite der hell erleuchteten Bahnhofsuhr und schaut zu ihm auf. Sie lauscht gespannt. »Womöglich ist es mit Menschen genauso. Wenn du deine Bestimmung verlierst, gehst du kaputt.«

Das Gespräch nimmt seinen Lauf, und Isabelle fragt Hugo, ob es vielleicht seine Bestimmung sei, Dinge zu reparieren. Immerhin war es das, was sein Vater tat und konnte. Isabelle fasst ihre Suche nach der eigenen Bestimmung mit der schonungslosen Ehrlichkeit eines Kindes in einfache Worte: »Ich wüsste gern, was meine Bestimmung ist.« Doch Hugo kann ihr nicht helfen: »Das weiß ich nicht.« Beschämt schaut er wieder auf die sich drehenden Zahnräder vor ihm. Die Kinder sehen sich an, mit einem Mix aus der Schwere, die wir von Erwachsenen kennen, und der Neugier eines Kindes. Isabelle nährt die Schwere, als sie hinzufügt: »Hätte ich meinen Vater und meine Mutter gekannt … wüsste ich es vielleicht.« Hugo blickt sie fürsorglich an, zögert noch einen Moment und nimmt dann all seinen Mut zusammen: »Komm mal mit.« Szenenwechsel zu einer noch größeren Uhr mit riesigen Zahnrädern, die sich im Rücken der Kinder drehen, die nun auf den erleuchteten Eiffelturm vor der nächtlichen Pariser Skyline blicken. Hugo verrät seiner neuen Freundin, was es mit diesem Ort auf sich hat: »Nach dem Tod meines Vaters bin ich oft hier raufgekommen.« Was folgt, ist eine mechanistische Erklärung von »Bestimmung«. Hugos Worte klingen erwachsen, sie bestechen durch ihre Logik und Einfachheit zugleich. »Ich hab mir dann vorgestellt, die ganze Welt sei eine einzige große Maschine. In Maschinen gibt es keine überflüssigen Teile. Sie bestehen immer aus exakt so vielen Teilen, wie nötig sind. Also dachte ich, wenn die Welt wirklich eine einzige riesige Maschine ist …« Nach Bestätigung suchend und mit zweifelndem Blick schaut Hugo jetzt nicht mehr auf das nächtliche Paris, sondern Isabelle und mir als Zuschauerin ins Gesicht, bevor er den Satz beendet. »… wäre ich ja wohl nicht überflüssig.« Die Stimmung wird dramatischer, von Musik hinterlegt, die langsam anschwillt. Hugo spricht jetzt laut und deutlich. Er sieht Isabelle und mich eindringlich an, wenn er sagt: »Dann wäre ich aus einem ganz bestimmten Grund auf der Welt.« Sein Blick bleibt gleich, doch seine Stimme wird sanfter und empathischer. Es klingt wie eine Mischung aus einer Einladung zum Leben und einem Versprechen, als er sagt: »Das bedeutet, du bist auch aus einem bestimmten Grund da.« Wow! Damit ist alles gesagt.

In wenigen Sekunden und mit einfachen Worten hat Hugo das Leben erklärt – und Isabelle zum Lächeln gebracht. Ganz nebenbei hat der Junge auch noch das Hirn des Mädchens erobert. Die Szene endet mit einem Shot über die Zahnräder hinweg auf die beiden Rücken der Protagonisten, die wieder die Aussicht auf Paris genießen und nun nach der Hand des anderen greifen. Nicht zu vergessen die heroische Instrumentalmusik. Geschichten, die Hollywood schreibt!

Erkenntnis Nummer 3:
Jeder Gedanke und jedes Wort erzählen eine Geschichte.

Ausgestattet mit diesen drei Erkenntnissen des dynamischen Denkens sind wir nun bereit für die drei Chancen, die unser stets plastisches Gehirn mit sich bringt.

14 Chance Nummer 1: Ein Gehirn braucht andere Gehirne

Das Gegenmittel zur Komplexität aus Herausforderung Nummer 1 ist nicht die Suche nach vermeintlich einfachen Erklärungen, die unser Gehirn dankend annimmt. Der bessere Weg, um der Komplexität zu begegnen, ist Transparenz, sodass wir Stück für Stück oder Schritt für Schritt immer wieder kleine komplexe Zusammenhänge verstehen. Bei Chance Nummer 1 geht es darum, die Neugier auf uns selbst zu richten, um der »persönlichen Krise« besser zu begegnen.

»Ich habe beschlossen, glücklich zu sein, denn es ist förderlich für die Gesundheit.«[1] Die Aussage wird dem berühmten französischen Philosophen Voltaire zugeschrieben, es gibt sogar ein Buch mit dem Titel.[2] Doch egal ob Voltaire, Teebeutelspruch oder Buchtitel – nachdem mir die Aussage 2019 begegnete, habe ich sie in meine Liste von Sätzen aufgenommen, die ich das Jahr über gesammelt habe. Auf die Liste schaffen es Aussagen, die mich nachhaltig zum Denken anregen und die ich länger als eine Tasse Tee oder einen Besuch auf dem Gäste-WC in meinem Kopf behalten möchte, weil sie möglicherweise einen der »Plopp«-Momente auslösen (können).

Während wir alle – die einen mehr, die anderen weniger – die ersten Wochen des Jahres 2020 unsere üblichen Glücks- und Zufriedenheits-Fixes anwendeten, über den Planeten flitzten, vielleicht die nächsten Konzertbesuche und Reisen planten, erlebte eine Region in China bereits den Stillstand. Das war weit weg, und wir ließen uns nicht beirren. Nicht, bis die meisten von uns ihren persönlichen »Tom-Hanks-hat-Corona-Moment« hatten. Dann kam der Lockdown. Mit geschlossenen Türen und

Grenzen hatten wir auf einmal viel Zeit mit uns selbst. Gefangen mit uns selbst. Mehr arbeiten? Mehr Netflix? Vielleicht mehr Homeoffice, vielleicht Homeschooling. In jedem Fall aber ein harter Exit aus vielen Routinen und Gewohnheiten, der bei den meisten Menschen zu einer neuen Auseinandersetzung mit sich selbst geführt haben dürfte. Ausgenommen die Menschen, die in systemrelevanten Berufen tätig waren und sind, allen voran natürlich in der Gesundheitsversorgung. Sie leisteten und leisten Außergewöhnliches in einem solchen Ausmaß, dass sie wohl kaum dazu kamen, sich mit sich selbst zu beschäftigen.

Hier geht es mir nicht um die Frage nach Gerechtigkeit und die Systemfrage dahinter (dazu kommen wir noch), sondern um die Frage: Was stellen wir an mit der Zeit, die wir plötzlich nicht mehr so verbringen können wie geplant? Hoffen wir darauf, dass alles möglichst schnell wieder zurück zur Normalität gelangt beziehungsweise in den Zustand, den wir für »normal« halten? Möglichst schnell wieder Karneval, Glühweinstände, Skitourismus und Kreuzfahrtreisen? Oder nutzen wir die Zeit mit uns selbst als Intervention? Als eine Zeit, in der wir uns ehrlich fragen: Wer bin ich eigentlich? Was tue ich wirklich gern? Was tut mir wirklich gut? Vielleicht neben neuen Verantwortungen und herausfordernden Situationen wie Homeoffice und Homeschooling, vielleicht sogar neben oder gerade wegen existenzieller Ängste.

Um mögliche Missverständnisse gar nicht erst aufkommen zu lassen: Es geht mir hier nicht um Selbstfindungstrips, die sich Menschen ab einem gewissen Einkommen »leisten« können, oder um die Verurteilung von »Bullshit Jobs« im Sinne des Anthropologen David Graebers. Stattdessen möchte ich jeden einladen, sich ehrlich zu fragen: Sind Lockdown, Shutdown und sonstige Downs für mich eine Störung, eine Disruption des als »normal« Geglaubten? Oder bieten die »Downs« die Chance für eine Reform, vielleicht eine Revolution oder gar eine Evolution?

Anekdotisch kann ich bestätigen, dass ich bei meinen Touren

auf dem Rad oder mit Laufschuhen in den ersten Monaten der Pandemie viel mehr Menschen begegnet bin. Manche Hand in Hand, manche auf Abstand, manche allein. Manchmal musste ich dabei schmunzeln, weil ich versuchte, mir vorzustellen, wie es wäre, in eine Zeit zurückzureisen, in der der Großteil der Menschen auf seine Füße angewiesen war, um von A nach B zu gelangen. Alles war in diesen ersten Monaten des Innehaltens langsamer. Zeit war plötzlich etwas, was einerseits dehnbar wie ein Kaugummi, andererseits fließend wie der Bach am Wegesrand vorbeizog – mit mir oder ohne mich. Was dieses neue »Sich-Bewegen« und »Vor-die-Tür-Kommen« auch noch mit sich brachte, war ein stilles Erkennen. Ein Blick oder ein sachtes Nicken dem Gegenverkehr gegenüber reichten aus, um zu zeigen: »Wir sitzen im gleichen Boot.«

Ich sehe die Pandemie auch als Chance, weil sie ein globales Trauma ist, das einerseits sehr viel Leid, Krankheit und Tod mit sich bringt, uns andererseits aber vor Augen führt, dass wir miteinander verbunden sind. Dass die »In-Group«, die wir benötigen, um Pandemien und Klimanotstand zu begegnen, nicht durch Grenzen, Geschlechter oder Glaubensfragen definiert ist, sondern uns alle einschließt.

Auch hier möchte ich möglichen Missverständnissen vorbeugen. Die Pandemie wirkt sich global und national höchst unterschiedlich auf Menschen aus. Während einige der abgesagten Urlaubsreise hinterhertrauern, können andere keinen »Abstand halten«, weil sie sonst verhungern. Wichtig ist aber auch: Jeder Mensch »darf« angesichts von Verlusten trauern, wütend und frustriert sein. Solche Gefühle sind nicht »unangemessen« oder gar »falsch«, nur weil es anderen Menschen schlechter geht als einem selbst.

Wagen wir es also, kurz dem Gedanken zu folgen, die Pandemie als Intervention zu sehen. »Zuzugeben, dass wir von ungesunden, zerstörerischen Methoden abhängig sind, ist hart, weil wir dann etwas dagegen tun müssen. Leugnen ist einfacher, es mit noch ungesünderem, zerstörerischem Konsum zu behandeln ist noch einfacher. Härter arbeiten, mehr trainieren, mehr feiern, mehr Urlaub machen – all das sind Bewältigungsstrategien, die uns antrainiert wurden. Aber all das macht uns krank. Als die Pandemie eintrat, waren wir schon krank.«[3] So fasst es die britisch-sudanesische Autorin und Kolumnistin Nesrine Malik im September 2020 in ihrem selbst- und gesellschaftskritischen Artikel zusammen, den ich bereits in Bezug auf die gesellschaftlichen Krisen erwähnt habe. Lassen wir uns also darauf ein, die Pandemie als Intervention zu sehen, widerstehen dem Versuch, auf Biegen und Brechen zum »Normal« zurückkehren zu wollen, und freunden uns mit dem Gedanken an, die In-Group als »alle Menschen« zu sehen, dann können wir die wichtige, die *eine* zentrale Frage stellen: Wie sieht menschliches Wohlergehen wirklich aus?

Dafür müssen wir weg von Angst, Unsicherheit und Kontrollverlust hin zum Gefühl psychologischer Sicherheit oder »Hirnsicherheit«. Um das zu erreichen, muss neben den vermeintlichen gesellschaftlichen Dichotomien, die uns zwischen Gesundheit und Wirtschaft, Freiheit und Sicherheit & Co. abwägen lassen sollen, eine weitere Dichotomie enttarnt werden.

Die Trennung von Körper und Geist über Bord werfen

Es geht um die Irrung, zwischen »Herz und Verstand« zu trennen, die ich im Teil zur wissenschaftlichen Krise schon kurz erwähnt habe. Statisches Denken hat dafür gesorgt, dass sich die Irrung nicht nur etablieren konnte, sondern dass wir nun auch mit aller Kraft an ihr festhalten. Glücklicherweise können wir sie, ausgestattet mit einem dynamisch denkenden Gehirn, auflösen. Denn längst wissen wir, dass Gefühle genau wie unsere sogenannte Ratio aus logischem Denken, strukturiertem Überlegen und bedächtigem Abwägen nicht vom Herz, nicht vom Bauch oder von den Nieren, sondern vom Gehirn gesteuert werden.

Evolutionär betrachtet war die Ankunft von Gefühlen in Lebewesen gleichzeitig die Ankunft eines Bewusstseins.[4] Sprich, die ersten Lebewesen, die in der Lage waren zu fühlen, markieren einen wichtigen Schritt in der Evolution, da sie die ersten waren, die sich zumindest einiger Aspekte ihres Daseins bewusst werden konnten.[5] Erst Gefühle ermöglichten die Entwicklung höherer kognitiver Fähigkeiten, die im modernen Homo sapiens ihren bisherigen Höhepunkt fanden. Statt »Ich denke, also bin ich«[6] müsste es eher heißen: »Ich fühle, also bin ich.«

In Teil I hatte ich bereits kurz erwähnt, dass Beschädigungen der Hirnregionen, die für unsere emotionale Verarbeitung wichtig sind, entscheidungs- und damit handlungsunfähig machen. Auch wenn entsprechende Patienten noch in der Lage sind, Entscheidungsoptionen zu erörtern: Sie können nicht mehr zwischen ihnen wählen.

Denn erst unsere Gefühle signalisieren uns, was wichtig ist. Sie »entscheiden« darüber, *was* wir *wie* und *mit wem* als Nächstes tun. So sind sie nicht nur grundlegend für unser Wohlbefinden und unsere moralischen Vorstellungen, sondern sie sind unser Werkzeug, um Herausforderungen auf sämtlichen Ebenen zu lösen – persönlich, in Gruppen und Organisationen sowie unsere Spezies betreffend.

Emotionen und »rationales« Denken sind im Gehirn also untrennbar miteinander verbunden. Das müssen sie aus dem einfachen Grund, weil wir nur »rational« sein können – Denken und Handeln eingeschlossen –, wenn wir ein Ziel haben. Wie sonst sollen wir abwägen, was »rational« ist? Jedes Ziel wiederum basiert auf Werten und Vorlieben, die sich von Mensch zu Mensch unterscheiden, vom Musikgeschmack bis hin zur politischen Einstellung. Manche unserer Vorlieben und damit verbundene Ziele suchen wir uns bewusst aus, andere bestimmen uns scheinbar wie von selbst, und die meisten sind ein Mix aus beiden. So kann ich mir zwar bewusst überlegen, gegen oder für offene Grenzen, gegen oder für die Todesstrafe zu sein oder die Legalisierung von Marihuana zu befürworten oder abzulehnen. Ich weiß aber nicht genau, *warum* ich die entsprechende Position einnehme. Sprich, meine Werte werden in jedem Moment meines Lebens durch meine Erfahrungen, Prägungen und natürlich auch Biases beeinflusst. Noch weniger kann ich mir »aussuchen«, ab morgen Bananen zu mögen, während heute bereits der Geruch von Bananen dafür sorgt, dass ich die Nase rümpfe. Emotionen und Gefühle markieren, was uns wichtig ist, von der Partnerwahl bis zum Kreuz auf dem Stimmzettel. Emotionen und Gefühle ermöglichen es uns, rational unsere Ziele zu verfolgen.

Wenn wir das begreifen, ist ein wichtiger Schritt getan, um Debatten im Kleinen und Großen konstruktiver zu führen. Wir müssen nur immer wieder fragen: *Was ist das Ziel?* Oder, um an die Kernfrage aus Teil I zu erinnern: ***Worum geht es wirklich?*** Denn auch wenn wir in den meisten Fällen nicht beurteilen können, ob jemand vollständig »rational« handelt, können wir nur dann beurteilen, ob eine Handlung gut oder schlecht ist. Weil das immer davon abhängt, welches Ziel erreicht werden soll.

Wie stark die Dichotomie aus »Herz und Verstand« in uns verankert ist, merke ich fast täglich im Privaten und in meiner Arbeit. So entwickelte sich einer meiner Workshops, dem ich den Titel gab »Alles ist subjektiv und emotional (und das ist gut so!)«, zu einem kollektiven Befreiungsschlag. Die Workshop-Teilnehmer lechzten danach, eine Erklärung dafür zu finden, warum Emotionen eben *kein* Zeichen von Schwäche sind, sondern fundamentales Entscheidungskriterium für alles (ir)-rationale menschliche Handeln. So habe ich mich auch an die entsetzten Blicke gewöhnt, die ich ernte, wenn ich fordere, die

Herzmetapher, die unsere Sprache durchzieht, endlich aufzugeben und stattdessen vom Hirn zu sprechen. »Aber es ist mir doch eine Herzensangelegenheit!« Von traurig bis panisch reichen die Reaktionen, wenn ich vorschlage, die Dichotomie auch in unserer Sprache aufzulösen, um klarer zu machen: Es ist alles (nur) in unserem Kopf – beziehungsweise unserem Hirn! Neben der organisch falschen Verordnung bleibt häufig unklar, worum es wirklich geht, weil das Herz als universeller Platzhalter für »Das ist mir irgendwie wichtig!« gilt.

Also: Hand aufs Hirn! Lasst uns öfter über Hirnangelegenheiten sprechen, ohne dass uns das Hirn in die Hose rutscht. Lasst uns Hirnblut in unsere Arbeit und Projekte stecken. Lasst uns gegen halbhirnige Angelegenheiten eintreten, dabei behirnt handeln und uns öfter gegenseitig das Hirn ausschütten.

Einmal drauf eingelassen, ist die Sprachspielerei schnell überall. So muss ich sehr schmunzeln, als mein Vater eines Tages mit angestrengt ernster Miene vor mir sitzt, um die Grußformel unter der E-Mail eines Kollegen von mir zu kommentieren: »Na, dann sag dem Professor mal, er müsse seine Verabschiedung überarbeiten. Es muss doch ›Mit hirnlichen Grüßen‹ heißen!« Lachend nehme ich die »Korrektur« umgehend in meine Liste an Hirn-Formulierungen auf. Vielleicht kann die Sprachspielerei tatsächlich zu einer Art Erinnerung und Anker fürs dynamische Denken werden.

Das alles bedeutet natürlich nicht, dass Gefühle keinen Einfluss auf andere Organe und körperliche Funktionen haben. Eindrückliches Beispiel dafür ist das Broken-Heart-Syndrom, das von den Symptomen her einem Herzinfarkt ähnelt und nach außergewöhnlicher emotionaler Belastung wie dem Verlust des Partners auftreten kann.

Stärker noch bedeutet diese Erkenntnis mit Blick auf sämtliche sogenannten psychischen oder mentalen Krankheiten einen riesigen Schritt nach vorn. Wir können die vermeintliche Dichotomie aus Körper und Geist hinter uns lassen, wenn wir

Depression, Angsterkrankungen, Schizophrenie & Co. nicht länger als ein Zeichen von Schwäche und geringer Belastungsfähigkeit sehen, sondern als körperliche Krankheiten. Wir können die vermeintliche Dichotomie aus Körper und Geist hinter uns lassen, wenn wir eine Diagnose vom Psychologen oder der Psychiaterin den Kollegen gegenüber nicht länger als Bandscheibenvorfall oder Muskelfaserriss verkaufen.

Um die vermeintliche Dichotomie aus Körper und Geist hinter uns zu lassen, müssen wir »nur« verstehen, dass Verhalten und physiologische Daten, egal ob am Herz oder im Gehirn gemessen, immer zwei Aspekte ein und derselben Sache sind. Wie die zwei Seiten der sprichwörtlichen Medaille. So können wir Vorfreude am grinsenden Gesicht eines Menschen ablesen und parallel im Gehirn beobachten, was das sogenannte neuronale Korrelat dieser Vorfreude ist, also welche Hirnregionen besonders aktiv sind. Um die vermeintliche Dichotomie aus Körper und Geist hinter uns zu lassen, müssen wir »nur« endlich akzeptieren, dass Gedanken nicht substanzlos sind, sondern eine physiologische Basis haben und natürlich »messbar« sind. Wir erinnern uns: Jeder Gedanke verändert unser Gehirn. Eben weil jeder Gedanke verschiedene Prozesse im Gehirn »ist«.

Haben wir diese Pille geschluckt, dann können wir begreifen, dass der *eine* Körper in jedem Moment von sehr, sehr vielen Dingen definiert wird, die wiederum miteinander interagieren und uns beeinflussen. Von der Außentemperatur über das Hungergefühl bis zum netten Wort der Fremden in der Straßenbahn. Dann gewinnt das Wort »dynamisch« plötzlich mindestens eine weitere Ebene, weil klar wird, wie dynamisch unser Dasein in jedem Augenblick ist – selbst wenn wir gerade nur einem Gedanken nachhängen. Dann können wir begreifen, dass alle Komponenten unseres Daseins »zusammengehören« und die Komplexität dahinter nicht etwas ist, was uns ängstlich machen sollte, sondern neugierig. Neugierig darauf, das eine oder andere Puzzleteil dieser Komplexität ein Stück weit zu verstehen.

Neugierig darauf, zu fragen, was uns Menschen wirklich »gut fühlen« lässt (ohne dass wir an »Gefühlsduselei« denken), also die Sache mit dem menschlichen Wohlergehen.

Dafür brauchen wir einen bewohnbaren Planeten und gesellschaftliche Strukturen, die dafür sorgen, dass das Wohlergehen eines möglichst großen Prozentsatzes der Menschen maximiert wird. Das meine ich, wenn ich von Werten spreche. Nicht mehr und nicht weniger. Natürlich ist mir klar, dass genau da häufig der Knackpunkt liegt, weil Vorstellungen darüber, was »Wohlergehen« bedeutet, unterschiedlich sind. Genau hier setzt dieser letzte Teil des Buches an, um ein Stück weit das vermeintliche Paradox des unglücklichen Millionärs aufzuklären und ein wenig mehr Einsicht in die menschliche Irrfahrt auf der Suche nach dem guten Leben zu geben. Damit wir endlich begreifen, was menschliches Wohlergehen und -befinden »wirklich« ausmacht. Damit wir in nicht allzu ferner Zukunft in der Lage sein werden, vom persönlichen bis zum gesellschaftspolitischen Kontext lösungsorientiert darüber zu diskutieren – und auch mal zu streiten –, wie wir Rahmenbedingungen schaffen, um dort hinzukommen.

Dass wir genau das tun müssen, um unser Überleben auf der Erde mittel- bis langfristig zu sichern, ist mir klar, seitdem ich mich ernsthaft mit den eingangs erwähnten planetaren Grenzen auseinandergesetzt habe. Dokumentationen wie die in Teil II zitierte *A Life on This Planet* von und mit Sir David Attenborough versichern mir zuverlässig, wie alternativlos dieser Weg ist. Trotz oder vielleicht gerade wegen dieser Zuverlässigkeit nimmt es mich jedes Mal ein wenig mit. Denn natürlich sehe ich die riesigen Herausforderungen, die wir noch überwinden müssen. Ich sehe und spüre täglich, wie sehr Menschen überall auf der Welt am statischen Denken festhalten und die darin verankerten Überzeugungen notfalls mit Gewalt verteidigen.

Wenn mich mal wieder alles zu überrennen droht und ich spüre, wie mein Gehirn Gefahr läuft, in einen Mix aus Kontrollverlust, Angst und dem Gefühl von Hilflosigkeit zu verfallen, gehe ich raus. Mit Laufschuhen oder auf dem Rad. Mit Musik oder Podcast. An einem solchen Tag im Sommer 2020 begegne ich auf dem Rad dem US-amerikanischen Arzt und Psychiater Jonathan Salk. Nicht auf der Straße, sondern im Podcast-Gespräch mit dem US-amerikanischen Journalisten Dan Harris.[7] An diesem Nachmittag habe ich einen weiteren »Plopp«-Moment, weil mir bewusst wird, *wie* alternativlos der Weg ist, zu dem ich einlade und aufrufen möchte.

Jonathan Salk ist Psychiater und Sohn des Immunologen Jonas Salk, der den ersten Impfstoff gegen Kinderlähmung entwickelte (1955 kam dieser Impfstoff erstmals zum Einsatz). Der US-amerikanische Arzt war aber nicht nur ein gefeierter Wissenschaftler, der sich gegen eine Patentierung »seines« Impfstoffes entschied, sondern auch Buchautor. Als Autor schrieb er nicht über klassische medizinische Themen, sondern über die »großen Fragen« der Menschheit. Ein Jahr nach der berühmten Studie zur Zukunft der Weltwirtschaft *Die Grenzen des Wachstums. Bericht des Club of Rome zur Lage der Menschheit*[8] veröffentlichte Jonas Salk 1973 sein Buch *Survival of the Wisest.*[9] Der Titel bezieht sich natürlich auf den bekannten Ausdruck »Survival of the Fittest« der darwinschen Evolutionstheorie mit der Grundannahme, dass die am besten angepassten Individuen einer Art überleben. Jonas Salk ist – ähnlich wie Sir David Attenborough – davon überzeugt, dass »wisdom«, also die »Weisheit«, die entscheidende Zutat für das Überleben der Menschen ist beziehungsweise sein wird. Der deutsche Verlag des Buches von Salk gab den Bezug zu Darwin auf und titelte weniger raffiniert, dafür aber optimistisch: *Wir können überleben.*[10] Viel spannender finde ich allerdings den Untertitel: »Die zweite Evolution des Menschen«.

Als ich also an diesem warmen Sommertag durch das Münsterland radele und dem Sohn des Erfinders der Polioimpfung lausche, pausiere ich den Podcast immer wieder, um mir wichtige Gedanken als Sprachnachricht zu senden. Vieles von dem, was er sagt, knüpft direkt an meine Überlegungen der vergangenen Monate an. Dann macht es plötzlich ganz laut »Plopp« in meinem Kopf: Was, wenn wir das dynamische Denken als nächste Stufe der Evolution betrachten?

Ich möchte anders als Jonas Salk nicht von einer zweiten, geschweige denn einer dritten oder zweiundvierzigsten Evolution sprechen, sondern von einer kontinuierlichen Entwicklung. Aber das ist nur ein sprachliches Detail. Ich merke, wie mein Herz nicht nur aufgrund der Anstrengung beim Radfahren immer stärker schlägt, sondern weil die Aussagen Jonathan Salks mich im wahrsten Sinne des Wortes am ganzen Körper bewegen. Sie docken so sehr an meinen Notizen für dieses Buch an, dass meine Gefühlslage irgendwo zwischen »Warum bin ich da nicht schon eher drauf gestoßen?« und »Der muss meine Gedanken abgehört haben!« schwankt.

Was hätte der 1995 verstorbene Jonas Salk zur Corona-Pandemie gesagt? Sein Sohn Jonathan ist überzeugt, dass er sie als Chance gesehen hätte, dem Individualismus den Rücken zu kehren und zu erkennen, dass wir alle miteinander verbunden und voneinander abhängig sind. Er hätte uns erklärt, dass wir im Kampf gegen die Pandemie die »Wir zuerst«-Mentalität durch eine »Wir zusammen«-Mentalität ersetzen müssen. Und der Sohn des bekannten Wissenschaftlers führt weiter aus, dass sein Vater darauf verwiesen hätte, dass Eigeninteresse paradoxerweise durch Großzügigkeit maximiert worden wäre.

Ich trete kräftig in die Pedale und finde das überhaupt nicht paradox, denn ganz ähnlich habe ich wenige Wochen zuvor in meiner *Spiegel*-Kolumne »Gesunder Egoismus: Eine Welt ohne Masken«[11] argumentiert. Dass das Virus menschliche Eigenschaften ans Licht bringt, die zuvor häufig gut versteckt waren. Versteckt hinter den unsichtbaren, aber fest sitzenden Masken, die wir lange vor der Pandemie trugen. Sie sorgten dafür, dass bestimmte Vorstellungen über uns Menschen sich tief in unseren Gehirnen eingegraben haben. Allen voran das Mantra des egoistischen Menschen, der ohne große Rücksicht auf Verluste stets eigennützig denkt und handelt. »Survival of the fittest«, wie wir es im Biologieunterricht kennenlernen. Schließlich sind wir uns am Ende des Tages doch immer selbst die oder der Nächste, oder? Ja, richtig. Doch diesem Ja folgt ein riesiges Aber. Weil wir unserer Vorstellung von dem, was »Egoismus« bedeutet, dringend ein Update verpassen müssen.

Die Forschungsergebnisse und Erfahrungen der letzten Jahre zeigen uns nämlich vor allem eins: Wir sind am erfolgreichsten, wenn wir kooperativ sind. »Echter Egoismus« besteht also genau darin, die Interdependenz zu erkennen, die auch Jonathan Salk beschreibt. Denn nur gemeinsam können wir die durch das Virus hervorgerufenen medizinischen, wirtschaftlichen und humanitären Notlagen beenden. Nur durch wissenschaftliche Kooperation konnten und können wir beispielsweise Impfstoffe entwickeln.

Es ist nicht nur »besser« oder »moralisch richtig«, zu kooperieren, sondern ein echter Überlebensvorteil. Weil das »Wir zusammen«-Denken uns nach »Win-win«-Lösungen suchen lässt. Die lassen uns erkennen, dass die Denke »Was gut für mich ist, ist schlecht für dich« überholt ist, und zeigen uns, dass wir am Ende des Tages weiter kommen, wenn wir begreifen: »Was gut für dich ist, ist auch gut für mich.«

Mittlerweile bin ich fest davon überzeugt, dass Jonathan Salk meine Gedanken und einige Gespräche abgehört haben muss. »Er [sein Vater] würde argumentieren, dass wir diese Gegenseitigkeit auf allen Ebenen implementieren müssten, von persönlichen Beziehungen zur globalen Gesellschaft. [...] Er würde uns wissen lassen, dass wir, sollten wir auf unserem alten Weg beharren, die Samen säen würden für mehr Leiden und, schlussendlich, unsere Auslöschung.«[12]

Wie oft habe ich schon auf die Ironie verwiesen, die Letzteres für mich mit Blick auf die menschliche Geschichte auf diesem

Planeten bedeuten würde. Dann wäre die Evolution schiefgelaufen. Dann hätten wir die nächste – zweite oder was auch immer – Evolution im wahrsten Sinne des Wortes verpasst. Weil wir uns die eigene Lebensgrundlage genommen hätten. »Aber mein Vater war ein Wissenschaftler und ein evidenzbasierter Denker. Basierend auf seinem Wissen über die Evolution, vertraute er darauf, dass evolutionärer Druck uns in die richtige Richtung stupsen würde. Er hätte die Pandemie als einen solchen Stupser gesehen und hätte die Ironie begrüßt, dass ein tödliches Virus, also die gleiche Sache, die vor fünfundsechzig Jahren den Fortschritt der Medizin veranlasste, jetzt die soziale Evolution voranbringen könnte, zu einer gesünderen, kooperativeren, interdependenten Welt, in der wir nicht nur überleben, sondern gut und erfolgreich leben – wenn wir nur zuhören.«

Das alles ist ein Riesenbeispiel für dynamisches Denken. Nein, mehr noch, es ist der Inbegriff von dynamischem Denken, inklusive aller drei Zutaten: andere Fragen zu stellen, Lagerdenken zu überwinden und neue Geschichten zu erzählen. Gekrönt mit einem Brocken Neugier. »Augen auf und durch«, denke ich und trete in die Pedale.

Gemeinsam mit seinem Vater hat Jonathan Salk 1981 das Buch *World Population and Human Values: A New Reality*[13] veröffentlicht. 2018 hat der Sohn das Buch inklusive Titel aktualisiert: *A New Reality: Human Evolution for a Sustainable Future.*[14] Wenige Tage nach meiner Radtour, bei der ich Jonathan Salk begegnet bin, liegt das Buch mit seinem signalroten Einband unübersehbar auf dem Schuhregal im Eingangsbereich meiner Wohnung. Es ist für mich die tägliche Erinnerung an die mögliche nächste Stufe der Evolution. Es steht für mich symbolisch für die Notwendigkeit, unsere »wahre Natur« nicht nur zu erforschen und zu erkennen, sondern all unser Denken und Handeln darauf zu konzentrieren. Darauf zu konzentrieren, dass wir kooperieren müssen.

Geben und Nehmen: »Wir sind leider soziale Wesen«

November 2019. Die letzten Monate war ich viel unterwegs und nie länger als drei Nächte an einem Ort. Ich fühle mich wie eine moderne Nomadin und verbringe den Abend vor meiner Podiumsdiskussion mit Bundespräsident Frank-Walter Steinmeier bei Freunden in Berlin. Seit Langem fühlt es sich mal wieder an wie ein »ganz normaler Abend«. Doch so leicht komme ich nicht davon. Denn im Gespräch fällt ein Satz, den ich direkt notieren muss. »Wir sind leider soziale Wesen!« Die Aussage des Freundes bringt so treffend auf den Punkt, worum es bei Chance Nummer 1 geht. Ob wir es wollen oder nicht und egal, wie sehr der »moderne« Individualismus auf vielen Kanälen als Erfolgsrezept für das glückliche Leben angepriesen und verkauft wird, können wir unsere wahre Natur nicht »wegkonsumieren«. Der Mensch ist sozial.

Seit 1938 läuft an der Harvard University die längste Studie zu der Frage, was ein glückliches und gesundes Leben ausmacht.[15] Ihr wichtigstes Ergebnis lässt sich in einem Satz zusammenfassen: Nicht Ruhm, nicht Geld, nicht der IQ und nicht unsere Gene sind der wichtigste Faktor, sondern gute menschliche Beziehungen.

Anders gefragt: Was unterscheidet sehr glückliche Menschen von den weniger glücklichen Menschen? Antwort: Sie verbringen mehr Zeit mit anderen Menschen. In ihrer berühmten Studie »Very Happy People«[16] zeigten die beiden US-amerikanischen Psychologen Martin Seligman[17] und Ed Diener genau das. Die obersten 10 Prozent mit Blick auf das langfristige Glücksempfinden waren im Vergleich zu durchschnittlich glücklichen und unglücklichen Menschen nicht sportlicher, nicht religiöser und erlebten nicht mehr Gutes. Keiner der zahlreichen untersuchten Faktoren war ausreichend, um »Glück« zu generieren, aber ein Faktor war notwendig: gute soziale Beziehungen.

An dieser Stelle ein paar ehrliche Worte zur Entstehungsgeschichte dieses Buches. Die letzten Tage hat mir das Hirn geblutet. Warum? Weil ich so viel Material aus Studien und Forschungsergebnissen für diesen dritten Teil des Buches gesammelt habe, dass es für ein eigenes Buch reichen würde. Der Titel könnte vielleicht lauten *Wir sind leider soziale Wesen.* Gestern Abend habe ich schweren Hirns und frohen Mutes zugleich eine für mich »radikale« Entscheidung getroffen. Statt eines »Buches im Buch« wird an dieser Stelle eine kurze, knackige Liste einiger gut untersuchter Phänomene folgen, die allesamt zeigen: Ein Gehirn braucht andere Gehirne. Vielleicht regt die Liste sogar dazu an, sie sich von Zeit zu Zeit immer wieder anzuschauen, auf einem Zettel zu notieren oder sie gar auf dem Gäste-WC aufzuhängen. Wer über die Liste hinausgehen möchte: Die polnisch-kanadische Wissenschaftsjournalistin Marta Zaraska hat dem Thema tatsächlich jüngst ein ganzes Buch mit dem klingenden Titel *Growing Young: How Friendship, Optimism and Kindness Can Help You Live to 100* gewidmet.[18]

Los geht's mit der Liste einiger »sozialer Zutaten«, die uns gesund und glücklich machen – häufig entgegen unserer Intuition:

Zufällige Begegnungen

Die flüchtige Begegnung beim »Corona-Spaziergang«, die aufgehaltene Tür, verbunden mit einem zaghaften Lächeln, den Gegenverkehr mit einem kurzen Nicken vorlassen. Ich beginne bewusst mit den vermeintlich »kleinen Dingen«, den »Mini-Dosierungen« sozialen Austauschs. Wie sehr wir deren positive Wirkung nicht nur unterschätzen, sondern gar vom Gegenteil ausgehen, zeigen die Ergebnisse der Studienreihe mit dem selbst erklärenden Titel *Mistakenly Seeking Solitude.*[19] In einer der Studien ordneten die Wissenschaftler Pendler per Zufall einer von drei Gruppen zu. Die Reisenden, die »gezwungen« waren, mit Fremden ins Gespräch zu kommen, waren am Ende der Fahrt laut eigener Aussage glücklicher und weniger traurig als die der anderen beiden Gruppen, die entweder »gezwungen« waren, allein zu sitzen, oder so zu reisen, wie sie es immer taten. Eine Folgestudie offenbarte das volle Ausmaß unseres Unwissens. Wenn Pendler lediglich vorhersagen mussten, nach welcher Reisevariante sie ihrer Erwartung nach am glücklichsten sein würden, sagten die meisten: »Wenn ich allein bin.«

Angesichts meiner eigenen Vorliebe für das Ruheabteil musste ich sehr schmunzeln, als ich das erste Mal von diesen Ergebnissen hörte. Ich kann mir kein anschaulicheres Beispiel für die Aussage »Denn sie wussten nicht, was sie wollten – und wussten nicht, dass sie es nicht wussten« vorstellen.

Dankbarkeit

Ich weiß nicht mehr genau, wann ich das erste Mal von sogenannten Dankbarkeits-Tagebüchern erfahren habe. Die Idee ist einfach: Ich nehme mir am Ende jedes Tages kurz Zeit, um mir eine bestimmte Zahl von Dingen zu notieren, für die ich an diesem Tag dankbar bin. Ich gebe zu, dass die Idee zu Beginn für mich zu sehr nach Teebeutel-Spruch und Selbstbeweihräucherung klang, bei der Achtsamkeit und Sinnsuche als Ware verkauft werden.

Also schaute ich nach der wissenschaftlichen Grundlage zum Thema »Dankbarkeit« und wurde schnell fündig. Selbst einmal pro Woche Dankbarkeits-Tagebuch zu führen kann die allgemeine Zufriedenheit schon nach wenigen Wochen erhöhen.[20] Doch bei den verschiedenen Dankbarkeitsübungen geht es um mehr als eine leicht verbesserte Stimmung. Der US-amerikanische Psychologe Robert Emmons gilt weltweit als führender Wissenschaftler zum Thema. Er veröffentlicht Bücher mit Titeln wie *Das kleine Buch der Dankbarkeit: Bewusst das Leben wertschätzen für mehr Zufriedenheit und Glück*[21].

Schnell merke ich: Dankbarkeit kann mehr als leere Seiten

füllen. Seit der ersten wissenschaftlichen Dankbarkeits-Konferenz in Dallas vor zwanzig Jahren[22] haben Wissenschaftler überall auf der Welt die Auswirkungen dieses Gefühls erforscht.[23] Ein Ausschnitt aus der langen Liste der positiven Auswirkungen von regelmäßiger Dankbarkeit: gestärktes Immunsystem, niedrigerer Blutdruck, erhöhtes Gesundheitsbewusstsein inklusive mehr Bewegung und gesünderer Ernährung, stärkeres Selbstwertgefühl, gesteigerte Hilfsbereitschaft, weniger Einsamkeitsgefühle, mehr Widerstandskraft, Optimismus, Glücksgefühle, Aktivität, Motivation.[24]

Auch auf neuronaler Ebene wurde Dankbarkeit bereits gemessen. So sind noch drei Monate nach einem Dankbarkeitstraining mit Depressions- und Angstpatienten Unterschiede in der Hirnaktivität im präfrontalen Kortex messbar, also in unserer Kontroll- und Bewusstseinszentrale.[25] Robert Emmons sieht Dankbarkeit vor allem als eine soziale Emotion, die unsere Beziehungen zu anderen stärkt, indem sie uns vor Augen führt, wer uns unterstützt und für unsere Erfolge mitverantwortlich ist.[26]

Geben

Geben ist seliger denn Nehmen. Diese biblische Aussage aus dem Neuen Testament[27] hat als Redewendung längst Einzug in unseren alltäglichen Sprachgebrauch gefunden. Irgendwo zwischen Sankt Martin, der in einer kalten Nacht seinen Mantel mit einem Bettler teilt, dem barmherzigen Samariter, der den verletzten Mann am Wegesrand versorgt, und der Spendenquittung, die wir mit der Steuererklärung einreichen, wissen wir: Geben ist eine Form der Nächstenliebe, mit der wir anderen helfen. Vielleicht helfen wir auch ein wenig uns selbst. So ein gutes Gewissen ist schließlich auch »was wert«. Oder?

Keine andere Thematik offenbart unser Unwissen darüber, was uns guttut, so sehr wie die des Gebens – inklusive des Unwissens über unser Unwissen. Danach gefragt, was uns am Ende des Tages glücklicher machen würde, gehen die meisten Menschen davon aus, dass »Geld für sich ausgeben« ihnen mehr gibt, als es für andere auszugeben. Falsch!

Sämtliche – und es sind mittlerweile sehr viele – Studienergebnisse zeigen: Geld für andere auszugeben macht uns glücklicher, als Geld für uns selbst auszugeben.[28] Die beiden führenden Wissenschaftler im Bereich des sogenannten prosocial spending, Elizabeth Dunn und Michael Norton, haben bereits ein ganzes Buch mit dem bezeichnenden Titel *Happy Money: So verwandeln Sie Geld in Glück*[29] veröffentlicht. Egal, ob wir spenden oder für andere Geschenke kaufen, ob es sich um einen Bonus oder regulär verdientes Geld handelt, ob es fünf oder zwanzig Euro sind[30] – in unserem Gehirn sind die Belohnungsregionen aktiv.[31] Ähnliches gilt für die Ergebnisse zur Freiwilligenarbeit,[32] im Deutschen meist unter dem Stichwort »Ehrenamt« verbucht, sowie genereller Hilfsbereitschaft. Daten von mehr als einer Million Menschen aus hundertdreißig Ländern bestätigen sowohl den positiven Zusammenhang zwischen Geldgeben und Lebenszufriedenheit als auch den zwischen Freiwilligenarbeit und Wohlbefinden, unabhängig von demografischen Daten und sozialer Verbundenheit.

Geben wir anderen unsere Zeit oder Geld, geben wir also immer auch uns selbst. Einige neurowissenschaftliche Ergebnisse lassen sogar vermuten, dass das Gehirn des Gebers stärker profitiert als das des Empfängers.[33] Geben ist also nicht nur seliger als Nehmen, sondern aufgrund der Verdrahtung unseres Gehirns sogar gewinnbringender. Geben ist Eigennutz. Welchen stärkeren Beweis für die These »Wahrer Egoismus besteht darin, kooperativ zu sein« könnte es geben?

Berührungen

Kommen wir zu der Form des sozialen Austauschs, bei der »Geben und Nehmen« ohnehin nicht klar zu trennen ist: der Körperkontakt. Ich kann nicht berühren, ohne die Berührung auch selbst zu spüren. Jede Berührung wirkt sich unmittelbar auf unser Wohlbefinden aus, indem sie Herzschlag, Blutdruck und die Ausschüttung von Stresshormonen senkt. Gleichzeitig wird der gern als »Kuschelhormon« bezeichnete Botenstoff Oxytocin im Gehirn freigesetzt.[34] Kommt »eins zum anderen« und endet im Orgasmus, sorgen Berührungen nicht nur für einen bunten Cocktail aus neuroaktiven Stoffen im Gehirn, sondern der intensive Körperkontakt kann die Beteiligten in einen regelrechten Trancezustand versetzen.[35]

Doch Berührungen sind mehr als ein nettes Extra oder ein potenzieller Wohlfühl-Boost. Vor allem Studien mit Säuglingen zeigen, wie wichtig Hautkontakt für uns ist: Berührungen in den ersten Lebensmonaten beeinflussen die Hirnentwicklung von Säuglingen und damit die spätere kognitive und soziale Entwicklung.[36] Erfahren Kinder in den ersten zwei Lebensjahren wenig körperliche Zuneigung, sind sie später weniger stressresistent.[37]

Der deutsche Psychologe Martin Grunwald, Leiter des Haptik-Forschungslabors an der Universität Leipzig, bezeichnet Berührungen gar als »Lebensmittel«. Schließlich folge die direkte Koppelung biologischer Wachstumsprozesse an die physische Reizung des Körpers dem Naturgesetz, dass die Entwicklung von Leben nur dann biologisch sinnvoll sei, wenn artgleiche Organismen in direkter Nähe seien. So argumentiert er in seinem 2018 als Wissenschaftsbuch des Jahres ausgezeichneten Werk *Homo hapticus: Warum wir ohne Tastsinn nicht leben können*[38].

Ich vermute stark, Jonathan Salk würde ihm zustimmen. Denn auch er verweist in seinen Ausführungen zur sozialen Evolution, die er gemeinsam mit seinem Vater Jonas Salk beschreibt, auf die Rolle von Körperkontakt: Der Nachwuchs indigener Völker verbringe noch heute 60 bis 90 Prozent seiner Zeit im direkten Kontakt mit anderen Menschen, während der Anteil in den Industrieländern bereits vor einigen Jahrzehnten auf 10 Prozent gesunken sei. Der Psychiater sieht in diesem Entzug auch unseren Individualismus beziehungsweise den fehlenden Relationismus begründet. Anders formuliert: Nur wenn wir in Kontakt mit anderen sind, können wir erfahren, wie gut sie uns tun.

Rezept Nummer 1: Das Sozial-Rezept

Was nehmen wir mit von Chance Nummer 1? »Ich habe beschlossen, glücklich zu sein, denn es ist förderlich für die Gesundheit.« So habe ich den französischen Philosophen Voltaire zu Beginn dieses Kapitels zitiert und dann die soziale Evolution skizziert, die uns besser erkennen lässt, was uns wirklich guttut. Vielleicht kann ein Stupser in diese Richtung darin bestehen, unser Gesundheitssystem weiterzuentwickeln. Dann könnte es seinem Namen gerechter werden, weil es darin nicht mehr primär um das Vermeiden von Krankheiten gehen würde, sondern um die Erhaltung von Gesundheit. »Wofür« statt »wogegen« … Darum schlage ich am Ende jeder Chance eine neue Art von Rezept vor, das wir im Zuge der sozialen Evolution dringend in die Liste von Verschreibungen aufnehmen sollten – ganz einfach, weil sie sich um die systemrelevanten Bereiche kümmern.

So heißt die erste Rezeptart »Sozial-Rezept«. Mögliche Unterkategorien sind »Freiwilligenarbeit«, »Spenden« (Zeit, Geld etc.) und »Dankbarkeit«.

Wer nun denkt, das sei im besten Fall Wunschdenken und in jedem Fall naiv und weltfremd, muss seinen Blick nur über den Ärmelkanal werfen. In Großbritannien ist »Social Prescribing« bereits gängige Praxis. Weil die Nationale Gesundheitsversorgung NHS beobachtet hat, dass geschätzt 20 Prozent der Hausarztbesuche aus sozialen statt aus primär medizinischen Gründen passieren. Die Hausarztpraxis ist häufig die Anlaufstelle, wenn Menschen nicht mehr weiterwissen. So wird das »Sozial-Rezept« bereits erfolgreich gegen Einsamkeit, Angst und Depression ausgestellt.[39] Das übergeordnete Ziel besteht darin, den Patienten »mehr Kontrolle über ihre eigene Gesundheit und bei Bedarf eine stärker personalisierte Versorgung«[40] zu ermöglichen. Das spiegelt sich in harten Zahlen im aktuellen Langzeitplan der NHS vom Januar 2019 wider: In den kommenden fünf Jahren sollen 2,5 Millionen Menschen vom Sozial-Rezept profitieren. Das ist weltweit die größte Investition dieser Art eines nationalen Gesundheitssystems.

Kreislauf Nummer 1: Gemeinsam besser fühlen

»Wir sind leider soziale Wesen!« Ich muss oft an diesen Satz und das Gespräch, in dem er gefallen ist, zurückdenken. Vielleicht ist es an der Zeit, dass wir das »leider« aus dem Satz streichen. Ganz einfach, weil uns die Forschungsergebnisse aus Biologie, Psychologie, Neuro- und Sozialwissenschaften in den letzten Jahren zeigen: Positive Gefühle werden vor allem – direkt oder indirekt – durch den Austausch mit anderen Menschen ausgelöst. Gleichzeitig sorgen positive Gefühle für mehr »soziales Verhalten« im weitesten Sinne.[41]

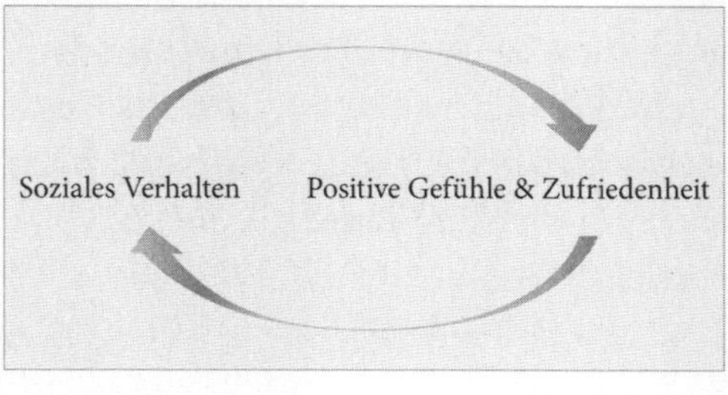

Wie stark dieser sich selbst verstärkende Kreislauf tatsächlich ist und wie sehr wir ihn auf persönlicher wie auch gesellschaftlicher Ebene besser »nutzen« können, werden zukünftige Forschungsergebnisse und wir alle zeigen müssen. Bis jetzt verweist der Kreislauf in fast ironischer Weise auf unsere »wahre Natur«. Warum? Weil Kinder sehr viel besser über ihn Bescheid wissen und seine Effekte für sich nutzen. Das lehren uns die Forschungsergebnisse der Entwicklungspsychologie immer wieder. Kleinkinder im Alter von dreiundzwanzig Monaten wissen (noch), dass Geben sie glücklicher macht als Nehmen.[42] Selbst wenn sie hungrig sind, teilen sie im Alter von neunzehn Monaten spontan ihr Essen mit einem Fremden.[43] Kleinkinder sorgen sich generell um andere Menschen und sind bedingungslos hilfsbereit.[44]

Vielleicht müssen die erwachsenen Menschen dieser Welt ihr Wissen über den Kreislauf nur weniger stark verdrängen. Ich spreche erneut bewusst nicht vom »Verlernen« oder fordere, dass wir es »wieder lernen« müssen, denn wir alle sind ja noch in der Lage, die positiven Effekte sozialen Austausches wahrzunehmen und davon zu profitieren.

Es ist also noch nichts verloren. Vielleicht müssen wir uns nur neue Geschichten erzählen. Vor allem darüber, was Erfolg und Glück bedeuten. Müssen das Märchen vom egoistischen Individuum ablösen durch die Erzählung vom sozialen Menschen, dessen Gehirn von nichts mehr profitiert als vom Austausch mit anderen Menschen.

Es ist noch nichts verloren, weil wir bereits wissen, dass wir ein Leben lang lernen und sich unser Gehirn nicht nur bis zum letzten Synapsenfunken verändern *kann*, sondern genau das ständig tut. Jetzt können wir uns fragen: In welche Richtung wollen wir uns verändern? Chance Nummer 2 wartet auf uns!

15 Chance Nummer 2: Unser Gehirn kann sich selbst hinterfragen

Das Gegenmittel zur ständigen Ungewissheit aus Herausforderung Nummer 2 ist nicht die Suche nach einer Art Vollkasko in sämtlichen Lebenslagen. Statt den verzweifelten und von vornherein zum Scheitern verurteilten Versuch zu starten, uns gegen sämtliche Gefahren abzusichern, die unser Gehirn vorhersagen kann, hilft uns nur eine Fähigkeit: das kritische Denken. Bei Chance Nummer 2 geht es darum, genau das zu praktizieren. Sich und die Mechanismen des eigenen Steinzeithirns immer wieder zu hinterfragen.

Tun wir das, nehmen wir nicht nur Herausforderung Nummer 2 an, sondern nutzen die wissenschaftliche Krise aus Teil 1 als Krise im ursprünglichen Sinn: als Wendepunkt. Wir richten unsere Neugier also nicht mehr nur auf uns, sondern weiten den Blick auf Zusammenhänge generell, die wir (selbst)kritisch hinterfragen. Damit das gelingt und wir der Vorhersageapparatur in unserem Kopf neue Perspektiven bieten können, müssen wir zwei Dinge verstehen und vor allem akzeptieren:

Erstens müssen wir uns immer wieder die klugen Worte des Mathematikers John Allen Paulos ins Gedächtnis rufen: »Ungewissheit ist die einzige Gewissheit, die es gibt.« Zweitens müssen wir unseren Frieden damit machen, dass wir unser Gehirn zwar in jedem Moment verändern (ob wir wollen oder nicht), es aber bestimmte grundlegende Funktionsweisen in unserem Oberstübchen gibt, die wir nicht loswerden können. Egal, wie sehr wir es versuchen. Egal, wie sehr wir unseren präfrontalen Kortex nutzen und so unser Kontrollsystem zum Einsatz bringen.

Selbst wenn ich meine vollständige Wachzeit darauf verwenden würde, sämtliche Forschungsergebnisse zur Funktionsweise des menschlichen Gehirns zu recherchieren, um so meine eigenen Biases besser zu verstehen, könnte ich sie nicht loswerden. Keine Wissenschaftlerin dieser Welt ist unpolitisch, unbefangen und vollkommen neutral. Aus dem einfachen Grund, weil jeder Mensch Werte und Überzeugungen hat, weil jeder Mensch Versuchungen unterliegt.

Selbst wenn wir morgens mit der besten Absicht aufstehen, ehrlich, gerecht und fair zu handeln, werden wir dazu niemals vollständig in der Lage sein. Die erste Person, der gegenüber wir ehrlich sein müssen, um uns diesem Ziel anzunähern, sind wir selbst. Denn niemand kann die tief in uns verankerte Tendenz ablegen, Aussagen eher nachvollziehen zu können, wenn sie ins bisherige Weltbild passen. Niemand kann die Tendenz, alles Negative schneller, besser und intensiver zu verarbeiten, vollständig abstreifen.

Obwohl ich diese Phänomene bereits unzählige Male beschrieben und anderen Menschen erläutert habe, geht auch mir, wenn ich am Ende eines langen Tages mit vielen positiven Rückmeldungen im Bett liege, die eine negative Stimme nicht aus dem Kopf. Wird mir das bewusst, muss ich nicht selten über mich selbst lachen. Das sind die Momente, in denen sich die Chance offenbart, um die es hier geht: Wir können lernen, uns zu hinterfragen. Vielleicht ist genau das sogar die wichtigste Lektion des kritischen Denkens. Doch sich zu hinterfragen ist anstrengend. Es kostet Kraft, mentale Kraft. Und es braucht vor allem eins: Neugier.

Psychologische Flexibilität: Unsicherheit aushalten

Die einzige Sicherheit, die es gibt, ist die, dass es keine Sicherheit gibt. So in etwa lautet meine persönliche Variante des Zitats von John Allen Paulos. »Wenn wir realisieren, dass nichts gewiss ist, können wir all das Drama überspringen und unmittelbar auf die Akzeptanz zusteuern.«[1] Der Satz begegnet mir in einem TIME-Artikel zum japanischen Konzept »Wabi Sabi«,[2] in dem es darum geht, das unvollkommene Leben zu akzeptieren und uns weniger von Erwartungen stressen zu lassen. Gleichzeitig weiß ich um die »älteste und stärkste Art der Angst«, die H.P. Lovecraft in seinem bereits erwähnten Essay von 1927 benannt hat: die Angst vor dem Unbekannten.

Keine leichte Aufgabe also, die Sache mit der Akzeptanz. Die Schwere spüre ich mal wieder am eigenen Körper, als ich im September 2020 gleich auf zwei Ebenen mit der Unsicherheit konfrontiert werde. Ich suche den geeigneten Ort, um die Unsicherheit im Manuskript zu platzieren.

Unruhig scrolle ich durch das »Schnipsel-Dokument«, wie ich meine Manuskript-Datei liebevoll nenne. Mehr als 170 Seiten lang ist sie mittlerweile, und das Gefühl der Überforderung hat mich längst eingenommen. Täglich wächst die Unsicherheit, wie ich jemals die vielen Informationen aus offenen Tabs, Sprachnachrichten, Notizen und Markierungen in Büchern entlang eines roten Fadens in ein lesbares Buch verwandeln soll. Ich spüre eine diffuse Angst, dass meine Rechnung nicht aufgehen wird, mein Zeitplan für die Katz sein wird und die aktuelle Struktur wie ein Kartenhaus in sich zusammenfallen könnte. Ist nicht schon längst alles gesagt? Und wenn nicht, ist einfach alles zu viel, zu komplex und vertrackt? Wie könnte ich mir anmaßen, inhaltlich irgendetwas beitragen zu können? Was, wenn ich alles zu sehr vereinfache? Was, wenn ich es zu genau machen will? Die beiden letzten Fragen tanzen wie Engelchen und Teufelchen auf meinen Schultern. Nur kann ich nicht sagen, welche fürs Teufelchen und welche Frage fürs Engelchen steht.

Was in diesen Momenten hilft? Die zweite wichtige Zutat beim kritischen Denken, das zweite »N«. Eine Eigenschaft, die ich in diesem Buch zwar schon einige Male erwähnt habe, bisher aber nur am Rande. Jetzt bekommt sie ihren großen Auftritt, weil ich sie aus der Außenseiterecke der menschlichen Eigenschaften auf die Hauptbühne hole, mitten ins Scheinwerferlicht. Die *Naivität.*

Nur wenn wir naiv sind und naive Fragen stellen, können wir unsere alten (Denk-)Gewohnheiten überwinden und im nächsten Schritt aktiv hinterfragen. Nur wenn wir naiv sind, können wir neue Lösungsansätze entwickeln. Nur wenn wir naiv über die Naivität nachdenken, können wir begreifen, wie grundlegend sie für das Konzept des dynamischen Denkens ist. Weil wir unseren Blick für neue Perspektiven öffnen und so die immer gleiche Welt plötzlich ganz anders wahrnehmen.

Vielleicht gehören wir dann nicht mehr zu der großen Gruppe von Menschen, die angesichts der vielen ungewissen Aspekte stets sagen: »Das geht nicht!« Vielleicht sind wir stattdessen dann der eine naive Mensch, der all die Zweifel der anderen nicht kennt und »einfach macht«. Auf einmal fallen die Schnipsel in eine wie fast vorbestimmte Ordnung, meine Finger sausen über die Tastatur und der Stift über den Notizzettel neben mir, damit ich nichts vergesse. Bin ich gerade naiv? Oder bin ich gar weise? Weil ich mein »window of tolerance«, meinen gedanklichen Möglichkeitsraum, erweitert habe? So definiert einer der weltweit wichtigsten Buddhismus-Lehrer, der US-Amerikaner Jack Kornfield, den Begriff der Weisheit.[3] Innerlich stelle ich mir einen Austausch über Weisheit zwischen ihm und David Attenborough vor, der Weisheit als die Kerneigenschaft beschreibt, um menschliches Leben auf diesem Planeten auch in Zukunft zu ermöglichen.

Zurück zu »meiner« Disziplin, der Psychologie: Dort finde ich die Verbindung aus Neugier und Naivität im Konzept der sogenannten Psychologischen Flexibilität vereint. Statt eine Ein-Satz-Definition folgen zu lassen, möchte ich lieber fragen: Was macht einen psychologisch flexiblen Menschen aus? Und die Antwort: Er erkennt und reagiert flexibel auf situationsspezifische Anforderungen, er wechselt zwischen Denkweisen und Verhaltensweisen, wenn die persönliche und soziale Funktionsfähigkeit bedroht ist, er passt seine Perspektiven an, um verschiedene Lebensbereiche auszubalancieren, und er ist sich der eigenen Werte bewusst, sodass er engagiert handeln kann.[4] Der bereits bei Herausforderung Nummer 2 erwähnte US-amerikanische Psychologe Steven C. Hayes beschreibt in seinem Buch *A Liberated Mind: How To Pivot Toward What Matters*[5] psychologische Flexibilität übergeordnet als unsere Fähigkeit, im aktuellen Moment präsent zu sein und mit der eigenen Wahrnehmung in Kontakt zu treten. Das macht es uns möglich, die eigene Sichtweise immer wieder zu hinterfragen und offen für Rückmeldungen von anderen zu sein. So sind psychologisch flexible Menschen auch besser in der Lage, ihre Gedanken und Gefühle einzuordnen und so Kontrolle über ihr Leben zu erlangen. Wenn das nicht gelebtes »Es ist alles (nur) in unserem Kopf!« ist!

Aber Achtung: Das bedeutet nicht, dass »alles möglich« ist. Psychologisch flexibel, dynamisch und kritisch denkend, benötigen wir noch eine letzte theoretische Grundlage, um das eigene Hinterfragen erfolgreich praktizieren zu können.

Wissenschaft 1.0: Unterschiede zwischen Wissenschaft und Glaube

Das Thema Wissenschaft liegt mir wirklich sehr am Hirn, und ich hadere nicht nur mit dem Format, wie ich ihr gerecht werden kann, sondern auch mit den Worten. In den letzten Jahren habe ich oft und viel darüber nachgedacht, wie ich Menschen aller Altersgruppen und mit unterschiedlichen Bildungshintergründen die Faszination und grundlegende Funktion von Wissenschaft vermitteln oder zumindest näherbringen kann. Dabei bin ich verschiedenen Menschen begegnet, die genau das bereits sehr erfolgreich tun. Um das Rad nicht neu zu erfinden, habe ich mich entschlossen, hier drei plus eine humorvolle Bonus-Variante abzubilden. So kann jeder zwischen sehr kurz, kurz und ein wenig länger wählen.

Variante 1

»Wissenschaft passt ihre Sichtweisen aufgrund von Beobachtungen an. Glaube ist die Ablehnung von Beobachtungen, sodass der Glaube erhalten werden kann.«[6]

Urheber der sehr kurzen Variante ist der britisch-australische Komiker, Schauspieler, Musiker und Vertreter der Skeptikerbewegung Tim Minchin. Sie gefällt mir, weil sie für jeden leicht nachvollziehbar ist und das grundlegende Konzept der Empirie, also des Sammelns von Daten, um die Welt besser zu verstehen, auf den Punkt bringt. Außerdem spiegelt die Erklärung die Unterscheidung zwischen statischem und dynamischem Denken wider. Wer statisch denkt, ist nicht bereit, neue Erkenntnisse und Erfahrungen in das eigene Weltbild zu integrieren. Dynamisches Denken hingegen begründet sich darin, dass Beobachtungen uns dazulernen lassen und wir zuvor »Geglaubtes« möglicherweise über Bord werfen.

Variante 2

»Wissenschaft ist mehr als das vorhandene Wissen; es ist eine Art zu denken. Ich habe eine Vorahnung eines Amerikas meiner Kinder und Enkel – wenn die Vereinigten Staaten eine Service- und Informations-Ökonomie sind; wenn beinah alle verarbeitenden Kernindustrien in andere Länder verschwunden sind; wenn wunderbare technologische Mächte in den Händen einiger weniger sind und keiner der Vertreter des öffentlichen Interesses auch nur die Zusammenhänge dahinter begreifen kann; wenn die Bevölkerung ihre Fähigkeit verloren hat, die Richtung vorzugeben oder die Herrschenden klug infrage zu stellen; wenn, unsere Kristalle umklammernd und nervös unsere Horoskope konsultierend, wir mit unseren nachlassenden kritischen Fähigkeiten unfähig sind, zwischen dem zu unterscheiden, was sich gut anfühlt, und dem, was wahr ist. Dann rutschen wir, beinahe ohne es zu bemerken, zurück zum Aberglauben und in die Dunkelheit.«

Das Zitat stammt vom berühmten US-amerikanischen Astrophysiker, Schriftsteller und Autor Carl Sagan. Genauer gesagt ist es eine Textpassage aus seinem 1995 erschienenen Buch *The Demon-Haunted World: Science as a Candle in the Dark.*[7] Darin erklärt er Laien auf gut vierhundertfünfzig Seiten, wie Wissenschaft funktioniert, und ermutigt zum kritischen Denken.

Ich mag diese Textpassage, weil sie so anschaulich beschreibt, was passiert, wenn wir uns der wissenschaftlich-kritischen Denkweise entziehen. 1995 gab es noch keine sozialen Medien, die Welt sprach nicht über »alternative Fakten«, und es gab keine Bots, die Falschnachrichten, Verschwörungserzählungen und Hetze verbreiteten. So sehe ich in Carl Sagans »Prognose« auch eine eindringliche Warnung und einen Anruf an uns alle – dazu mehr gleich, wenn es um »Impfungen gegen die Infodemie« geht.

Variante 3

An dieser Stelle folgt kein direktes Zitat, sondern der Versuch einer Zusammenfassung verschiedener Gespräche, Beiträge und Erkenntnisse, die mich auf meiner eigenen Wissenschaftsreise bisher geprägt haben. Schmunzelnd stelle ich an dieser Stelle fest, dass genau dieser Satz zusammenfasst, wie ich Wissenschaft immer beschreibe, wenn es mir zunächst darum geht, eine Kategorie zu finden: Wissenschaft ist ein Prozess – genau wie meine eigene wissenschaftliche Erkenntnisreise. Dieser Prozess ist geprägt durch ständiges Anpassen, Berichtigen und manchmal auch Verwerfen. Das ist vor allem eins: mühsam.

Mein guter Freund Benjamin de Haas, mit dem ich in London nicht nur gemeinsam geforscht habe, sondern auch im selben Büro saß, hat in einem Gespräch einmal ein anschauliches Bild gezeichnet. Dabei vergleicht er seine Arbeit als Wissenschaftler mit der Suche nach Goldklumpen im Schlamm. »Vielleicht bin ich am Ende meiner wissenschaftlichen Karriere [die er mittlerweile mit eigener Forschungsgruppe an der Justus-Liebig-Universität Gießen weiterführt[8]] jemand gewesen, der ein wenig im Schlamm gewühlt hat. Vielleicht habe ich sogar für andere Wissenschaftler den Weg zu einem Goldklumpen freigeschaufelt.« Die Goldklumpen stehen für wissenschaftliche Erkenntnisse, die auch in einigen Jahren oder gar Jahrzehnten noch Bestand haben werden.

Schwerkraft, Röntgenstrahlen, Elektrizität: Natürlich träumt jede Wissenschaftlerin davon, eine große Entdeckung zu machen. Meist bleibt diese Hoffnung unerfüllt. Was also bleibt beziehungsweise was können Wissenschaftler neben der intellektuellen Schlammsuche noch tun? Ben hat eine Antwort, die direkt an Carl Sagans Warnung anknüpft: »Ich kann anderen Menschen vermitteln, wie Wissenschaft funktioniert. Ich kann ein kritisch-neugieriges Weltverständnis (nicht Bild!) vermitteln, sodass sich jeder sein eigenes Weltbild daraus bilden kann.«

Die Aussage ist die perfekte Überleitung zu einem weiteren

Kollegen aus Londoner Zeiten. Sam Schwarzkopf ist mittlerweile nach Neuseeland ausgewandert und leitet eine Forschungsgruppe an der University of Auckland und am University College London.[9] Als »NeuroNeurotic« beschreibt er in seinem Blog im Beitrag vom Mai 2020 »I was wrong …«[10] wunderbar, was wissenschaftlicher Skeptizismus ist (und was nicht). Wie oft habe ich mich schon über den falsch verstandenen Skeptizismus geärgert, den ich im Teil zur »wissenschaftlichen Krise« unter dem Slogan »Jeder hat ein Recht auf eine eigene Meinung, aber nicht auf eigene Fakten« kurz erwähnt habe. Ja, Wissenschaftlerin zu sein bedeutet, skeptisch zu sein. Aber Wissenschaft ist mehr als Skeptizismus. Umso dankbarer bin ich für Sams Worte: »Natürlich geht es in der Wissenschaft darum, Thesen und Annahmen zu hinterfragen, aber es geht auch darum, *alle* verfügbaren Belege und Hinweise zu gewichten. Das Hinterfragen, das wir in Verschwörungen sehen, ist allzu oft Rosinenpickerei. Wissenschaft […] verlangt uns auch ab, die Plausibilität von Behauptungen zu bestimmen. Es geht auch darum, alle Dinge anzuerkennen, die wir nicht wissen. Letzteres schließt ein, anzuerkennen, dass ein Fachmensch in einem bestimmten Bereich tatsächlich gelegentlich mehr Ahnung hat als du. Nein, du solltest nicht alles glauben, was jemand sagt, nur weil sie einen Dr.-Titel in dem Thema hat. […] Aber etwas zu einem Thema zu wissen gibt Experten Einsichten, die sich Außenstehenden entziehen, und es würde uns allen nützen, auf sie zu hören. […] Wenn ich eins als Wissenschaftler erlangt habe, dann die Erkenntnis, dass die größte Irreführung passiert, wenn wir denken, tatsächlich etwas verstanden zu haben.

Bei Verschwörungserzählungen geht es immer um *Möglichkeiten.* […] Sie ernähren sich von Menschen wie uns, Menschen mit einem einigermaßen skeptischen und neugierigen Geist, die gelegentlich zum Opfer ihrer eigenen kognitiven Biases werden. Natürlich sind alle Aussagen möglich – aber darum geht es nicht. Wissenschaft dreht sich nicht darum, was möglich ist, sondern was *wahrscheinlich* ist. Wahrscheinlichkeiten ändern sich mit dem Anhäufen von Belegen und Hinweisen.«

Ich kann dem gar nichts hinzufügen, weil Sams Worte so wunderbar den Bogen zu den vorherigen Zitaten schließen und gleichzeitig die noch ausstehende Einordnung anhand von Möglichkeiten und Wahrscheinlichkeiten liefern. So bleibt mir am Ende des kleinen wissenschaftstheoretischen Exkurses nur noch die Aufgabe, mein Versprechen einzulösen:

Die humorvolle Variante

»Wissenschaft ist immer der aktuelle Stand des Irrtums.«[11]

Klar, ein Schmunzeln ist gewiss. Der »ernste« Teil der häufig gemachten Aussage ist aber der kleine Test, mit dessen Hilfe wir überprüfen können, ob jemand wirklich skeptisch im wissenschaftlich-kritischen Sinne denkt: die Antwort des Gegenübers auf die Frage »Welchen Beweis müsste ich liefern, damit du deine Haltung änderst?«

Gleichzeitig ist der kleine Test die perfekte Brücke zur nächsten Stufe des kritischen Denkens – beziehungsweise dem angewandten kritischen Denken in der Kommunikation. Schließlich »benötigen« wir die Fähigkeit, uns selbst zu hinterfragen, ja nur, *weil* wir ständig oder mindestens einen großen Teil unserer Zeit mit anderen im Austausch stehen. Damit meine ich nicht nur das direkte Gespräch, sondern auch unseren Medienkonsum und die gedankliche und damit sprachliche Auseinandersetzung mit gesellschaftlichen Zusammenhängen generell. Darum habe ich den letzten Teil von Chance Nummer 2 zur Kommunikation in drei Aspekte eingeteilt: persönlich, medial und gesellschaftlich. In allen dreien bekommt die dritte wichtige Zutat des kritischen Denkens ihren großen Auftritt. Das dritte »N« ist die *Nachsicht* – und davon brauchen wir eine große Portion.

Persönliche Kommunikation: Jedes Wort verändert die Welt

Durchschnittlich sechzehntausend Wörter sprechen wir pro Tag, plus alles, was wir tippen und aufschreiben.[12] Auch wenn uns vieles schnell von den Lippen und Fingern zu gehen scheint, ist Sprache nie neutral. Beschreibe ich einen Menschen beispielsweise als »sozial schwach«, setze ich finanzielle Armut mit sozialer Schwäche in Verbindung und aktiviere damit verbundene Deutungsrahmen im Gehirn meiner potenziellen Zuhörer. Denn jeder Begriff ist in unserem Kopf immer in Verbindung mit bestimmtem Wissen und persönlichen Assoziationen abgespeichert, die auf Abruf bereitstehen, sobald wir einen Begriff wahrnehmen.[13] Spreche ich entweder von »Steuerlast« oder von »Steuerverantwortung« kann ich eher negative oder eher positive Bilder im Kopf meines Gegenübers wachrufen.[14] Sprache hat also immer eine Wirkung. Getreu der Erkenntnis, dass jeder Gedanke eine physiologische Basis in unserem Gehirn hat, gilt Gleiches natürlich auch für jedes gesprochene Wort. Im Zweiergespräch verändert jedes Wort also nicht nur ein Gehirn, sondern gleich zwei. Und deshalb ist Sprache Macht. Macht, die wir uns anhand von drei kleinen Fragen besser bewusst machen können.

Erste Frage: »Ich liebe dich!« – »Es tut mir leid!« Bei einer Liebeserklärung oder einer Entschuldigung ist offensichtlich, dass und wie wir handeln, wenn wir sprechen. Doch auch die Weitergabe einer einfachen Information wie der Uhrzeit oder ein beschreibender Satz, mit dem wir das schöne Wetter kommentieren, ist mehr als nur »Sprache«. Wir handeln immer, wenn wir sprechen. Dabei spielen zahlreiche soziale Konventionen und häufig unausgesprochene Regeln eine wichtige Rolle. Doch spätestens wenn eine Floskel, ein Wort oder ein »dahergesagter« Satz beim Gegenüber eine unerwartete Reaktion auslöst, ist die Nachsicht gefragt – verbunden mit der ersten Frage: *Was tue ich, wenn ich spreche?*

Zweite Frage: »Ich kündige.« – »Ja, ich will.« Egal, ob Worte einen Mietvertrag beenden oder eine Ehe einleiten: Wenige Wörter können lebensverändernd sein. Immerhin fußt die gesamte Justiz auf nichts anderem als der Auslegung und Interpretation von Sprache. Auch wenn uns Gendern, Political Correctness und andere »Sprachdebatten« vielleicht manchmal nerven, treffen wir mit jedem Wort eine Entscheidung. Vielleicht wollten wir loben, komplimentieren oder gratulieren, und vielleicht gelingt uns das auch, weil unser Gegenüber uns »versteht«. Vielleicht aber auch nicht, und wir treten in Fettnäpfchen, von denen wir gar nicht wussten, dass sie existieren. Die Nachsicht kann uns auch in solchen Fällen helfen – verbunden mit der zweiten Frage: *Welche Folgen haben meine Worte?*

Dritte Frage: »Ich wünsche mir mehr Freiheit!« – »Das kann ich mir nicht vorstellen!« Sehr wahrscheinlich haben eine FDP-Politikerin und ein Grünen-Politiker unterschiedliche Vorstellungen vom Begriff Freiheit. Doch auch mein Verständnis unterscheidet sich sicher von dem meiner besten Freundin. Gleiches gilt für das Vorstellungsvermögen von zwei oder mehr Menschen. Das einzige und gleichzeitig wunderbar einfache Mittel, um uns diesen Unterschieden anzunähern, ist das Nachfragen. Wenn wir *über* Wörter und Aussagen sprechen, können wir unsere Deutungsrahmen vergleichen und die Beeinflussung, die durch jedes Wort im Kopf von Sprecherin und Empfänger ganz automatisch stattfindet, bewusster machen und steuern. Das kann gerade zu Beginn Unterschiede wachrufen, auf die wir vielleicht reflexartig mit Unverständnis reagieren wollen: »Das kann ich mir nicht vorstellen!« Das Schöne: Je größer die Diskrepanz, desto wichtiger das Nachfragen und die wieder notwendige Nachsicht. So lautet die dritte Frage: *Reden wir eigentlich über das Gleiche?* Oder noch konkreter: *Sag mal, was bedeutet für dich eigentlich X, Y oder Freiheit?*[15]

Wie würde sich unsere Gesprächskultur ändern, wenn sich mehr und mehr Menschen die drei kleinen Fragen mit potenziell großer Wirkung immer wieder stellen würden? Manchmal höre ich den Wunsch oder gar die Forderung, dass wir den Anspruch haben sollten, ein Gegenüber zu sein, das nicht immer »direkt beurteilt«. So nobel das klingen mag, bleibt es doch unmöglich. Stichwort Deutungsrahmen, Biases und Steinzeithirn, das immer »reagiert«. Es kann nicht »passiv wahrnehmen«, kann nicht »objektiv« oder »neutral« Informationen aufnehmen, abspeichern und löschen.

Unsere Chance liegt in den drei »Ns«: Neugier, Naivität und Nachsicht. Wir können unseren eigenen Denkgewohnheiten gegenüber neugierig sein, jede Wahrnehmung naiv hinterfragen und uns gegen reflexartiges Kommunizieren aktiv wehren, indem wir nachsichtig neue Denkgewohnheiten etablieren. Wir können das eine oder andere Gespräch einfach mal mit der Absicht beginnen, Neues zu lernen, statt mit dem Plan, das Gegenüber von unserer Position zu überzeugen, weil wir sowieso recht haben.

Der deutsche Professor für Ethik und Sozialphilosophie Arnd Pollmann nennt das »hermeneutisches Wohlwollen statt verweigertem Verstehen«. Er bemängelt, dass unsere Gesprächskultur immer öfter zu strategischer Kommunikation verkomme, und beschreibt »drei Formen der mutwilligen Fehldeutung«, die wir für mehr »hermeneutisches Wohlwollen« ablegen müssen.[16] Getreu der Zutat des dynamischen Denkens »Wofür?« statt »Wogegen?« zu fragen, habe ich daraus »drei Formen der mutwilligen Nachsicht« gemacht:

1. *Offene Ohren und Hirne,* um Subtexte zu hören, zwischen den Zeilen zu lesen und Ironie als solche anzuerkennen.
2. *Wohlwollende Intentionen annehmen,* um lösungsorientierte Diskurse führen zu können.
3. *Komplexität berücksichtigen,* um die vielen Grautöne kennenzulernen, die sich zwischen Schwarz und Weiß befinden.

Warum lohnt sich das? Weil wir so viel mehr gewinnen. Weil unsere so an den Tag gelegte Wachstumsdenkweise uns dazulernen lässt. Ich habe dabei immer das Bild eines kleinen Staubsaugers im Kopf, der alles Neue aufsaugt und mit dem bereits Vorhandenen interagieren lässt. Ähnlich wie das Bild des Neugier-Forschers Matthias Gruber mit dem Strudel, der alles anzieht, wenn wir neugierig durch die Welt gehen. Hermeneutisches Wohlwollen macht uns vielleicht auch zu »besseren Menschen«, aber in erster Linie steigert es unsere Zufriedenheit. Denn verweigertes Verstehen macht freudlos und verbissen. Fast nebenbei bekommen wir bei hermeneutisch wohlwollender Kommunikation auch die stärksten Gegenargumente unserer eigenen Positionen präsentiert, und am Ende des Tages bleiben die besseren Argumente übrig. Damit das gelingt, muss ich »es wirklich wollen«, muss bereit sein zu fragen, worum »es wirklich geht« und »was ich selbst tun kann«. Was ich tun kann, um menschliches Wohlergehen – mein eigenes eingeschlossen – vergrößern zu können.

An die persönliche Ebene anknüpfend, können wir nun fragen, wie »sich selbst hinterfragen« beim Medienkonsum funktionieren kann. Dazu habe ich in meinem Buch *Schluss mit dem täglichen Weltuntergang* einige Vorschläge gemacht. Vor allem mit Blick auf die Frage: Wem oder was können wir eigentlich vertrauen?

Mediale Kommunikation: Eine Impfung gegen die Infodemie

Ich werde hier aus den bereits genannten Gründen keine Falschinformationen oder Verschwörungserzählungen zitieren. Wir alle kennen genügend Beispiele und sind mit hoher Wahrscheinlichkeit selbst schon mal auf »Fake News« hereingefallen.

Der große Anteil irreführender und falscher Informationen, die uns tagtäglich vor allem online begegnen, hat mittlerweile einen eigenen Namen bekommen: Infodemie. Am 23. September 2020 rief die WHO gemeinsam mit acht weiteren internationalen Hilfsorganisationen alle Mitgliedstaaten dazu auf, aktiv gegen die Infodemie im Zuge der Corona-Pandemie vorzugehen: »Die COVID-19 Infodemie bewältigen: Gesunde Verhaltensweisen fördern und den Schaden durch Falschinformation und Desinformation abschwächen«,[17] gefolgt von einem direkten »Call to Action« am 11. Dezember.[18] An dieser Stelle ein Satz zur Einordnung: Während wir umgangssprachlich meist einfach von »Fake News« sprechen, unterteilt die Fachwelt zwischen Falschinformationen, die schlichtweg falsch sind und versehentliche Fehler einschließen, sowie Desinformation, die absichtlich täuschen soll. Ganz nüchtern betrachtet, besteht die größte Gefahr der Infodemie darin, dass Menschen falsche Informationen nutzen, um Entscheidungen zu treffen, die sie und andere gefährden. Die offensichtliche Frage lautet also: Wie nutzen wir die Vorhersageapparatur in unserem Kopf (siehe Herausforderung Nummer 2) inklusive sämtlicher Biases so, dass das nicht passiert? Oder noch anders gefragt: Kann uns kritisches Denken auch vor der Infodemie schützen?

Die kurze Antwort lautet: Ja, das kann es! Die etwas längere Antwort: Ja, zahlreiche Forschungsergebnisse und Feldstudien aus den Kognitionswissenschaften und der Psychologie zeigen genau das und verweisen auf einen »alten Bekannten«, den wir bereits in Herausforderung Nummer 2 kennengelernt haben: unser psychologisches Immunsystem. So wie unser Körper gegen Krankheiten wie Tetanus, Polio & Co. mit Impfungen geschützt wird, können wir auch unser psychologisches Immunsystem gegen die Infodemie mit Impfungen stärken.[19]

Die Idee der sogenannten Inokulationstheorie ist keineswegs neu.[20] Erste erfolgreiche Studien mit »psychologischen Impfstoffen« wurden bereits in den Sechzigerjahren durchgeführt.[21]

Damals ging es um Fake-News-Kampagnen zum Zähneputzen, heute geht es um das Coronavirus und den menschengemachten Klimawandel. Die Ergebnisse zeigen in allen Fällen: Um den Schaden durch Falschinformationen möglichst gering zu halten, sollten wir unsere Fähigkeit trainieren, sie in Echtzeit zu erkennen, statt im Nachhinein mit Korrekturen eine Schadensbegrenzung zu versuchen. Also ein direkter Aufruf zum kritischen Denken beziehungsweise dazu, es zu trainieren. Wie das mit Blick auf die Infodemie gelingen kann, fasse ich – natürlich – anhand von drei Erkenntnissen inklusive einiger Praxisbeispiele zusammen.

Gefühle lassen sich nicht mit Fakten »bekämpfen«

Unsere Gruppenzugehörigkeiten bestimmen unsere Weltbilder; unsere Weltbilder bestimmen die Geschichten, die wir uns erzählen. Diese Narrative, die unser Denken und Handeln maßgeblich bestimmen, sind immer emotional, da wir nur so in der Lage sind, Werte zu entwickeln, die wiederum notwendig für zielorientiertes Handeln sind. So weit haben wir unsere eigenen Biases schon kennen- und hoffentlich auch ein Stück weit akzeptieren gelernt. Was passiert nun, wenn ich mit einer bestimmten Überzeugung durch die Welt gehe und mir irgendjemand in den (sozialen) Medien mitteilt: Das ist falsch! Mein Steinzeithirn wird Alarm schlagen und versuchen, mein Weltbild zu »verteidigen«. Besonders, wenn der »Angriff« gegen Gruppenzugehörigkeiten geht, dir mir wichtig sind. Wir erinnern uns: »Toilettenpapier hamstern ist un-australisch.« Setzen dann noch negative Emotionen wie Angst und Wut ein, ist mit Fakten nicht mehr viel zu holen.

Statt also den jämmerlichen Versuch zu starten, mit Emotionen und Glaubenssätzen zu »streiten«, können wir unabhängig davon, in welcher Rolle wir gerade unterwegs sind, mit einem Gespräch beginnen. Oder besser noch: Wir können zuhören.

Genau das tat die US-amerikanische Wissenschaftskommunikatorin Maggie Ryan Sandford 2019, als sie sich mit einem riesigen Schild um den Hals auf den Jahrmarkt begab. Darauf stand: »Fragen Sie mich alles zum Thema Evolution!« Ihre Erfahrungen fasst sie wunderbar anknüpfend an diesen Absatz in drei Lehren zusammen:[22] *Streite nicht mit Glaubenssätzen; höre zu; lerne, was Menschen wirklich denken.*

Wir müssen uns nicht alle mit einem »Frag mich alles!«-Schild aufs nächste Volksfest begeben, aber wenn wir diese Grundsätze öfter mal befolgen, können wir etwas über die Weltbilder, Gruppen und auch Ängste des Gegenübers lernen und besser begreifen, warum sie oder er bestimmte Dinge in den Medien (nicht) »glaubt«. Wenn diesen Ratschlag auch mehr Wissenschaftler, Journalisten und Politiker befolgen, zeigen sie, dass auch sie fehlbare Menschen sind, und kreieren so fast nebenbei eine neue In-Group, zu der wir alle dazugehören.

Spielend zum nächsten Level des kritischen Denkens

Die zweite Erkenntnis hat nicht direkt etwas mit Emotionen zu tun, macht sich aber einen Trieb zunutze, der ebenfalls tief in uns verankert ist: den Spieltrieb und die damit verbundene Lust am Wettbewerb. »Niemand will gern auf Fake News reinfallen, und Teil der Impfung besteht darin, Menschen davor zu warnen, dass es Menschen gibt, die sie zu täuschen versuchen«, fasst der niederländische Sozialpsychologe Sander van der Linden diese Lust zusammen.

In verschiedenen Studien konnten er und seine Kollegen zeigen, dass Warnungen vor Falschinformationen und das spielerische Erlernen von Strategien gegen die Infodemie tatsächlich unser psychologisches Immunsystem stärken.[23] Sogar die neurologische Basis entsprechender Warnungen vor Fake News wurde bereits untersucht.[24] Die Ergebnisse zeigen, dass die Warnungen bestimmte sensorische Hirnregionen stärker aktivieren.

Das geschieht sogar unabhängig davon, ob sie vor oder nach einer Falschinformation gezeigt werden.

Um ihre Probanden gegen die Infodemie zu impfen, nutzen Sander van der Linden und seine Kollegen gern das preisgekrönte Spiel »Bad News«. Es kombiniert Warnungen vor Fake News und die vorherige Konfrontation mit schwachen Dosierungen der Techniken, die bei der Produktion von Fake News genutzt werden. Dabei werden die Spieler in einem simulierten sozialen Netzwerk selbst zu Fake-News-Lieferanten. Je überzeugender die eigenen Fake News, desto mehr Punkte sammeln sie. So vermittelt das Spiel über mehrere Level sechs gängige Techniken, die zur Verbreitung von Falschinformationen genutzt werden. 2019 konnten die Wissenschaftler zeigen, dass bereits die einmalige Nutzung weniger empfänglich für Fake News macht und dieser Effekt mindestens drei Monate anhält.[25] Eine Folgestudie 2020 mit Kontrollgruppe, die statt »Bad News« fünfzehn Minuten Tetris spielte, konnte die Wirkung bestätigen: Nur die Bad-News-Spieler waren im Anschluss besser in der Lage, Fake News als solche zu identifizieren, und fühlten sich gemäß ihrer Fähigkeiten auch sicherer darin.[26]

Wer jetzt Lust bekommt, selbst zu spielen, kann direkt loslegen. Die deutsche Version von »Bad News« begrüßt potenzielle Spieler mit den Worten »Von der Falschmeldung zum Chaos! Wie böse bist du? Dein Ziel: Follower gewinnen«. Sie ist auf *https://www.getbadnews.de/* gratis verfügbar, und ihre Wirkung ist ebenfalls bereits durch Studienergebnisse bestätigt.[27] Eine aktuelle Variante mit Verschwörungserzählungen zum Coronavirus gibt es ebenfalls.[28]

Kurz vor dem Weihnachtsfest mit potenziell anstrengenden Familiengesprächen zum menschengemachten Klimawandel ging im Dezember 2020 ein weiteres »Impf-Spiel« an den Start. In »Cranky Uncle« begegnen die Spieler logischen Fehlschlüssen und falschen Argumenten und bekommen die Chance, ihr kritisches Denken zu verbessern. Das Ganze passiert in Form von Comics, die der Urheber John Cook selbst gezeichnet hat. Internationale Bekanntheit erreichte der australische Kognitionswissenschaftler als Gründer des Wissenschaftsblogs »Skeptical Science«, der auch in Deutsch verfügbar ist.[29] »Cranky Uncle« ist ebenfalls frei verfügbar, bisher aber nur auf Englisch.[30]

Spiele und Apps sind also ein effektiver Weg, um der Infodemie besser zu begegnen. In der dritten und letzten Erkenntnis zur Infodemie geht es um die dabei trainierte Fähigkeit, die Teil des kritischen Denkens ist.

Wissenschaftliche Kompetenz fördern

Ich gebe zu, dass »wissenschaftliche Kompetenz« nicht besonders nach Spaß und Unterhaltung klingt. Aber wie soeben beschrieben, können wir genau diese Kompetenz, die erst mal eher nach Theorie und Hörsaal riecht, auch spielerisch verbessern. Spätestens an dieser Stelle wird hoffentlich deutlich, was der Theorieteil in Chance Nummer 2 zum Basisverständnis vom wissenschaftlichen Denken zu suchen hatte. Denn Studie um Studie zeigt: Eine geringe wissenschaftliche Kompetenz geht mit erhöhter Wissenschaftsleugnung einher.[31] Oder positiv und allgemein formuliert: Bildung ist die beste Impfung gegen die Infodemie.[32] Menschen mit hohem Bildungsgrad sind im Schnitt (!) weniger anfällig für Verschwörungserzählungen und andere Falschmeldungen.

Dass Wissenschaftsleugnung im wahrsten Sinne des Wortes lebensgefährlich sein kann, wissen wir nicht erst seit der Corona-Pandemie. Doch Maskenverweigerung, Anti-Impf-Haltungen und die Verbreitung von Falschnachrichten über den Ursprung des Virus haben uns allen diese Tatsache sehr nachdrücklich vor Augen geführt.

Darum ist ein grundlegendes Verständnis von Wissenschaft so wichtig. Darum beschreibe ich kritisches Denken als die wichtigste Eigenschaft im 21. Jahrhundert. Weil es in Zeiten der Infodemie nicht mehr darum geht, Informationen zu generieren oder zu beschaffen, sondern einzuordnen und zu hinterfragen.[33] Darum fordert der renommierte US-amerikanische Verhaltensneurologe Bruce L. Miller in seinem Anfang November 2020 veröffentlichten wissenschaftlichen Plädoyer »Science Denial and COVID Conspiracy Theories: Potential Neurological Mechanisms and Possible Responses«[34] mehr Bildung: »Logisches Denken ist nicht nur Medizinern und Wissenschaftlerin zugänglich. Es wird in der Grundschule und an weiterführenden Schulen gelernt und später geschärft durch das Lösen von Problemen bei der Arbeit und an Universitäten. Wenn dieser Prozess des Abwägens und Vergleichens aller Aspekte einer Angelegenheit nicht gelehrt wird, ist ein Individuum empfänglicher für Falschinformationen. Frontale Kreisläufe [im Gehirn – wir erinnern uns an den präfrontalen Kortex] zu entwickeln, um logisches Denken zu unterstützen, ist Teil der Bildung und wissenschaftlichen Kompetenz und zentral für eine gesunde Demokratie.«

Welche bessere Überleitung könnte es geben, zum »großen Ganzen«, zum gesellschaftlichen Aspekt von Kommunikation.

Gesellschaftliche Kommunikation: Wo wollen wir eigentlich hin?

Kriegen wir ein Internet ohne Fake News? Wahrscheinlich nicht. Auch wenn der Kurznachrichtendienst Twitter im Vorlauf zur 46. US-Präsidentschaftswahl im November 2020 erstmals von Nutzern gepostete Falschaussagen mit Warnungen versah (und so eine Mini-Impfung verabreichte) und zwei Tage nach den Vorfällen am Capitol am 6. Januar 2021 den Twitteraccount Donald Trumps dauerhaft einstellte.[35] Auch wenn in medienrechtlichen Diskussionen zur Verantwortung sozialer Medien die Frage nach weitergehenden Regulationen immer öfter diskutiert wird.[36] Auch wenn das Team des niederländischen Kognitionswissenschaftlers Sander van der Linden aktuell mit dem Messengerdienst WhatsApp an einer neuen Variante des Impfspiels »Bad News« arbeitet:[37] Das Problem wird bleiben.

Entscheidend ist: Vielleicht ist die Verhinderung von Fake News gar nicht die Lösung, auf die wir unser lösungsorientiertes Denken richten sollten. Bleiben wir noch einen Moment beim psychologischen Immunsystem, dann könnten wir stattdessen eine Herden- oder besser formuliert eine Gemeinschaftsimmunität anstreben.[38] Dann ist es nicht nötig, dass jedes Individuum der Bevölkerung die »Impfung« erhält, sondern es reicht aus, wenn genügend Menschen Antikörper gegen die Techniken entwickelt haben, die zur Verbreitung von Falschnachrichten und Desinformation genutzt werden.

Am Anfang des vorigen Gedankengangs stand das Wort »vielleicht«. Genau dieses »Vielleicht« ist zentral für die gesellschaftliche Kommunikation, die wir schaffen, wenn wir dynamisches Denken praktizieren. Denn das Wörtchen »vielleicht« nutzen wir bisher zu selten. Es steht für mich für berechtigte Zweifel und damit für Abwägen, Hinterfragen und natürlich die obligatorische Portion Nachsicht.

Worauf ich hinauswill, sind zwei Formen von »Vielleicht«, von denen wir mehr brauchen für eine bessere gesellschaftliche Kommunikation: erstens mehr »Vielleicht« mit Blick auf unsere Fehlerkultur und das Eingestehen von Fehlern. Und zweitens mehr »Vielleicht«, was das eigene Wissen betrifft. Also mehr »Ich könnte mich auch irren« und mehr »Ich weiß es nicht«. Letzteres ist eng verknüpft mit einem weiteren Bias, den wir alle in uns tragen: dem Autoritäts-Bias. Er meint unsere Tendenz, Menschen, die eine bestimmte Expertise haben, häufig auch bessere Einschätzungen in anderen Fachbereichen zuzutrauen. Dann liefert ein »Professor für XY« Einschätzungen zu Viruserkrankungen, obwohl er vielleicht noch nicht mal einen medizinischen Hintergrund hat.

Wenn wir mehr »Vielleicht« nutzen, schaffen wir auch eine neue Belohnungskultur: weil dann nicht mehr der mit dem längsten Atem der Held ist, sondern die mit der höchsten Selbstreflexion Beifall erntet. Weil wir uns so auch neue Geschichten darüber erzählen, was es bedeutet, »stark« zu sein, wer »erfolgreich« ist, wer »vorbildlich« handelt. Weil wir so auch neu entscheiden, wer Macht und Verantwortung zugeschrieben bekommt. Weil die Mächtigen und Verantwortungsvollen dann Belohnungsstrukturen so ausrichten, dass langfristiges Denken und Handeln belohnt wird. Dass wir politisch und gesellschaftlich zum dynamischen Denken motiviert werden, statt aus Angst und mit erlernter Hilflosigkeit im Gepäck am statischen Denken festzuhalten. Weil das »System« dann nicht länger »kaputt ist«, sondern wir begreifen, worum es wirklich geht, und sämtliche Beteiligte so handeln, als ob sie es wirklich wollten.

Um »raus aus der ewigen Dauerkrise« zu gelangen und eine Zukunft zu kreieren, in der menschliches Wohlbefinden maximiert wird, müssen Organisationen, Politiker und Entscheiderinnen Wege finden, Emotionen stärker zu berücksichtigen und offenzulegen. Denn auch die Emotionen sind ein wichtiger Bestandteil des kritischen Denkens. Wir können Gefühle nicht ignorieren, egal, wie »falsch« sie scheinen. Wenn wir den Kurs wirklich ändern wollen, besteht unsere Chance darin, Emotionen seltener gegen uns zu nutzen und häufiger für uns. Statt gegen Angst, Wut und Hass zu kämpfen, müssen wir uns stärker einsetzen für mehr Neugier, Freude und – ja, das große Wort – Liebe.

Was brauchen wir für all das? Mut. Mehr mutige Gehirne. Genau darum wird es in Chance Nummer 3 gehen. Davor bleibt noch die Frage zu klären, was wir aus Chance Nummer 2 mitnehmen.

Rezept Nummer 2: Das Kompetenz-Rezept

Es wirkt fast ironisch, aber ausgerechnet auf Twitter habe ich vor einiger Zeit ein Zitat von unbekannt entdeckt, das hier wunderbar passt: »Intelligenz ist die Fähigkeit, den Raum des Nichtwissens nicht mit Vorurteilen zu füllen, sondern mit Neugier.«

Wir haben in Chance Nummer 2 gelernt, dass wir Neugier stimulieren und lernen können, dass Neugier auf eine Sache uns generell neugieriger und lernfähiger macht. Und nun: Hand aufs Hirn! Worum es in Chance Nummer 2 eigentlich geht, ist der verstaubte Begriff der Bildung im weitesten Sinne – die natürlich systemrelevant ist. Um jedoch nicht die mit »Bildung« verbundenen häufig negativen Deutungsrahmen wachzurufen, habe ich mich stattdessen auf das kritische Denken konzentriert.

So ist das zweite Rezept das »Kompetenz-Rezept« – mögliche Unterkategorien sind »Medienkompetenz«, »Wissenschaftskompetenz« und »kritisches Denken«. Die Form der Darreichung reicht von Apps über Onlinekurse bis hin zum Volkshochschulkurs. Bei der Dosierung gilt: Sichtbare Erfolge gibt es schon nach einmaliger Gabe. Doch die besten Ergebnisse erzielt natürlich eine langfristige Anwendung.

Das zeigt ganz praktisch schon jetzt das Schulsystem in Finnland. Dort wird bereits die Grundschüler kritisches Denken gelehrt. Nicht als separates Fach, wie in Deutschland häufig für »Medienkompetenz« gefordert wird, sondern als grundlegender Baustein sämtlicher Fächer. So lernen die Schüler im Matheunterricht, wie leicht es ist, mit Statistiken zu lügen, und in Geschichte analysieren sie historisch relevante Propagandakampagnen. Zentral ist das übergeordnete Ziel, das Bildungssystem müsse »aktive, verantwortungsvolle Bürger und Wähler« hervorbringen, so Schulleiter Kari Kivinen.[39] Der Plan geht auf: Finnland hat europaweit die höchste Medienkompetenz.[40]

Kreislauf Nummer 2: Jeder Gedanke verändert uns

Wir können uns nicht *nicht* verändern! Der zweite Kreislauf liegt mir besonders am Hirn, weil er mit zwei Begriffspaaren und zwei Pfeilen die Forschungsergebnisse meiner Doktorarbeit zusammenfasst: Die aktuelle Hirnaktivität beeinflusst unsere Erfahrungen, und durch unsere Erfahrungen verändert sich die Hirnaktivität über die direkte Erfahrung hinaus.

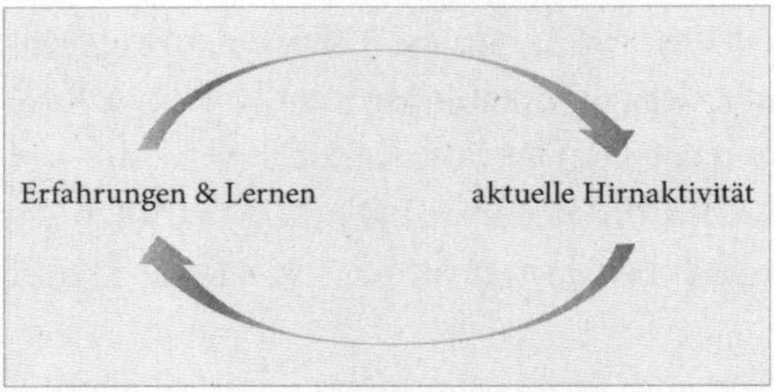

Natürlich belegen auch zahlreiche andere Studienergebnisse diesen Zusammenhang der lebenslangen Plastizität unseres Denk- und Fühlapparats.

16 Chance Nummer 3: Ein mutiges Gehirn ist gesund, aktiv und erfolgreich

Das Gegenmittel zu Kontrollverlust, Hilflosigkeit und Angst aus Herausforderung Nummer 2 ist nicht die Hinwendung zu Heilsversprechen oder gar Betäubung. Statt uns von Angst und Perspektivlosigkeit entweder lähmen zu lassen oder uns den gegebenen Strukturen passiv hinzugeben, brauchen wir für Chance Nummer 3 mehr als Hoffnung. Nur darauf zu hoffen, dass »die anderen« Lösungen finden werden, dass »die Technik« das lösen wird oder eine höhere Macht uns er-löst, ist nicht die beste Art, Herausforderung Nummer 2 zu begegnen. Weder für die gesellschaftlichen Krisen aus Teil I noch für uns als Individuen, die versuchen, ein glückliches und gesundes Leben zu führen. Was also brauchen wir?

Eines Tages klopfte die Angst an die Tür. Der Mut öffnete, und niemand war da

Mut ist mehr als Hoffen, weil er aktiv statt passiv ist. Wer hofft, verharrt im statischen Denken. Wer mutig ist, denkt dynamisch. Wer mutig ist, ist neugierig auf sich selbst, ist bereit, Zusammenhänge kritisch zu hinterfragen und der Welt mit all ihren Ecken, Kanten und Kreisen nicht nur zu begegnen, sondern auch die eigene Rolle darin aktiv mitzugestalten. Unsere »wahre Natur« hält alles bereit, was wir brauchen, damit wir mutig entscheiden und handeln können, wenn wir es wirklich wollen.

Mut ist mehr als die Abwesenheit von Angst. Die Mutter aller Bürgerrechtsbewegungen, Rosa Parks, beschreibt ihre stille Revolution am 1. Dezember 1955, als sie sich weigerte, ihren Platz im Bus für einen hellhäutigen Mann frei zu machen, so: »Ich weiß nicht, warum, aber ich fühlte mich nicht ängstlich.«[1] Vielleicht ist Mut also nicht das Gegenteil von Angst, sondern eine andere Art, die Welt wahrzunehmen, sodass die Mutige eine andere Wahrheit erfährt.

Während drei andere Fahrgäste der Aufforderung des Busfahrers folgten, sich umzusetzen, blieb Rosa Parks sitzen. Vielleicht, weil sie ihre Angst hinter sich gelassen hatte. Vielleicht, weil sie ein Ziel erreichen wollte, dem die Angst im Weg gestanden hätte. »Ich hatte mich entschieden, dass ich ein für alle Mal wissen wollte, welche Rechte mir als Mensch und als Bürgerin von Montgomery, Alabama, zustanden.«

Welchen besseren Ort kann es geben, zu schauen, ob Mut mehr ist als die Abwesenheit von Angst, als das Gehirn? Tatsächlich haben Wissenschaftler der renommierten University of Stanford jüngst zeigen können, dass das Gehirn zwei unterschiedliche Netzwerke hat, die angesichts von Gefahren aktiviert werden können.[2] Vereinfacht gesagt, gibt es ein »Angst-Netzwerk« und ein »Mut-Netzwerk«. Je nachdem, welches aktiv ist, reagieren wir ängstlich oder mutig. Auch wenn die »Versuchspersonen« der Studie Mäuse waren, die in einer Art virtueller Realität einem simulierten Greifvogel ausgesetzt waren, verfügt das menschliche Gehirn sehr wahrscheinlich über eine ähnliche Aufteilung.

Vielleicht nehmen wir die Welt einfach zu häufig mit unserem Angst-Netzwerk »wahr«. Vielleicht haben wir einfach zu häufig Angst. Angst, anders zu sein. Drei der vier Fahrgäste folgten der Aufforderung, sich umzusetzen. Vielleicht haben wir einfach zu häufig Angst, neugierig zu sein. Haben Angst, uns oder etwas zu verändern.[3] So bin ich jetzt mal im Kleinen »mutig« und widersetze mich meinem eigenen grundlegenden Prinzip, nie allgemeingültige Aussagen zu treffen. Ich korrigiere den vorherigen Satz also entsprechend: Ich treffe *fast nie* allgemeingültige Aussagen. Außer in diesem letzten Abschnitt des Buches, indem alles Bisherige zusammenkommt. Ein wenig wie bei einem Feuerwerk oder einer Zirkusnummer, wenn am Ende die Musik noch mal anschwillt und die Zuschauer die Luft anhalten. Oder wie bei einem sportlichen Wettkampf, wenn die Läuferinnen, Spieler, Fahrerinnen und Werfer noch mal alles geben. Oder ganz allgemein, wenn für einen kurzen Moment »alles stimmt« und das Puzzle vollständig ist.

Für diesen letzten Teil habe ich gleich drei allgemeingültige Grundsätze mitgebracht. Also: Die Musik schwillt an, und wir sind bereit für Chance Nummer 3, damit der Mut die Tür öffnet.

Alles ist … relativ

»Du bist doch verrückt!« So werde ich nach einer knapp vierstündigen Radtour durch Regen, Kälte und ein paar Schneeflocken begrüßt. Die Hälfte der Zeit bin ich durch die Dunkelheit geradelt. Das lässt sich im Winter nun mal nicht immer vermeiden. Außer der unschlagbaren Regenhose und meiner uralten Mütze hat die Kleidung irgendwann der Nässe nachgegeben. Da hilft auch kein zweites Paar Socken. Als die gefühllosen, rot angelaufenen Füße das erste Mal mit dem warmen Wasser unter der Dusche in Berührung kommen, schmerzt das so sehr, dass ich mich an der Duschwand abstützen muss.

Warum erzähle ich das? Weil diese Episode aus meinem Leben auf so vielen Ebenen verdeutlicht, dass »alles relativ« ist. Beginnen wir vorn und bei der Klassifizierung von Krankheiten. Wir können Symptome wie erhöhte Temperatur oder Fieber »relativ« einfach bestimmen. Gleiches gilt mit entsprechendem medizinischem Wissen für Knochenbrüche und Karies.

Ganz anders sieht das bei der Diagnose von komplexen Krankheiten wie Arthrose oder Krebs aus, die sich anhand zahlreicher Symptome zeigen können. So können wir allerhand Parameter wie Knochendichte und Gewicht bestimmen, können das Blut und andere Körperflüssigkeiten auf bestimmte Stoffe untersuchen, um herauszufinden, ob geltende Normwerte über- oder unterschritten werden. Daraus geht aber noch lange keine eindeutige Diagnose hervor, weil immer klar ist: Menschen sind »relativ« unterschiedlich.

Das Gewicht eines gesunden und fitten Kraftsportlers kann einen Body-Mass-Index liefern, der laut Gewichtstabelle Übergewicht bedeuten würde. Außerdem gilt: Diese Gewichtstabellen sind »relativ«, weil sie menschengemacht sind. Mal ganz abgesehen davon, dass Untergewicht in einem Land Normalgewicht in einem anderen bedeuten kann. So ist jede Klassifizierung stets durch bestimmte Schwellen- oder Grenzwerte bestimmt. Wer zu weit von der Norm abweicht, bekommt ein Label, das auf einem oder vielen Messwerten beruhen kann. Er hat Fieber, sie Arthrose. Genauso ist jemand dann vielleicht »hochbegabt« oder »unterdurchschnittlich begabt«.

Das Wort »verrückt« spiegelt genau dieses grundlegende Prinzip der Diagnostik und Kategorisierung generell. Jemand ist verrückt, wenn eine bestimmte Eigenschaft dieser Person von einem bestimmten Wert abweicht, also ver-schoben oder verrückt ist.

Bin ich verrückt, weil ich stundenlang durch den Regen radele? Bezogen auf den Durchschnittswert aller Deutschen an diesem Tag ist mein Verhalten in der Tat ver-rückt, will sagen: abweichend. Vergleicht man mich mit den Radlern der Tour der France, sieht die Sache anders aus. Dann falle ich am anderen Ende des Spektrums auf, weil ich weniger Kilometer als sie an einem durchschnittlichen Trainingstag im Sattel verbracht habe. Auf die Stunden geschaut, liege ich vielleicht sogar in deren »Norm«.

Weiter geht es mit meinen kalten Füßen. Während ich sie als »rot« beschreibe, würde jemand anderes sie vielleicht als »rosa« oder gar »orange« bezeichnen. »The dress« also das Kleid, das wir abhängig von unserer bisherigen Wahrnehmung unterschiedlich sehen, habe ich bereits in Teil I zur wissenschaftlichen Krise erwähnt. Hinzu kommen bestimmte emotionale Assoziationen, die ich mit jeder Farbe habe und die sich von Land zu Land unterscheiden.[4] So wird in Deutschland Neid beispielsweise sehr viel stärker mit der Farbe Gelb in Verbindung gebracht als in anderen Ländern.[5]

Als Zwischenfazit bei der Erkenntnis, dass »alles relativ« ist, halte ich fest: Wir müssen akzeptieren, dass wir die Welt alle unterschiedlich sehen und wahrnehmen *und* dass die meisten Kategorisierungen, Ein- und Aufteilungen menschengemacht sind. Die dabei benutzten Schwellen- und Grenzwerte hängen im weitesten Sinne von unseren Gruppenzugehörigkeiten ab. Von Staatsangehörigkeit und Muttersprache über Bildungsgrad und Beruf hin zu der Frage, ob wir vielleicht Sportlerin, Musiker oder Feinschmeckerin sind.

Die nächste Frage lautet: Welche Faktoren beeinflussen meine Wahrnehmung in einem bestimmten Moment? Denn – und auch das müssen wir akzeptieren – unsere Wahrnehmung wird tatsächlich in jedem Moment von zahlreichen Faktoren mitbestimmt. Wir sind nicht objektiv. (Ich kann das nicht oft genug wiederholen, weil ich der Vorstellung immer noch so häufig begegne!) Diese Faktoren werden bestimmt durch einen bunten Mix aus »Nature und Nurture«. Also dem, was wir »von Natur« aus bei der Geburt mitbekommen, und dem, was wir durch »Erziehung, Ernährung und Pflege« im Austausch mit unserer Umwelt erfahren. So ist unsere Hautfarbe und unser biologisches Geschlecht durch unsere Erbinformation bestimmt. Beides prägt unsere Wahrnehmung – Stichwort Rosa Parks und monatliche Hormonschwankungen von Frauen. Gleichermaßen beeinflussen durch die Umwelt bestimmte Faktoren – wie meine

Muttersprache und meine Staatsangehörigkeit – meine Wahrnehmung der Welt. So weit, so gut, wären da nicht die Interaktionen »beider« Seiten, die den weitaus größten Teil unseres Daseins ausmachen. So ist unsere maximale Körpergröße genetisch bestimmt. Ob wir sie erreichen, bestimmt aber die Umwelt, in der wir aufwachsen. So können wir eine bestimmte genetische Prädisposition, also eine gewisse Vorbestimmtheit, in uns tragen, schnell laufen zu können, depressiv zu werden oder Herz-Kreislauf-Krankheiten zu entwickeln. Ob all das zum Ausdruck kommt oder nicht, entscheidet sich im Laufe unseres Lebens. Darum traumatisiert ein Trauma wie eine Pandemie, ein Kriegseinsatz oder eine Misshandlung einige – aber nicht alle – Menschen.

Allein mit dem aktuellen Forschungsstand zu ebensolchen Interaktionen lassen sich Regalwände mit Büchern füllen. Und als sei das alles nicht schon komplex genug, kann die Umwelt auch unsere Natur – also das genetische Material – verändern. Sogenannte epigenetische Effekte können wiederum an Folgegenerationen vererbt werden.[6]

Kreislauf Nummer 2 aus Chance Nummer 2 steht für ebendiese Interaktionen und ständige Beeinflussung und bringt uns zurück zur Frage nach den Faktoren, die unsere Wahrnehmung in jedem Moment beeinflussen, also »relativ« machen. Hier einige anschauliche bis unterhaltsame Beispiele, die allesamt zeigen, wie »subjektiv« wir die Welt sehen.

Sind Versuchspersonen müde oder übergewichtig, schätzen sie Distanzen größer ein als Normalgewichtige und wache Studienteilnehmer.[7] Tragen wir einen schweren Rucksack, erscheint der vor uns liegende Berg steiler als ohne Rucksack.[8] Ein hungriger Richter entscheidet sich weniger häufig für die Angeklagten und eine damit verbundene Strafaussetzung als ein gesättigter.[9] Verlängern wir die Reichweite unserer Arme, zum Beispiel über eine Zange, erscheinen uns Gegenstände näher als ohne diese Hilfe.[10]

Neben Faktoren, die unseren Körper direkt betreffen, spielt auch unser Umfeld eine wichtige Rolle. Das bringt uns zurück zu meinen schmerzenden kalten Füßen. Hätte während der Schmerzerfahrung mein Freund meine Hand gehalten oder ich ein Foto von ihm parat gehabt, dann hätte das sehr wahrscheinlich eine schmerzlindernde Wirkung gehabt.[11] Ich hätte den Schmerz der langsam auftauenden Füße also weniger stark wahrgenommen. Soziale Nähe beeinflusst auch die schon erwähnte Bergeinschätzung. Wer gemeinsam mit einem Freund unterwegs ist, nimmt den Berg vor sich als weniger steil wahr.[12] Der Effekt ist sogar dann messbar, wenn wir bei einer rein gedanklichen Wanderung an einen Freund denken. »Wir sind *leider* soziale Wesen«, und soziale Unterstützung lässt uns im wahrsten Sinne des Wortes die Welt anders sehen.

Das Gleiche gilt für Expertenwissen aller Art: Es verändert unsere Wahrnehmung der Welt. Für die Sommelière schmeckt Wein anders als für mich Weinbanausin, selbst wenn er aus derselben Flasche stammt. Die Mathematikerin sieht Zahlenreihen und Gleichungen anders, als ich es jemals tun werde. Expertise begründet sich weniger in Wissen und viel mehr in einer veränderten Wahrnehmung bestimmter Dinge, die dem Neuling schlichtweg verborgen ist. Durch Training lernen wir, anders zu sehen, schmecken, riechen und fühlen als andere. (Dazu komme ich noch genauer im allerletzten Teil »Alles ist … eine Entscheidung«.) Wir verlassen die Norm und verrücken unsere Wahrnehmung im Vergleich zu den Durchschnittswerten anderer Menschen.

Die neuronale Basis von Expertise zeigt sich nicht nur auf funktionaler Ebene, also anhand der Aktivität in bestimmten Hirnarealen, sondern auch anatomisch. So zeigen sich im Kernspintomografen sehr ähnliche strukturelle Hirnveränderungen bei Sommeliers und Mathematikern.[13] Alkoholwitze verkneife ich mir an dieser Stelle. Viel wichtiger ist, dass jede Art von Expertise die Perspektive erweitert, und zwar nicht nur für das entsprechende Thema. Erwerben wir eine Kompetenz, dann bilden wir automatisch eine übergeordnete Fähigkeit aus: Wir lernen zu lernen. Ähnlich wie bei der Neugier, die sich von einem Bereich auf alles überträgt, was uns begegnet.

Was mein Kollege Matthias Gruber aktuell in seinen Experimenten zur neuronalen Grundlage von Neugier untersucht, wusste die ehemalige US-amerikanische First Lady Anna Eleanor Roosevelt schon Ende des 19. Jahrhunderts auf der Verhaltensebene zu beschreiben: »Wenn du interessiert bist, musst du nie nach neuen Interessen suchen. Sie kommen zu dir.«[14]

Als letztes Zwischenfazit der kleinen Relativitätsreise nutze ich ein weiteres Zitat. Es stammt aus dem 2020 erschienenen Buch *Perception: How Our Bodies Shape Our Minds* der beiden US-amerikanischen Autoren Dennis Proffitt und Drake Baer: »Wir sehen den Berg nicht so, wie er ist, sondern eher wie er durch uns gesehen wird.«[15] Darum hatte Rosa Parks keine Angst, und darum ist Mut mehr als die Abwesenheit von Angst. Sie hat die Welt anders wahrgenommen als die drei anderen Fahrgäste, die sich umgesetzt haben.

Das bringt uns zur letzten Station der Relativitätsreise. Wir haben bereits das grundlegende Prinzip im Gehirn kennengelernt, das dafür verantwortlich ist, dass Wahrnehmung von unserem Zustand abhängt: die neuronale Plastizität. Sie erzeugt (oder ist Grundlage für) unsere dynamische Wahrnehmung.

Jetzt können wir uns fragen: In welche Richtung wollen wir unsere Wahrnehmung verändern? (Zur Sicherheit und um die möglichen »Das ist doch Manipulation!«-Ausrufe im Keim zu ersticken: Wir verändern sie sowieso – anknüpfend an die Erkenntnis, dass wir uns nicht *nicht* verändern können.) Oder ganz allgemein gefragt: Was jetzt? Wie gehen wir mit dieser Einsicht um?

Wenn alles relativ ist und alles von unserer Perspektive abhängt, können wir mutig und mithilfe unserer Vorstellungskraft Kategorien, Grenz- und Schwellenwerte neu denken. Wir können uns fragen, wer in unserer Wahrnehmung zum »Wir« dazugehört. Denn auch da zeigt uns die Forschung die dynamische Natur unserer Wahrnehmung. In sehr homogenen Gruppen sind Stereotype sehr viel stärker ausgeprägt als in heterogenen Gruppen.[16] Die Autoren titeln, dass dies »paradox« sei. Ich finde das aus Sicht der Wahrnehmungspsychologie keineswegs paradox, denn je diverser meine Gruppe, desto größer die Spannbreite dessen, was als »normal« oder »nicht-einen-Stereotype-Schwellenwert-überschreitend« gilt.

Im Zuge dieses Neudenkens und Verrückens ist auf einmal vieles möglich, was vorher noch unmöglich schien. Von den ganz kleinen Dingen wie einer neuen Gewohnheit, die ich in meinen Alltag etablieren will, bis zu den ganz großen Fragen unseres Zusammenlebens auf diesem Planeten. Wenn uns die ersten Monate der Corona-Pandemie eins vorgeführt haben, dann war es die Überraschung darüber, was alles möglich ist, wenn wir es »wirklich wollen«.

Mit Blick auf den nächsten »Alles ist …«-Grundsatz möchte ich mit einer mutigen Einladung enden, einem weiteren »für statt gegen«. Es ist die Einladung, den Begriff des »Gewinnens« zu verrücken. Weg von einem »Nullsummenspiel«, bei dem eine Gruppe gewinnt, was die andere verliert, weg von Sieg und Niederlage und weg von dem Ziel, andere schlagen zu wollen. Hin zu einer Vorstellung, die mehr mit unserer wahren Natur im Einklang steht. Hin zu einer Welt, in der wir gewinnen, wenn wir andere Menschen in unsere Mitte lassen und unsere Koalitionen vergrößern, weil wir immer fragen, worum es »wirklich geht«. Weil dann mit der Zeit Menschen einander zuhören, die sich vorher nicht zuhören wollten, weil sie (vermeintlich) unterschiedlichen Gruppen angehörten, die (vermeintlich) andere Ziele verfolgten. Weil wir dann – ohne ins All fliegen zu müssen, um den Overview-Effekt zu erleben – verstehen, dass wir miteinander verbunden sind. Weil wir begreifen, dass wir so alle profitieren. Genau um dieses »Profitieren« geht es jetzt.

Alles ist … eine Kosten-Nutzen-Analyse

Ich bin es gewohnt, entrüstete bis entsetzte Blicke zu ernten, wenn ich in einem Gespräch meine Überzeugung kundtue, dass alles eine Kosten-Nutzen-Analyse sei. Alle Zweifler und Empörten lade ich gern ein, mich vom Gegenteil zu überzeugen, indem ich frage: Was nicht?

Egal, ob es die kleinen Gedanken und Handlungen sind à la »Schokoriegel oder Salat« oder die großen Entscheidungen, die unser Leben in neue Bahnen lenken wie ein Umzug, ein Jobwechsel oder ein neuer Partner: Wir wägen ab. Zwar legen wir wahrscheinlich keine Pro-Kontra-Liste für den Wocheneinkauf an, für die Entscheidung über einen Umzug aber vielleicht schon. Doch genau hier ist der erste Knackpunkt versteckt: Natürlich basiert auch jeder Griff im Supermarkt auf einer Abwägung. Nur ist uns diese vielleicht nicht immer bewusst, und danach gefragt, versuchen wir möglicherweise eine Erklärung für unsere Entscheidung zu (er)finden.

Auch bei der vermeintlich »irrationalsten« oder »emotionalsten« Tätigkeit, zu der wir in der Lage sind, basieren unsere Entscheidungen immer auf Kosten-Nutzen-Analysen. Was ich meine? Jemanden zu lieben. Hier kommt natürlich die vermeintliche Dichotomie zwischen »rationalen« und »emotionalen« Entscheidungen zum Tragen. Zur Erinnerung: Wir sind nur handlungsfähig, *weil* wir Werte und damit verbundene Emotionen haben, die wir rational oder zielorientiert auf eine bestimmte Sache richten können. So kann meine Liebe zu einem Menschen zu Handlungen führen, die für andere wenig »rational« wirken (weil diese anderen meine Liebe zu dem betreffenden Menschen nicht spüren). Wenn die Liebe zu diesem Menschen jedoch für mich über allem anderen steht, kann das bedeuten, dass ich im wahrsten Sinne des Wortes Kopf und Kragen dafür riskiere (und aus Sicht von Außenstehenden »irrational« handele, ohne Kosten und Nutzen abgewogen zu haben).

Kopf und Kragen sind das richtige Stichwort für den nächsten Versuch eines Gegenbeispiels, der häufig geliefert wird: das Leben. Verbunden mit der Frage: Was ist (m)ein Leben wert? Mal ganz abgesehen davon, dass Versicherungen natürlich genau auf solchen »Lebenswertberechnungen« ihr Geschäftsmodell aufgebaut haben, entscheiden auch wir täglich über den Wert unseres und anderer Leben. Wenn wir ins Auto steigen, wenn wir einen Sicherheitsgurt anlegen oder nicht, wenn wir die Haustür verschließen oder nicht, wenn wir morgens aufstehen. Ich gebe durch mein Handeln ständig »Antworten« auf die Frage: *Was ist mir mein Leben, das meiner Familie, meiner Freunde, meiner Mitmenschen wert?* Denn jede meiner Handlungen eröffnet Möglichkeiten, dass etwas passiert, das mein Leben und in den meisten Fällen auch das anderer Menschen direkt oder indirekt beeinflusst. Oder es gar beendet. Während ich mit dem Rad einen Berg hinunterrase, auf einem Pferd durch den Wald galoppiere oder mit einem Fallschirm aus dem Flugzeug springe, ist das Risiko eines möglicherweise tödlichen Unfalls natürlich größer als in vielen anderen Lebenslagen. Deshalb (und natürlich auch aus anderen Gründen) entscheiden viele Menschen, genau das nicht zu tun. Für sie ist der potenzielle »Nutzen« eines Fallschirmsprungs geringer als die »Kosten«. So überwiegt bei dem einen die Angst, bei einer anderen vielleicht der Wunsch, in einem Rettungseinsatz anderen zu helfen. Alles relativ, natürlich.

Schließlich haben wir auch bereits erfahren, dass das menschliche Gehirn generell kein besonders guter Risikobewerter ist. Ähnlich verhält es sich bei der Schätzung von Kosten und Nutzen. Auch das habe ich schon an den zahlreichen Forschungsergebnissen der Glücksforschung illustriert, die wir unter dem Stichwort »wahre Natur« und unserem »Unwissen über das Unwissen, was wir wirklich wollen« zusammenfassen können.

Nur weil wir schlecht im Rechnen sind, heißt das aber nicht, dass wir es nicht tun. Wir rechnen immer, nur eben häufig mit kaputten Taschenrechnern und oft auch, ohne es zu wissen. Denn: Wir können nicht *nicht* entscheiden und nicht *nicht* handeln. Auch die Entscheidung, morgens im Bett liegen zu bleiben, weil wir Angst haben, dass uns etwas Schlimmes widerfährt, ist eine Handlung. Eine Handlung, bei der wir abgewogen haben – vielleicht mit kaputtem Taschenrechner, vielleicht aus vermeintlich irrationalen Gründen für andere, weil sie die Welt nicht so sehen wie wir.

Wir sollten also bitte damit aufhören, betroffen zu Boden zu blicken, wenn jemand fragt, was ein Leben wert ist. Vielleicht gar gefolgt von einem sinngemäßen »Darüber spricht man nicht!«. Nein! Darüber müssen wir viel öfter sprechen! Die Frage ist nicht unanständig, sondern hochanständig. Wir müssen darüber diskutieren, wenn wir bessere Kosten-Nutzen-Analysen durchführen wollen. Wenn wieder jemand sagt: »Das können wir uns nicht leisten!« – vor allem bei Nachhaltigkeitsthemen eine häufig gemachte Ausrede –, müssen wir anknüpfend an die Frage, worum es wirklich geht, mutig fragen: ***Was, wenn wir es wirklich wollen?*** Denn wir können es uns nicht leisten, sie *nicht* zu diskutieren, weil – vor allem bei Nachhaltigkeitsthemen – nichts Geringeres als unsere Zukunft auf dem Spiel steht.

Alles, was wir brauchen, um bessere Kosten-Nutzen-Berechnungen durchzuführen, haben wir – natürlich – im Kopf. Die neuronale Basis des zweiten »Alles ist …«-Grundsatzes befindet sich in unserem präfrontalen Kortex. Also in unserem Kontrollsystem, das uns zum kritischen Denken befähigt. Genau das müssen wir öfter nutzen, wenn wir die drei zentralen Fragen für jede Kosten-Nutzen-Analyse diskutieren.

Am Beispiel des »großen Ganzen«, also der Frage, ob wir glauben, das Leben verstanden zu haben, könnte das in etwa so aussehen – eine gute Übung im dynamischen Denken.

Was ist das Ziel?

Die Antwort kann nur lauten: menschliches Wohlergehen zu maximieren, in jedem Fall aber das Überleben der Menschen auf diesem Planeten zu gewährleisten. Ich habe David Attenboroughs »Auf dieser Welt können Arten nur gedeihen, wenn alles um sie herum ebenfalls gedeiht« im Hirn und denke an die von Jonas und Jonathan Salk skizzierte soziale Evolution.

Welchen Zeitraum betrachten wir?

Hier hat der präfrontale Kortex seinen wichtigsten Auftritt, weil er dem »Rest des Gehirns« immer wieder mitteilen muss: Langzeitdenken und -handeln zahlen sich aus. Kurzzeitig mag der Muffin super schmecken, aber langfristig wird er dafür sorgen, dass wir uns schlechter fühlen. Kurzfristig freuen wir uns darüber, einen Arbeitsplatz in der Kohleindustrie gesichert zu haben, aber langfristig vergrößern sich dadurch die Herausforderungen in Sachen Klimaschutz. Vielleicht können wir uns am »Sieben-Generationen-Prinzip« der Irokesen orientieren, die jede Entscheidung so treffen, das sie auch in sieben Generationen noch zu einer nachhaltigen Welt beiträgt.[17]

Wer gehört dazu?

Das alte Gruppendenken des Steinzeithirns bekommt ein »Update« durch den präfrontalen Kortex verpasst, sodass wir begreifen, dass wir aufhören müssen, den Menschen des globalen Südens ständig die in Teil I erwähnten Quittungen für etwas zu geben, das sie nie bestellt geschweige denn erhalten haben, und dass das Streben nach Gerechtigkeit alternativlos ist. Hier denke ich an Carola Racketes Aussage: »Wir dürfen nicht wegschauen, nur weil es eine Gruppe betrifft, der wir uns nicht zugehörig fühlen. Denn das weicht die Menschenrechte für uns alle auf – die Schwächsten trifft es nur zuerst.«

Der letzte Satz bringt uns zurück zu den Geschichten, die wir uns erzählen. Allen voran die von der »wahren Natur« des Menschen. Oder anders gefragt: Ist der Mensch im Grunde gut?[18]

Ja – weil es sich »lohnt«.

Das zeigen nicht nur die bereits erwähnten Studienergebnisse der Entwicklungspsychologie mit den »jüngsten Menschen«, die noch nicht die Geschichten der »Erwachsenen« kennen. Die nichts vom »Gewinnen und Verlieren« wissen und die nicht den Strukturen einer Gesellschaft ausgesetzt sind, die »die Erwachsenen« so entwickelt haben, dass sie unser Wohlbefinden verringern. Strukturen, die dafür sorgen, dass wir ständig den Herausforderungen des Steinzeithirns erliegen, weil wir aufgrund unserer Biases handeln, statt auf die Forschungsergebnisse zu hören. Ja, das ist verdammt schwer, weil das Steinzeithirn so herrlich verlockend daherkommen kann und weil – wir erinnern uns – selbst Menschen, die sich mit nichts anderem als unseren Biases beschäftigen, diese nicht loswerden können.

Dass der Mensch im Grunde gut ist, zeigen auch Ergebnisse aus der Anthropologie und Evolutionsforschung. So argumentiert der britische Psychologe und Autor Steve Taylor, dass mit dem Ende des Jäger-und-Sammler-Lebensstils und dem Beginn der Landwirtschaft ein neues Gefühl des Individualismus aufkam, welches die vorherige grundlegende Verbundenheit zwischen unseren Vorfahren verdrängte. Im Zuge dessen sei ein neuer Egoismus aufgekommen, der schließlich zu hierarchischen Strukturen, Patriarchat und Kriegen führte. In jedem Fall scheint es, als hätten sich diese negativen Eigenschaften evolutionsgeschichtlich erst vor sehr kurzer Zeit entwickelt, sodass es nicht plausibel sei, sie im Sinne von adaptiven oder evolutionären Effekten zu erklären. Das bedeute, dass die »gute« Seite unserer Natur sehr viel stärker in uns verankert sei als die »schlechte« oder »bösartige«.[19]

So gesehen, müssen wir uns gar keine neuen Geschichten erzählen, sondern nur die ganz alten wieder rauskramen, um bessere Kosten-Nutzen-Analysen durchzuführen. Wobei »besser« sich hier nicht auf Wert- oder ideologische Vorstellungen bezieht, sondern auf das eben definierte Ziel, das keinen Raum für angebliche Dichotomien hat.

Ganz konkret berücksichtigen diese besseren Kosten-Nutzen-Analysen zum Beispiel folgende Erkenntnisse: Je höher die soziale Gerechtigkeit in einem Land, desto zufriedener sind seine Einwohner.[20] Außerdem scheint sich eine hohe soziale Gerechtigkeit auch positiv auf die wirtschaftliche Leistung eines Landes auszuwirken.[21] So viel zur vermeintlichen Dichotomie zwischen Wirtschaft und Gesundheit und der »Ausrede«, soziale Gerechtigkeit müsse man sich auch erst mal leisten können.

Wie sehr sich Geben nicht nur auf persönlicher Ebene positiv auf die eigene Zufriedenheit und Gesundheit auswirkt, zeigte jüngst eine Studie. Die Wissenschaftler verglichen die Großzügigkeit innerhalb von vierunddreißig verschiedenen Ländern auf sechs Kontinenten und stellten fest: Je höher die Großzügigkeit, gemessen an privaten und öffentlichen Geldern in Relation zum eigenen Einkommen auf das ganze Leben bezogen, desto geringer die Mortalität.[22] Die Bereitschaft, innerhalb einer Gesellschaft generationenübergreifend zu teilen, ist dieser Studie zufolge ein guter Indikator für die jeweilige soziale Verbundenheit. Ist die besonders ausgeprägt, profitieren alle davon in Bezug auf eine bessere Gesundheit und Zufriedenheit. Mit anderen Worten: Großzügigkeit steigert die Überlebenschancen.

Die Zahl derer, die verstanden haben, dass die Dichotomie aus Wirtschaft und »Klimaschutz« nicht aufgeht, steigt glücklicherweise. (Ich habe Klimaschutz in Anführungszeichen gesetzt, um noch mal daran zu erinnern, dass im Zuge des dynamischen Denkens dringend ein passender Begriff wie »Menschenschutz« hermuss.) Eine aktuelle Studie vom Oktober 2020 berechnete, dass bereits geringe Temperaturschwankungen bisher ignorierte Kosten im Billionenbereich nach sich ziehen.[23]

»Wrong Priorities«. So ist eine Grafik in Denise Garcias Kommentar vom 20. August 2020 in der renommierten wissenschaftlichen Fachzeitschrift *Nature* überschrieben.[24] Am liebsten würde ich den gesamten Kommentar der Politikwissenschaftlerin und Prorektorin des *International Committee for Robot Arms Control* in deutscher Übersetzung hier zitieren, so gut bringt der Beitrag auf den Punkt, wie »falsch« unsere Prioritäten bisher sind. Jene Grafik fasst nämlich wunderbar zusammen, wie wenig Geld wir global gesehen in die Hand nehmen müssten, um das Pariser Klimaabkommen einzuhalten und die siebzehn von den Vereinten Nationen vereinbarten Nachhaltigkeitsziele (SDGs) umzusetzen: ein beziehungsweise fünf Prozent des weltweiten Bruttoinlandsprodukts.

Die »Kosten von Gewalt« hingegen betrugen 2019 knapp 11 Prozent. Der Kommentar trägt übrigens den Titel »Redirect Military Budgets to Tackle Climate Change and Pandemics«.

Im Sinne des »Für statt gegen«-Denkens möchte ich den »Alles ist …«-Grundsatz mit einem mutigen Vorschlag beenden.

Im Großen und Ganzen basierend auf den Erkenntnissen, die ich in diesem Buch unter dem Stichwort »wahre Natur« versucht habe zusammenzufassen, hat der britische Policy Advisor Simon Anhault den sogenannten Good Country Index entwickelt. Die Idee dahinter ist einfach: Der Index misst für jedes Land der Welt relativ zu seiner Größe gemessen am Bruttoinlandsprodukt, was es zum Allgemeinwohl der Menschheit beiträgt – oder dieses schmälert. Im aktuellen Ranking von 2018 liegt Deutschland auf Platz 5 hinter Finnland, den Niederlanden, Irland und Schweden.[25] Seinen TED-Talk von 2014, in dem Simon Anhault den »Good Country Index« erläutert und den mittlerweile mehr als sieben Millionen Menschen angeklickt haben,[26] beendet er mit einer Antwort auf die Frage, was sich ändern müsse, um Länder zu ermutigen, besser zusammenzuarbeiten. Seine Antwort:

1. Wir müssen die Verantwortlichen eines Landes besser auswählen und sie auffordern, außerhalb der eigenen Landesgrenzen zu denken.
2. Wir müssen unsere In-Group neu definieren und anerkennen, dass die Herausforderungen unserer Zeit global sind.
3. Wir müssen unsere (Denk-)Gewohnheiten ändern und sämtliche Dichotomien vergessen, um zu begreifen: »Je mehr wir kooperieren, desto konkurrenzfähiger werden wir!«

Wenn das kein Aufruf zum dynamischen Denken ist und dazu, mutig zu sein und zu entscheiden! Letzteres ist das Stichwort, auf das der dritte »Alles ist …«-Grundsatz gewartet hat.

Alles ist … eine Entscheidung

»Ich habe beschlossen, glücklich zu sein, denn es ist förderlich für die Gesundheit.« Natürlich wissen wir alle, dass es nicht ganz so einfach ist, wie Voltaire das beschreibt. Wir haben keinen »Glücksschalter« im Kopf, den wir mal eben umlegen und dann bis ans Ende unserer Tage ein glückliches Leben führen. Ganz abgesehen davon, dass wir erst mal definieren müssten, welche Form des Glücks wir denn eigentlich meinen. So funktionieren wir, so funktioniert unser Gehirn nicht.

Aber die »größte Revolution unserer Generation ist die Entdeckung, dass menschliche Wesen die äußeren Aspekte ihres Lebens verändern können, indem sie die inneren Einstellungen ihres Geistes verändern«. So beginnt dieses Buch, und so soll es enden. Denn vielleicht war William James ein wenig zu optimistisch, als er von »unserer Generation« sprach. Immerhin verstarb er 1910, und ich vermute sehr, dass die »größte Revolution« auch heute noch nicht die Aufmerksamkeit erhält, die sie verdient. In jedem Fall hoffe ich sehr, dass William James' Aussage nach der Lektüre dieses Buches anders wahrgenommen wird. Vielleicht ploppen Begriffe wie dynamisches Denken, soziale Evolution, Mut oder Neugier im Kopf auf. Vielleicht die drei Kernfragen, die wir uns immer stellen können. Vielleicht nur die letzte Frage, die nicht nur für den dritten Teil dieses Buches insgesamt grundlegend ist, sondern auch im Zentrum dieses letzten »Alles ist …«-Grundsatzes steht: ***Was kann ich tun?***

Jeden Tag trifft ein erwachsener Mensch Tausende von Entscheidungen. Vielleicht sind es fünfunddreißigtausend, wie die britische Psychologin Barbara Sahakian und die US-amerikanische Neurologin Jamie Nicole LaBuzetta in ihrem Buch *Bad Moves: How Decision Making Goes Wrong, and the Ethics of Smart Drugs* [27] angeben. Das wären bei sieben Stunden Schlaf gut zweitausend Entscheidungen pro Stunde beziehungsweise ca. alle zwei Sekunden eine. Vielleicht sind es mehr, vielleicht weniger. Fest steht: Wir treffen andauernd Entscheidungen, weil wir nicht *nicht* entscheiden können.

Wie schon bei der Kosten-Nutzen-Analyse erwähnt, entscheidet und handelt auch der Mensch, der morgens nicht aufsteht. Oder der Klassiker unter den vermeintlichen Nicht-Entscheidungen: Auch die Nichtwählerin hat eine Entscheidung getroffen. So können wir die Frage »Was kann ich tun?« vielleicht ein wenig differenzierter betrachten, wenn wir fragen: »Wie will ich meine Entscheidungen treffen?« Die neuronale Basis des dritten »Alles ist …«-Grundsatzes kennen wir schon vom Abschnitt zum dynamischen Denken. Es ist das Hebbsche Gesetz: »Neurons that fire together, wire together.« So können wir die neuronale Plastizität, die unsere Wahrnehmung dynamisch und damit alles erst mal »relativ« macht, gezielt nutzen. Indem wir bewusst entscheiden, können wir aus neuronalen Trampelpfaden neuronale Autobahnen machen und umgekehrt. Zur Frage, *wie* wir entscheiden, habe ich noch eine allerletzte Dreierliste parat. Sie begleitet mich schon eine ganze Weile als »die drei F«.

Erstes F: Fokus

»Es ist alles in unserem Kopf!« Jeder Gedanke, jede Wahrnehmung, jedes Gefühl, jede Entscheidung. Was passiert, wenn wir einen Schritt zurück oder zur Seite treten? Wenn wir aufmerksam betrachten, worauf wir unsere Aufmerksamkeit richten? Wenn wir den eigenen Fokus ab und an mal in den Fokus nehmen? Eben weil alles in unserem Kopf beginnt, ist es eine Einladung, sich ab und an mal *Was*-Fragen zu stellen: *Was* fühle ich gerade? *Was* beschäftigt mich gerade wirklich? *Was* brauche ich jetzt? Denn weil alles in unserem Kopf beginnt, hat sein Inhalt zumindest ein wenig Aufmerksamkeit »verdient«. Stärker noch: Geht es unserem Geist gut, dann wird auch alles andere gut ausgehen.

Was passiert, wenn wir unseren Fokus vernachlässigen, wissen wir in Zeiten von potenzieller Dauerablenkung auf allen Kanälen auch sehr gut. Wir springen mit unserer Aufmerksamkeit »mindless« – also ohne den Geist wirklich mitzunehmen – hin und her, sind unkonzentriert, gereizt, unzufrieden und abgelenkt. Lassen wir uns ablenken, dann geben wir das Steuer aus der Hand, fokussieren uns nicht und bezahlen dafür im Extremfall mit dem Tod. Laut Verkehrssicherheitskampagne »BE SMART! Hände ans Steuer – Augen auf die Straße« des Mobil in Deutschland e.V. und der TÜV SÜD AG ist das Smartphone mit fünfhundert Verkehrstoten und fünfundzwanzigtausend Verletzten mittlerweile Unfallursache Nummer eins.[28] (So viel zur Kosten-Nutzen-Analyse von »Nur mal eben schauen, ob ich neue Nachrichten habe …«)

Auch wenn die Abwesenheit von Fokus uns nicht zwangsläufig in den Tod schickt, macht seine Anwesenheit uns anscheinend glücklicher. »Unabhängig davon, was Menschen gerade taten, waren sie signifikant glücklicher, wenn sie auf die Gegenwart fokussiert waren.«[29] So fasst der bereits erwähnte US-amerikanische Psychologe und Glücksforscher Matthew Killingsworth seine viel beachtete Studie »A Wandering Mind Is an

Unhappy Mind« zusammen. »Es ist alles in unserem Kopf« – inklusive unseres Glücks.

Das erste F ist also auch eine Einladung, ab und an die Gedanken mal nicht schweifen zu lassen, um im »Hier und Jetzt« zu sein. Es ist eine Einladung sich, entgegen vieler »Coaching-Tipps«, öfter die »Was-Fragen« statt die »Warum-Fragen« zu stellen. Es ist eine Einladung, allen Mut zusammenzunehmen und den vielleicht wichtigsten und schwierigsten Satz des Lebens zu formulieren: *Was ist mein Ziel im Leben?* Habe ich das geschafft, kann ich bei jeder Entscheidung die wichtigste Erkenntnis nutzen, die mir der Fokus geben kann: zu wissen, was ich beeinflussen kann und was nicht.

Zweites F: Forceful

In meiner ursprünglichen Überlegung steht das zweite F für den englischen Begriff »forceful«. Das deutsche »kraftvoll« als direkte Übersetzung würde die Symbolik der drei Fs ruinieren … Vielleicht geht es mit dem alten deutschen Wort »forsch«. Doch viel entscheidender als die Begrifflichkeiten ist die Frage: Warum sind kraftvolle oder forsche Entscheidungen so wichtig?

Antwort: Weil sie die wichtigste Grundlage für Erfolg sind.

Nicht Talent und Begabung? Nein! Ein weiteres Mal brauchen wir eine neue Geschichte, um den Irrglauben hinter uns zu lassen, Talent sei die wichtigste Zutat für Erfolg. Denn die Wissenschaft lehrt uns vor allem eins: Es gibt kein »Erfolgsgeheimnis«, sondern lediglich die Entscheidung, die vielen kleinen, alltäglichen Schritte immer und immer wieder zu tun. Bis sie erst zur Gewohnheit werden und dann zum Verrücken führen, weil sich Exzellenz einstellt und so eine Abweichung von der Norm geschieht. Gemeint sind die tagaus, tagein trainierten Bewegungsabläufe eines erfolgreichen Sportlers oder Musikers genauso wie die Denkroutinen, die eine preisgekrönte Schachspielerin trainiert.

Der US-amerikanische Soziologe Daniel F. Chambliss zweifelt in seinem viel beachteten Artikel »The Mundanity of Excellence« von 1989 die Existenz von Talent generell an. Seine Zweifel stützen sich nicht auf rein theoretische Überlegungen, sondern auf die langjährige Beobachtung olympischer Schwimmer, die er beschreibt.[30] Er fordert, wir sollten, statt von Talenten zu sprechen, besser darauf schauen (und untersuchen), was »Menschen tatsächlich tun, das herausragende Leistungen erzeugt«.

Das ist wohl auch das, was die US-amerikanische Psychologin und Autorin Angela Duckworth »Grit« nennt, also etwa »Entschlossenheit« – und eben das, was ich mit »forceful« meine. Grit ist »Leidenschaft und Ausdauer für jedes Langzeitziel. Grit bedeutet, Durchhaltevermögen zu haben. Grit bedeutet, an deiner Zukunftsvorstellung festzuhalten, nicht nur eine Woche, nicht nur für einen Monat, sondern über Jahre hinweg. Und wirklich hart daran zu arbeiten, diese Zukunft Realität werden zu lassen.«[31] So beschreibt Angela Duckworth das »Erfolgsrezept«, das keines ist, in ihrem TED-Talk. Dann folgt der entscheidende Satz, der in der »ewigen Dauerkrise« so wichtig geworden ist und der in Zeiten der Corona-Pandemie zum Mantra geworden ist: »Grit bedeutet, das Leben so zu leben, als sei es ein Marathon, nicht ein Sprint.«

Forceful bedeutet also auch, die Langzeitperspektive einzunehmen und sie vor allem zu leben. Und gleichzeitig die wichtige Rolle des »Hier und Jetzt« jeder einzelnen Entscheidung wertzuschätzen. Verstehen wir, dass wir keine Superheldin mit einer Superkraft, Geheimwaffe oder mit besonderen Talenten sein müssen, dann können wir im Sinne des dynamischen Denkens die Wachstumsdenkweise leben. Das ist ermächtigend und ermutigend.

So endet das zweite F wieder mit einer Einladung, sich eine weitere Frage öfter zu stellen: »Wie möchte ich handeln?« Und mit der damit verbundenen Erkenntnis, dass wir die Summe der vielen kleinen Entscheidungen sind, von denen wir jede einzelne in unseren Händen, Köpfen und – mit Blick auf das dritte F – Füßen haben!

Drittes F: (zu) Fuß (oder mit dem Fahrrad)

Ich gebe zu, dass ich ein Junkie bin. Mein Bewegungsdrang führt dazu, dass Sport für mich längst mehr als eine Gewohnheit ist. Ich brauche Bewegung wie die Luft zum Atmen. Spätestens nach vierundzwanzig Stunden ohne ausreichend »Auslauf« drohe ich innerlich zu ersticken, ich werde unruhig und gereizt. Ich kann mich nicht konzentrieren, und es ist offensichtlich, dass mir etwas fehlt. Manchmal vergleiche ich mich scherzhaft mit einem Hund, der Gassi gehen muss.

Mich zu bewegen, verschafft mir mehr als den »Kick«, der beim Ausdauersport aus dem Mix aus Endorphinen und Endocannabinoiden entsteht.[32] Mich zu bewegen, gibt mir ein tiefes Gefühl von Verbundenheit mit mir und der Welt. Am besten funktioniert das natürlich zu Fuß oder auf dem Fahrrad an der frischen Luft und in der Natur. Genau um dieses Gefühl geht es hier. Es hat nichts mit Esoterik, Religion oder anderen Daseinserleuchtungen zu tun, sondern steht für die beidseitige Verbindung zwischen Individuum und Umwelt. Es steht für die Verbundenheit des Individuums mit seiner Umwelt und der Gesellschaft, in der es lebt.

Was ich also schweren Hirns an dieser Stelle *nicht* tun werde, ist auflisten, wie gesund und glücklich Bewegung macht und dass sie angesichts der Vielzahl an gut untersuchten Wirkungen ein oder *das* wahre »Wundermittel« ist.[33] Ich werde auch *nicht* auflisten, dass Städte wie Kopenhagen, Utrecht und Paris bereits zeigen, was in Sachen »lebenswerte Städte« möglich ist, wenn wir es wirklich wollen, indem sie aus Städten für Autos Städte für Menschen machen, in denen Radfahrer und Fußgänger Vorfahrt haben. Ebenso werde ich *nicht* lang und breit erwähnen, dass die Corona-Pandemie diese Entwicklung vielerorts beschleunigt (hat). So verkündete die britische Regierung im August 2020 beispielsweise, zwei Milliarden britische Pfund in den Ausbau des Radverkehrs zu investieren.[34]

Stattdessen möchte ich kurz die vielleicht weniger weit verbreitete, aber wissenschaftlich ebenfalls gut belegte positive Wirkung der Natur auf unser Wohlbefinden und unsere Gesundheit erwähnen. Ein Spaziergang im Wald wirkt nicht nur blutdrucksenkend und regenerierend,[35] sondern verbessert auch unsere Stimmung.[36] Schon eine Aussicht ins Grüne verbessert die Heilung,[37] und virtuelle Waldbilder wirken stressreduzierend – Naturgeräusche verstärken den Effekt.[38]

Ich habe mich draußen schon immer wohlgefühlt und konnte mir als »Dorfkind« nie vorstellen, in einem Stadthaus zu wohnen. Nachdem ich vier Jahre lang in einer Stadtwohnung in einer Straße ohne Bäume vor der Tür wohnte und mich das zunehmend unglücklicher gemacht hatte, begann ich, mich auch auf wissenschaftlicher Ebene mit der sogenannten Biophilie zu beschäftigen. Also der »Liebe zu Lebendigem«, die generell die emotionale Verbindung des Menschen zur Natur meint.[39] Analog zum »Wundermittel« Bewegung ist die Natur vielleicht ein »Zaubermittel«, da die genauen Mechanismen, die uns das »grüne Wunder« beschert, häufig noch unklar sind.[40]

Fest steht aber: Erfahrungen in und mit der Natur können uns ohne Reise ins All den Overview-Effekt näherbringen, den Astronauten mit Blick auf die »blaue Murmel« wahrnehmen. Sie können uns die Verbindung spüren lassen, die wir nicht länger ignorieren oder gar unterdrücken dürfen. Denn sonst verlieren wir nicht nur den Bezug zu unserer wahren Natur, sondern auch die Zukunft der Spezies Mensch auf diesem wunder- und zauberhaften Planeten. Viel besser, als ich es jemals könnte, hat das der weltberühmte US-amerikanische Astrophysiker und Wissenschaftskommunikator Neil deGrasse Tyson beschrieben: »Hast du schon mal nachts zum Himmel geschaut und dich klein gefühlt? Tu es nicht. Fühl dich stattdessen groß. Die Atome in unseren Körpern führen zurück zu den Resten explodierter Sterne. Wir sind Sternenstaub. Wir leben im Universum. Und das Universum lebt in uns.«[41]

Auch das dritte und letzte F lasse ich mit einer Einladung zum Fragen enden. Die Frage, zu der ich abschließend einlade, schlägt die Brücke vom Individuum zur Gesellschaft und zurück. »*Wie will ich, wie wollen wir leben?*« Wir sollten sie nicht nur stellen, sondern neugierige und mutige Antworten darauf finden und leben!

Rezept Nummer 3: Das Wohlfühl-Rezept

Der zentrale Begriff in Chance Nummer 3 ist der des Mutes. Mut, Verantwortung für sich selbst und als Teil der Gesellschaft zu übernehmen. Die drei Fs sind dabei die Gegenspieler zur Angst, die nicht nur unsere Denkfähigkeit beeinträchtigt, sondern auch Gefühle von Hilflosigkeit und Kontrollverlust hervorrufen kann. Im Extremfall lernen wir, hilflos zu sein und nichts kontrollieren zu können, und bleiben passiv zurück. Das können wir mit den drei Fs verhindern.

Um fokussiert, forceful und zu Fuß, also aus eigener Kraft, den kleinen und großen Herausforderungen begegnen zu können, kommt das letzte Rezept vielleicht unerwartet gemütlich daher. Das ist es aber keineswegs, es kümmert sich lediglich darum, dass die Basis stimmt. Denn wie wir gelernt haben: Es beginnt alles in unserem Kopf – und nur wenn der und damit wir gut versorgt sind, können wir anderen angstfrei und gemäß unserer »wahren Natur« kooperativ begegnen. Darum ist das dritte Rezept, in dem es um den systemrelevanten Bereich des gesunden Lebens geht, das »Wohlfühlrezept« – mögliche Unterkategorien sind »Bewegungsrezept«, »Naturrezept« und »Ernährungsrezept«.

Wer jetzt denkt, das sei Wunschdenken, der irrt. International gibt es bereits zahlreiche Beispiele für »Bewegung auf Rezept«. So operiert die 2007 in den USA gegründete Initiative »Exercise is Medicine«[42] mittlerweile als internationales Netzwerk in über vierzig Ländern, auch in Deutschland. Übergeordnetes Ziel ist es, Bewegung in den medizinischen Alltag zu integrieren. Umsetzung und Erfolge werden wissenschaftlich begleitet.[43] Doch damit nicht genug: Sogar das »Rezept für Bewegung«[44] gibt es in Deutschland in dreizehn Bundesländern bereits seit Jahren. Die Ausstellung ist eine freiwillige ärztliche Leistung, sieht aber tatsächlich wie ein »ganz normales Rezept« aus.

Auch »Natur auf Rezept« ist in vielen Ländern mittlerweile gängige Praxis. Neuseeland gehört zu den Vorreitern und hat mit seiner »Green Prescription«[45] ein mehrmonatiges Programm entwickelt, dessen Erfolge in wissenschaftlichen Studien gut belegt sind.[46] Großbritannien legt nun nach und verkündete im Sommer 2020, zusätzliche vier Millionen britische Pfund in ein zweijähriges Pilotprojekt zu »Green Prescriptions« zu investieren.[47]

Kreislauf Nummer 3: Jede Interaktion verändert uns

Wir sind soziale Wesen und stehen in ständigem Austausch mit unserer sozialen Umwelt – und die soziale Umwelt mit uns. So zeigt der dritte und letzte Kreislauf genau diese ständige Interaktion.

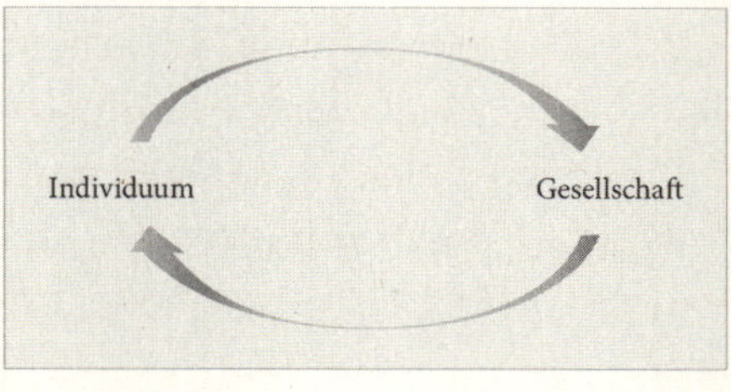

Der Kreislauf steht aber für noch mehr, weil er auch die Dichotomie zwischen »denen da oben« und »mir hier unten« auflöst, die häufig an die Suche nach einem Sündenbock gekoppelt ist. Wenn es also beim nächsten Mal darum geht, wer »schuld« ist – Politik oder Bürger, Unternehmen oder Verbraucher –, können wir uns einfach an den Kreislauf erinnern und stattdessen fragen: *Wie können wir Strukturen schaffen, die es jedem Individuum besonders einfach machen, gesund und glücklich zu leben?*

Denn wenn das nicht unser Ziel ist, was dann?

Schlussworte

»Glaubst du, das Leben verstanden zu haben?«

Ich habe verstanden, dass jetzt die Zeit ist, raus aus der »ewigen Dauerkrise« zu kommen – sonst wird aus der Dauerkrise eine Dauerkatastrophe.

Ich habe verstanden, dass ich mich nicht nur jeden Morgen fragen kann: »Wofür stehe ich heute auf?« Ich kann jeden Morgen, wenn ich aufwache, genau eine Sache entscheiden: meine innere Einstellung.

Ich habe verstanden, dass meine innere Einstellung grundlegend dafür ist, die vielen Tausend Entscheidungen des vor mir liegenden Tages zu treffen. Ich versuche, so viele Tage wie möglich mit der Einstellung zu beginnen: »Was, wenn ich es wirklich will?«

Sie auch?

Anmerkungen

1 Wahrnehmen, was ist

1 Rockström, J., W. Steffen, K. Noone, Å. Persson, F. S. Chapin, III, E. Lambin, T. M. Lenton, M. Scheffer, C. Folke, H. Schellnhuber, B. Nykvist, C. A. De Wit, T. Hughes, S. van der Leeuw, H. Rodhe, S. Sörlin, P. K. Snyder, R. Costanza, U. Svedin, M. Falkenmark, L. Karlberg, R. W. Corell, V. J. Fabry, J. Hansen, B. Walker, D. Liverman, K. Richardson, P. Crutzen, and J. Foley. 2009. Planetary boundaries:exploring the safe operating space for humanity. *Ecology and Society* 14(2): 32. [online] URL: http://www.ecologyandsociety.org/vol14/iss2/art32/

2 Steffen, W., Richardson, K., Rockstrom, J., Cornell, S. E., Fetzer, I., Bennett, E. M., Biggs, R., Carpenter, S. R., de Vries, W., de Wit, C. A., Folke, C., Gerten, D., Heinke, J., Mace, G. M., Persson, L. M., Ramanathan, V., Reyers, B., & Sorlin, S. (2015). Planetary boundaries: Guiding human development on a changing planet. *Science, 347*(6223), 1259855. https://doi.org/10.1126/science.1259855

3 Duffy, K. A., Schwalm, C. R., Arcus, V. L., Koch, G. W., Liang, L. L., & Schipper, L. A. (2021b). How close are we to the temperature tipping point of the terrestrial biosphere? *Science Advances, 7*(3), eaay1052. https://doi.org/10.1126/sciadv.aay1052

4 Kluge, F. (1999). *Etymologisches Wörterbuch der Deutschen Sprache (German Edition)* (Twenty-third Edition). Walter De Gruyter Inc.

5 Thießen, A. (2011). *Organisationskommunikation in Krisen*. Beltz Verlag.

6 Pschyrembel, W. (2017). *Pschyrembel Klinisches Wörterbuch (German Edition)* (267th ed.). De Gruyter.

7 Hermann, C. F. (1969). *Crises in Foreign Policy: A Simulation Analysis.* (1969). Bobbs-Merrill.

8 Hillmann, M. (2017). Das 1x1 der Unternehmenskommunikation. In *Krisenkommunikation: Nach der Krise ist vor der Krise.* (pp. 231–265). Gabler Verlag.

9 Der Ursprung des Gedichts ist umstritten. Die ältesten bekannten Niederschriften als mehrstrophiges Gedicht werden in »Volksthümliches aus dem Königreich Sachsen« (1898) aufgeführt.

2 »It's all in your head!«

1 *When I was young and clever I wanted to change the world, now I'm older and wiser, I want to.* (2019, March 19). [Tweet]. Twitter. https://twitter.com/Winnie_Byanyima/status/1107906868435931136

2 Peterson, C., & Seligman, M. (2004b). *Character Strengths and Virtues: A Handbook and Classification* (1st ed.). American Psychological Association / Oxford University Press.

3 Die »persönliche Krise«

1 Im Januar 2021 waren 188 Gruppen auf der Meetup-Website (https://www.meetup.com/topics/quantified-self/) der Bewegung eingetragen.

2 Lyubomirsky, S. (2018). *How to Be Happy, Step 1: Figure Out What »Happy« Means*. Psychology Today. https://www.psychologytoday.com/us/blog/how-happiness/201802/how-be-happy-step-1-figure-out-what-happy-means

3 Dalai Lama. (2020). *The Art of Happiness: A Handbook for Living*. Riverhead Books.

4 Diener, E., Sapyta, J. J., & Suh, E. (1998). Subjective Well-Being Is Essential to Well-Being. *Psychological Inquiry, 9*(1), 33–37. https://doi.org/10.1207/s15327965pli0901_3

5 Diener, M. L., & Lucas, R. E. (2004). Adults Desires for Childrens Emotions across 48 Countries. *Journal of Cross-Cultural Psychology, 35*(5), 525–547. https://doi.org/10.1177/0022022104268387

6 McVicker, S. (2000). *Billie Bob's (Mis) Fortune*. HoustonPress. https://www.houstonpress.com/news/billie-bobs-mis-fortune-6565369

7 *J.R. Martinez*. (2021). Jose Rene Martinez. https://jrmartinez.com/

8 Blüher, M. (2019). Obesity: global epidemiology and pathogenesis. *Nature Reviews Endocrinology, 15*(5), 288–298. https://doi.org/10.1038/s41574-019-0176-8

9 Osório, C., Probert, T., Jones, E., Young, A. H., & Robbins, I. (2016). Adapting to Stress: Understanding the Neurobiology of Resilience. *Behavioral Medicine, 43*(4), 307–322. https://doi.org/10.1080/08964289.2016.1170661

10 Die Zusammenfassung der Daten vom Frühjahr 2019 sind hier abrufbar: https://www.acha.org/documents/ncha/NCHA-II_SPRING_2019_UNDERGRADUATE_REFERENCE%20_GROUP_EXECUTIVE_SUMMARY.pdf. 2020 wurde die Fragen stark verändert, sodass die Ergebnisse nicht mit den Vorjahren vergleichbar sind.

11 Grützmacher, J.; Gusy, B.; Lesener, T.; Sudheimer, S.; Willige, J. (2018). *Gesundheit Studierender in Deutschland 2017.* Ein Kooperationsprojekt zwischen dem Deutschen Zentrum für Hochschul- und Wissenschaftsforschung, der Freien Universität Berlin und der Techniker Krankenkasse.

12 Die Zusammenfassung der Daten vom Frühjahr 2018 sind hier abrufbar: https://www.acha.org/documents/ncha/NCHA-II_Spring_2018_Reference_Group_Executive_Summary.pdf

13 McRaney, D. (2019, October 8). YANSS *163 – Why pursuing the things we think will make us happy can make us sad and avoiding the things we think will make us sad can make us miserable.* You Are Not So Smart. https://youarenotsosmart.com/2019/10/08/yanss-163-why-pursuing-the-things-we-think-will-make-us-happy-can-make-us-sad-and-avoiding-the-things-we-think-will-make-us-sad-can-make-us-miserable/

14 Santos, L. (2019, September 24). *Episode 2: The Unhappy Millionaire.* The Happiness Lab. https://www.happinesslab.fm/season-1-episodes/the-unhappy-millionaire

15 Kahneman, D., & Deaton, A. (2010). High income improves evaluation of life but not emotional well-being. *Proceedings of the National Academy of Sciences, 107*(38), 16489–16493. https://doi.org/10.1073/pnas.1011492107

16 Killingsworth, M. A. (2021). Experienced well-being rises with income, even above $75,000 per year. *Proceedings of the National Academy of Sciences, 118*(4), e2016976118. https://doi.org/10.1073/pnas.2016976118

17 *Money matters to happiness–perhaps more than previously thought.* (2021, January 18). Penn Today. https://penntoday.upenn.edu/news/money-matters-to-happiness-perhaps-more-than-previously-thought

18 Clingingsmith, D. (2016). Negative emotions, income, and welfare: Causal estimates from the PSID. *Journal of Economic Behavior & Organization, 130,* 1–19. https://doi.org/10.1016/j.jebo.2016.07.004

19 Whillans, A. V., Weidman, A. C., & Dunn, E. W. (2016). Valuing Time Over Money Is Associated With Greater Happiness. *Social Psychological and Personality Science, 7*(3), 213–222. https://doi.org/10.1177/1948550615623842

20 Quoidbach, J., Dunn, E. W., Petrides, K. V., & Mikolajczak, M. (2010). Money Giveth, Money Taketh Away. *Psychological Science, 21*(6), 759–763. https://doi.org/10.1177/0956797610371963

21 Gilbert, D. (2008). *Ins Glück stolpern.* Goldmann Verlag.

22 Ware, B. (2015). *5 Dinge, die Sterbende am meisten bereuen: Einsichten, die Ihr Leben verändern werden.* Arkana.

23 Costin, V., & Vignoles, V. L. (2020). Meaning is about mattering: Evaluating coherence, purpose, and existential mattering as precursors of meaning in life judgments. *Journal of Personality and Social Psychology, 118*(4), 864–884. https://doi.org/10.1037/pspp0000225

24 *Who finds the most meaning in their lives?* (2019). Cato Institute. https://www.cato.org/sites/cato.org/files/2020-09/Cato2019WelfareWorkWealthSurveyReport%20%281%29.pdf

4 Die »wissenschaftliche Krise«

1 Urner, M., & Langeslag, H. (2018, March 6). *Warum Objektivität eine Fata Morgana ist.* Perspective Daily. https://perspective-daily.de/article/475/H2CuAuQ3

2 Urner, M., & Langeslag, H. (2017, April 19). *So wenig braucht es, damit uns die Anderen egal sind.* Perspective Daily. https://perspective-daily.de/article/230/05dj6SKz

3 The dress. (2015, February 27). In *Wikipedia.* https://en.wikipedia.org/w/index.php?title=The_dress

4 In einer Studie (Lafer-Sousa et al. (2015), s. übernächste Anmerkung) sahen 57 Prozent der Probanden das Kleid als schwarz und blau, 30 Prozent als weiß und gold, 11 Prozent als blau und braun und 2 Prozent als eine andere Farbkombination.

5 Marie, A. (2017, October 12). WHAT COLOR ARE THESE SNEAKERS/LACES? [Tweet]. Twitter. https://twitter.com/AliciaMarieBODY/status/918282924159414272

6 Lafer-Sousa, R., Hermann, K. L., & Conway, B. R. (2015). Striking individual differences in color perception uncovered by ›the dress‹ photograph. *Current Biology, 25*(13), R545–R546. https://doi.org/10.1016/j.cub.2015.04.053

7 Damasio, A. (1994). *Descartes' Error: Emotion, Reason, and the Human Brain.* Putnam Publishing.

5 Die »gesellschaftlichen Krisen«

1 Malik, N. (2020, September 10). *Our world is built for profit. Let's build one that protects us instead.* The Correspondent. https://thecorrespondent.com/683/our-world-is-built-for-profit-lets-build-one-that-protects-us-instead/579720938401-5297d952

2 Horton, R. (2020). Offline: COVID-19 and the NHS – »a national scandal«. *The Lancet, 395*(10229), 1022. https://doi.org/10.1016/s0140-6736(20)30727-3

3 Hickel, J. (2020, September 1). *To get a sense for how unhinged our economy is from the real world, consider the fact that pollinators, earthworms,* [Tweet]. Twitter. https://twitter.com/jasonhickel/status/1300733919298551808?s=19

4 *How billionaires saw their net worth increase by half a trillion dollars during the pandemic.* (2020, November 2). Business Insider. https://www.businessinsider.com/billionaires-net-worth-increases-coronavirus-pandemic-2020-7?international=true&r=US&IR=T

5 *The surprising science of happiness.* (2006, September 26). [Video]. TED Talks. https://www.ted.com/talks/dan_gilbert_the_surprising_science_of_happiness#t-294387

6 *Effective Altruism.* (2021). Effective Altruism. https://www.effectivealtruism.org/

7 ten Brinke, L., Liu, C. C., Keltner, D., & Srivastava, S. B. (2015). Virtues, Vices, and Political Influence in the U.S. Senate. *Psychological Science, 27*(1), 85–93. https://doi.org/10.1177/0956797615611922

8 Garikipati, S., & Kambhampati, U. (2020). Leading the Fight Against the Pandemic: Does Gender ›Really‹ Matter? SSRN *Electronic Journal.* https://doi.org/10.2139/ssrn.3617953

9 Anderson, C., Sharps, D. L., Soto, C. J., & John, O. P. (2020). People with disagreeable personalities (selfish, combative, and manipulative) do not have an advantage in pursuing power at work. *Proceedings of the National Academy of Sciences, 117*(37), 22780–22786. https://doi.org/10.1073/pnas.2005088117

10 Hickel, J. (2020). Quantifying national responsibility for climate breakdown: an equality-based attribution approach for carbon dioxide emissions in excess of the planetary boundary. *The Lancet Planetary Health, 4*(9), e399–e404. https://doi.org/10.1016/s2542-5196(20)30196-0

11 Sengupta, S., & Manik, J. A. (2020, July 30). *A Quarter of Bangladesh Is Flooded. Millions Have Lost Everything.* The New York Times. https://www.nytimes.com/2020/07/30/climate/bangladesh-floods.html

12 Dorninger, C., Hornborg, A., Abson, D. J., von Wehrden, H., Schaffartzik, A., Giljum, S., Engler, J.-O., Feller, R. L., Hubacek, K., & Wieland, H. (2021). Global patterns of ecologically unequal exchange: Implications for sustainability in the 21st century. *Ecological Economics, 179,* 106824. https://doi.org/10.1016/j.ecolecon.2020.106824

13 Flatow, I. (2020, July 10). *The Climate Is Changing – But Can We?* Science

Friday. https://www.sciencefriday.com/segments/changing-climate-behaviors/

14 Johnson, A. E., & Wilkinson, K. K. (2020). *All We Can Save: Truth, Courage, and Solutions for the Climate Crisis* (Illustrated ed.). One World. Holthaus, E., & Schmalen, E. (2021). *Die Erde der Zukunft: Wie wir die Klimakrise verhindern – und wie unsere Welt danach aussieht (German Edition).* HarperCollins.

15 Rackete, C. (2019). *Handeln statt hoffen: Aufruf an die letzte Generation.* Droemer HC.

6 Der Teil des Gehirns, der uns das Leben schwer macht

1 *World Population over the last 12,000 years and* UN *projection until 2100.* Our World in Data. https://ourworldindata.org/grapher/world-population-1750-2015-and-un-projection-until-2100

2 Watson, J. E. M., Venter, O., Lee, J., Jones, K. R., Robinson, J. G., Possingham, H. P., & Allan, J. R. (2018). Protect the last of the wild. *Nature, 563*(7729), 27–30. https://doi.org/10.1038/d41586-018-07183-6

7 Die Verlockung des statischen Denkens

1 Arnsten, A. F. T. (2009). Stress signalling pathways that impair prefrontal cortex structure and function. *Nature Reviews Neuroscience, 10*(6), 410–422. https://doi.org/10.1038/nrn2648

2 *How (and Why) to Hack Your Empathy | Jamil Zaki.* (2020, November 9). Apple Podcasts. https://podcasts.apple.com/us/podcast/how-and-why-to-hack-your-empathy-jamil-zaki/id1087147821?i=1000497743593

3 Azevedo, F. A. C., Carvalho, L. R. B., Grinberg, L. T., Farfel, J. M., Ferretti, R. E. L., Leite, R. E. P., Filho, W. J., Lent, R., & Herculano-Houzel, S. (2009). Equal numbers of neuronal and nonneuronal cells make the human brain an isometrically scaled-up primate brain. *The Journal of Comparative Neurology, 513*(5), 532–541. https://doi.org/10.1002/cne.21974

8 Herausforderung Nummer 1: Ein faules Gehirn in einer komplexen, von Zufällen geprägten Welt

1 Wood, W., Quinn, J. M., & Kashy, D. A. (2002). Habits in everyday life: Thought, emotion, and action. *Journal of Personality and Social Psychology, 83*(6), 1281–1297. https://doi.org/10.1037/0022-3514.83.6.1281

2 Kahneman, D., Knetsch, J. L., & Thaler, R. H. (1991). Anomalies: The Endowment Effect, Loss Aversion, and Status Quo Bias. *Journal of Economic Perspectives, 5*(1), 193–206. https://doi.org/10.1257/jep.5.1.193

3 Loomans, S. (2019, June 19). *Andere landen snappen er niks van: onze premier doet alles op de fiets.* AD. https://www.ad.nl/den-haag/andere-landen-snappen-er-niks-van-onze-premier-doet-alles-op-de-fiets~a716b39e/

4 Showredactie. (2020, June 2). *Koningin Máxima gewoon op de fiets naar museum.* AD. https://www.ad.nl/royalty/koningin-maxima-gewoon-op-de-fiets-naar-museum~a73d5a45/

5 Van der Zee, R. (2015, May 5). *How Amsterdam became the bicycle capital of the world.* The Guardian. https://www.theguardian.com/cities/2015/may/05/amsterdam-bicycle-capital-world-transport-cycling-kindermoord

6 Epatko, L. (2018, April 6). *5 years after the world's largest garment factory collapse, is safety in Bangladesh any better?* PBS NewsHour. https://www.pbs.org/newshour/world/5-years-after-the-worlds-largest-garment-factory-collapse-is-safety-in-bangladesh-any-better

7 *Pagan beliefs persist in the New World.* (2018, October 31). The Economist. https://www.economist.com/graphic-detail/2018/10/31/pagan-beliefs-persist-in-the-new-world

8 Dies ist angelehnt an den bewussten Sprachumgang mit der Thematik der polnisch-deutschen Politikwissenschaftlerin und Netzaktivistin Katharina Nocun sowie der deutschen Sozialpsychologin Pia Lamberty. Leider hat der Begriff es dennoch in den gemeinsamen Buchtitel von 2020 geschafft: »Face Facts – Wie Verschwörungstheorien unser Denken bestimmen«.

9 Herausforderung Nummer 2: Die Vorhersage-Apparatur Gehirn in ständiger Ungewissheit

1 de Berker, A. O., Rutledge, R. B., Mathys, C., Marshall, L., Cross, G. F., Dolan, R. J., & Bestmann, S. (2016). Computations of uncertainty mediate acute stress responses in humans. *Nature Communications, 7*(1), 10996. https://doi.org/10.1038/ncomms10996

2 Paulos, J. A. (2003). *A Mathematician Plays The Stock Market*. Basic Books.

3 de Berker, A. O., Rutledge, R. B., Mathys, C., Marshall, L., Cross, G. F., Dolan, R. J., & Bestmann, S. (2016b). Computations of uncertainty mediate acute stress responses in humans. *Nature Communications, 7*(1), 10996. https://doi.org/10.1038/ncomms10996

4 Brickman, P., Coates, D., & Janoff-Bulman, R. (1978). Lottery winners and accident victims: Is happiness relative? *Journal of Personality and Social Psychology, 36*(8), 917–927. https://doi.org/10.1037/0022-3514.36.8.917

5 Gilbert, D. T., Pinel, E. C., Wilson, T. D., Blumberg, S. J., & Wheatley, T. P. (1998). Immune neglect: A source of durability bias in affective forecasting. *Journal of Personality and Social Psychology, 75*(3), 617–638. https://doi.org/10.1037/0022-3514.75.3.617

6 Wilson, T. D., & Gilbert, D. T. (2005). Affective Forecasting. *Current Directions in Psychological Science, 14*(3), 131–134. https://doi.org/10.1111/j.0963-7214.2005.00355.x

7 Dabei handelt es sich um ein Gemeinschaftsprojekt der Universität Erfurt, des Robert Koch-Instituts, der Bundeszentrale für gesundheitliche Aufklärung, des Leibniz-Zentrums für Psychologische Information und Dokumentation, des Science Media Centers, des Bernhard-Nocht-Instituts für Tropenmedizin und des Yale Institute for Global Health.

8 Universität Erfurt, Robert Koch-Institut, Bundeszentrale für gesundheitliche Aufklärung, Leibniz-Zentrum für Psychologische Information und Dokumentation, Science Media Center, Bernhard-Nocht-Institut für Tropenmedizin, & Yale Institute for Global Health. (2020, September, 21. Welle). COVID-*19 Snapshot MOnitoringCOSMO: Die psychologische Lage*. https://dfncloud.uni-erfurt.de/s/PkiZW7NWeBSCCqq#pdfviewer

9 Hayes, S. C. (2020, August 28). *Prejudiced thoughts run through all our minds – the key is what we do with them*. Ideas.Ted.Com. https://ideas.ted.com/prejudiced-thoughts-run-through-all-our-minds-the-key-is-what-we-do-with-them/

10 Benegal, S. D., & Scruggs, L. A. (2018). Correcting misinformation about

climate change: the impact of partisanship in an experimental setting. *Climatic Change, 148*(1–2), 61–80. https://doi.org/10.1007/s10584-018-2192-4

11 Vaughn, D. A., Savjani, R. R., Cohen, M. S., & Eagleman, D. M. (2018). Empathic Neural Responses Predict Group Allegiance. *Frontiers in Human Neuroscience, 12,* 302. https://doi.org/10.3389/fnhum.2018.00302

12 Alexander, M. J., Kiang, M. V., & Barbieri, M. (2018). Trends in Black and White Opioid Mortality in the United States, 1979–2015. *Epidemiology, 29*(5), 707–715. https://doi.org/10.1097/ede.0000000000000858

13 SBS News. (2020, March 18). *»It's un-Australian, and it must stop«: Scott Morrison tells Australians to cease panic buying.* https://www.sbs.com.au/news/it-s-un-australian-and-it-must-stop-scott-morrison-tells-australians-to-cease-panic-buying

14 *Religionszugehörigkeiten 2019.* (2020, August 12). Fowid – Forschungsgruppe Weltanschauungen in Deutschland. https://fowid.de/meldung/religionszugehoerigkeiten-2019

15 Statistisches Bundesamt (Destatis). (2020, November 12). *42 % der Alleinlebenden wohnten 2019 in Großstädten* [Press release]. https://www.destatis.de/DE/Presse/Pressemitteilungen/2020/11/PD20_N073_122.html

16 Urner, M. (2018, June 11). *Ein Homöopath hat mir geholfen. Trotzdem ist er ein Verbrecher.* Perspective Daily. https://perspective-daily.de/article/544/1BMs0DCT

17 von Paepcke, F., & Urner, M. (2016, December 16). *4. Advents-Arena: Woran glaubst du?* Perspective Daily. https://perspective-daily.de/article/148/UjpYdbAW

18 King, M. B., & Koenig, H. G. (2009). Conceptualising spirituality for medical research and health service provision. BMC *Health Services Research, 9*(1), 116. https://doi.org/10.1186/1472-6963-9-116

19 Vitorino, L. M., Lucchetti, G., Leão, F. C., Vallada, H., & Peres, M. F. P. (2018). The association between spirituality and religiousness and mental health. *Scientific Reports, 8,* 17233. https://doi.org/10.1038/s41598-018-35380-w

20 *WildMics Special #17 – »Kackhörnchen – Bullshit im Boden«* – HOAXILLA. (2020, August 12). Hoaxilla. https://hoaxilla.com/wildmics-special-17-kackhorn/

10 Herausforderung Nummer 3: Ein Gehirn im Kontrollverlust

1 Whitehall I: Marmot, M. G., Rose, G., Shipley, M., & Hamilton, P. J. (1978). Employment grade and coronary heart disease in British civil servants. *Journal of epidemiology and community health, 32*(4), 244–249. https://doi.org/10.1136/jech.32.4.244

Whitehall 2: Marmot, M. G., Smith, G. D., Stansfeld, S., Patel, C., North, F., Head, J., White, I., Brunner, E., & Feeney, A. (1991). Health inequalities among British civil servants: the Whitehall II study. *Lancet (London, England), 337*(8754), 1387–1393. https://doi.org/10.1016/0140-6736(91)93068-k

2 Bosma, H., Marmot, M. G., Hemingway, H., Nicholson, A. C., Brunner, E., & Stansfeld, S. A. (1997). Low job control and risk of coronary heart disease in whitehall ii (prospective cohort) study. BMJ, *314*(7080), 558. https://doi.org/10.1136/bmj.314.7080.558

3 Hari, J. (2018). *Lost Connections: Why You're Depressed and How to Find Hope*. Bloomsbury Publishing.

4 Gurven, M., & Kaplan, H. (2007). Longevity Among Hunter- Gatherers: A Cross-Cultural Examination. *Population and Development Review, 33*(2), 321–365. https://doi.org/10.1111/j.1728-4457.2007.00171.x

Cave, C. (2021, January 30). *Think everyone died young in ancient societies? Think again*. Aeon. https://aeon.co/ideas/think-everyone-died-young-in-ancient-societies-think-again

5 *Coronavirus Graphs: Worldwide Cases and Deaths – Worldometer*. (2020). Worldometer. https://www.worldometers.info/coronavirus/worldwide-graphs/

6 *Making Sense Podcast #198 – A Conversation with Paul Bloom*. (2020). Sam Harris. https://samharris.org/podcasts/198-april-16-2020/

7 *Coronavirus – »Forscher hatten so einen Virus schon länger auf dem Radar.«* (2020, April 1). Deutschlandfunk. https://www.deutschlandfunk.de/coronavirus-forscher-hatten-so-einen-virus-schon-laenger.694.de.html?dram:article_id=473757

8 Zum Beispiel vom US-amerikanischen Ökonom Nouriel Roubini, dessen Warnungen vor der Finanzkrise ignoriert wurden. So wurde er vom Unkenrufer zum Weisen, wie die Übersicht von CNN zu acht Vertretern, die die Finanzkrise vorhersagten, zusammenfasst.

8 who saw the crisis coming... and 8 who didn't – The Economist (2) – FORTUNE. (2008). CNN. https://money.cnn.com/galleries/2008/fortune/0808/gallery.whosawitcoming.fortune/2.html

9 Reuters Institute & University of Oxford. (2020). *Reuters Institute Digital News Report 2020.* https://reutersinstitute.politics.ox.ac.uk/sites/default/files/2020-06/DNR_2020_FINAL.pdf

10 Rojas, M. (2019, December 8). *Global heating plus inequality is a recipe for chaos – just look at Chile.* The Guardian. https://www.theguardian.com/commentisfree/2019/dec/08/un-conference-global-heating-cop25-chile-madrid-climate-crisis

11 Bundesministerium für Ernährung und Landwirtschaft. (2019, September). *Deutschlands Wald im Klimawandel.* https://www.bmel.de/SharedDocs/Downloads/DE/_Wald/Wald_Diskussionspapier.pdf?__blob=publicationFile&v=4

12 Watts, N., Amann, M., Arnell, N., Ayeb-Karlsson, S., Beagley, J., Belesova, K., Boykoff, M., Byass, P., Cai, W., Campbell-Lendrum, D., Capstick, S., Chambers, J., Coleman, S., Dalin, C., Daly, M., Dasandi, N., Dasgupta, S., Davies, M., Di Napoli, C., … Costello, A. (2021). The 2020 report of The Lancet Countdown on health and climate change: responding to converging crises. *The Lancet, 397*(10269), 129–170. https://doi.org/10.1016/s0140-6736(20)32290-x

13 Tagesschau. (2020, December 3). *Studie zum Klimawandel: Immer mehr Hitzetote in Deutschland.* Tagesschau.de. https://www.tagesschau.de/inland/hitzetote-deutschland-103.html

14 Wille, J. (2020, December 4). *Hitzeland Deutschland.* Klimareporter°. https://www.klimareporter.de/gesellschaft/hitzeland-deutschland

15 Copernicus Climate Change Service (C3S). (2020, December 7). *Copernicus: Global November temperatures reached a record high, while Europe experienced its warmest autumn on record | Copernicus* [Press release]. https://climate.copernicus.eu/copernicus-global-november-temperatures-reached-record-high-while-europe-experienced-its-warmest

16 Brown, K. (2021, January 15). *2020 Tied for Warmest Year on Record,* NASA *Analysis Shows* [Press release]. https://www.nasa.gov/press-release/2020-tied-for-warmest-year-on-record-nasa-analysis-shows/

17 Mathiesen, K. (2021, January 8). *2020 was Europe's hottest, weirdest year.* POLITICO. https://www.politico.eu/article/2020-was-europe-hottest-weirdest-year-climate-change/

18 Tangherlini, T. R., Shahsavari, S., Shahbazi, B., Ebrahimzadeh, E., & Roychowdhury, V. (2020). An automated pipeline for the discovery of conspiracy and conspiracy theory narrative frameworks: Bridgegate, Pizzagate and storytelling on the web. PLOS ONE, *15*(6), e0233879. https://doi.org/10.1371/journal.pone.0233879

19 Bligh, A. (2020, March 23). *Who believes in conspiracy theories and why?*

Listen to part two of our expert guide. The Conversation. https://theconversation.com/who-believes-in-conspiracy-theories-and-why-listen-to-part-two-of-our-expert-guide-134170

20 Van Prooijen, J.-W. (2016). Why Education Predicts Decreased Belief in Conspiracy Theories. *Applied Cognitive Psychology, 31*(1), 50–58. https://doi.org/10.1002/acp.3301

21 *Katharina Nocun zur Entstehung von Verschwörungstheorien in der Corona-Pandemie.* (2020, May 11). [Video]. YouTube. https://www.youtube.com/watch?v=NP-QLBzcOxY

22 Van Prooijen, J.-W., Krouwel, A. P. M., & Pollet, T. V. (2015). Political Extremism Predicts Belief in Conspiracy Theories. *Social Psychological and Personality Science, 6*(5), 570–578. https://doi.org/10.1177/1948550614567356

23 Barry, J. (2018). *The Harry's Masculinity Report* USA *19-11-18.* https://malepsychology.org.uk/wp-content/uploads/2018/11/The-Harrys-Masculinity-Report-USA-19-11-18.pdf

24 Van Prooijen, J.-W., & van Dijk, E. (2014). When consequence size predicts belief in conspiracy theories: The moderating role of perspective taking. *Journal of Experimental Social Psychology, 55,* 63–73. https://doi.org/10.1016/j.jesp.2014.06.006

25 Uscinski, J. E., & Parent, J. M. (2014). *American Conspiracy Theories* (Illustrated ed.). Oxford University Press.

26 Park, J., & Moghaddam, B. (2017). Impact of anxiety on prefrontal cortex encoding of cognitive flexibility. *Neuroscience, 345,* 193–202. https://doi.org/10.1016/j.neuroscience.2016.06.013
Park, J., Wood, J., Bondi, C., Del Arco, A., & Moghaddam, B. (2016). Anxiety Evokes Hypofrontality and Disrupts Rule-Relevant Encoding by Dorsomedial Prefrontal Cortex Neurons. *Journal of Neuroscience, 36*(11), 3322–3335. https://doi.org/10.1523/jneurosci.4250-15.2016

27 Moran, T. P. (2016). Anxiety and working memory capacity: A meta-analysis and narrative review. *Psychological Bulletin, 142*(8), 831–864. https://doi.org/10.1037/bul0000051

28 Der Film basiert auf dem Sachbuch »Die Getriebenen: Merkel und die Flüchtlingspolitik« (2017) des Journalisten Robin Alexander und zeichnet die Entwicklungen während der sogenannten Flüchtlingskrise in Europa im Sommer 2015 nach.

29 Lovecraft, H. P. (1973). *Supernatural Horror in Literature.* Dover Publications, Inc.

30 Roß, J., & Wefing, H. (2020, September 3). Mit Ungeduld und Spucke. DIE ZEIT, 37/2020.

12 Unsere Natur zeigt uns den Weg

1 Urner, M. (2015). *Investigating the dynamic role of fluctuations in ongoing activity in the human brain*. GRIN Verlag.
2 *Hier geht es um den Lebensnerv der deutschen Industrie ...* (2020, September 6). [Tweet]. Twitter. https://twitter.com/Markus_Soeder/status/1302689343073591302?s=20
3 Hauwehde, J. (2020, July 17). *Warum glauben Menschen Desinformation? Und wie kann man mit ihnen reden?* Mehr Als Grünzeug. https://mehrals-gruenzeug.com/warum-glauben-menschen-desinformation/

13 Dynamisches Denken: Fokus auf das, was wirklich wichtig ist

1 Gruber, M. J., Valji, A., & Ranganath, C. (2019). Curiosity and learning: A neuroscientific perspective. In K. A. Renninger & S. E. Hidi (Eds.), *The Cambridge Handbook of Motivation and Learning* (pp. 397–417). Cambridge University Press.
2 *This is Your Brain on Curiosity | Matthias Gruber | TEDxUCDavisSalon*. (2015, November 20). [Video]. YouTube. https://www.youtube.com/watch?v=SmaTPPB-T_s&ab_channel=TEDxTalks
Website der Forschungsgruppe von Matthias Gruber an der Cardiff University: https://www.cardiff.ac.uk/people/view/1156510-gruber-matthias
3 Gruber, M. J., Gelman, B. D., & Ranganath, C. (2014). States of Curiosity Modulate Hippocampus-Dependent Learning via the Dopaminergic Circuit. *Neuron, 84*(2), 486–496. https://doi.org/10.1016/j.neuron.2014.08.060
4 Ostroff, W. L. (2016). *Cultivating Curiosity in K-12 Classrooms: How to Promote and Sustain Deep Learning*. ASCD.
5 Hebb, D. O. (1949). *The Organization of Behavior*. Wiley & Sons.
6 Shazer, D. S. (1985). *Keys to Solution in Brief Therapy* (1st ed.). W. W. Norton & Company.
7 Willutzki, U., & Teismann, T. (2013). *Ressourcenaktivierung in der Psychotherapie*. Hogrefe.
8 Ng, B. (2018). The Neuroscience of Growth Mindset and Intrinsic Motivation. *Brain Sciences, 8*(2), 20. https://doi.org/10.3390/brainsci8020020
9 Dweck, C. S. (2012). Mindsets and malleable minds: Implications for giftedness and talent. In R. F. Subotnik, A. Robinson, C. M. Callahan, & E. J. Gubbins (Eds.), *Malleable Minds: Translating Insights from Psychology*

and Neuroscience to Gifted Education (pp. 7–18). National Research Center on the Gifted and Talented, University of Connecticut.

10 Morehead, J. (2016, April 18). *Stanford University's Carol Dweck on the Growth Mindset and Education.* OneDublin.Org. https://onedublin.org/2012/06/19/stanford-universitys-carol-dweck-on-the-growth-mindset-and-education/

11 Yeager, D. S., Hanselman, P., Walton, G. M., Murray, J. S., Crosnoe, R., Muller, C., Tipton, E., Schneider, B., Hulleman, C. S., Hinojosa, C. P., Paunesku, D., Romero, C., Flint, K., Roberts, A., Trott, J., Iachan, R., Buontempo, J., Yang, S. M., Carvalho, C. M., … Dweck, C. S. (2019). A national experiment reveals where a growth mindset improves achievement. *Nature, 573*(7774), 364–369. https://doi.org/10.1038/s41586-019-1466-y

12 Grant, H., & Dweck, C. S. (2003). Clarifying Achievement Goals and Their Impact. *Journal of Personality and Social Psychology, 85*(3), 541–553. https://doi.org/10.1037/0022-3514.85.3.541

13 Nagler, J. (2020, October 19). *We become what we think: the key role of mindsets in human development.* International Science Council. https://council.science/human-development/latest-contributions/we-become-what-we-think-the-key-role-of-mindsets-in-human-development/

14 Zaki, J. (2019). *The War for Kindness: Building Empathy in a Fractured World.* Crown.

15 Weisz, E., & Zaki, J. (2018). Motivated empathy: a social neuroscience perspective. *Current Opinion in Psychology, 24,* 67–71. https://doi.org/10.1016/j.copsyc.2018.05.005

16 Weisz, E., Ong, D. C., Carlson, R. W., & Zaki, J. (2020). Building empathy through motivation-based interventions. *Emotion,* 10.1037/emo0000929. Advance online publication. https://doi.org/10.1037/emo0000929

17 White, F. (1987). *The Overview Effect: Space Exploration and Human Evolution.* Houghton Mifflin Harcourt.

18 »We do not see any evidence of a trade-off between protecting people's health and protecting the economy. As well as saving lives, countries controlling the outbreak effectively may have adopted the best economic strategy too.« Aus:
Hasell, J. (2020, September 1). *Which countries have protected both health and the economy in the pandemic?* Our World in Data. https://ourworldindata.org/covid-health-economy

19 Chang, K. (2019, July 18). *For Apollo 11 He Wasn't on the Moon. But His Coffee Was Warm.* The New York Times. https://www.nytimes.com/2019/07/16/science/michael-collins-apollo-11.html

20 Loftus, E. F. (1996). Memory distortion and false memory creation. *The*

Bulletin of the American Academy of Psychiatry and the Law, 24(3), 281–295. https://pubmed.ncbi.nlm.nih.gov/8889130/

21 Chang, H. (2011). *23 Things They Don't Tell You about Capitalism*. Penguin Books.

22 *The new political story that could change everything | George Monbiot.* (2019, September 5). [Video]. YouTube. https://www.youtube.com/watch?v=xDKth-qS8Jk&list=FLm-ULBx1ZcDy4PCMUbP3-0Q&index=46

23 Graeber, D. (2019). *Bullshit Jobs (A Theory)* (1st ed.). Simon & Schuster.

24 Piff, P. K., Wiwad, D., Robinson, A. R., Aknin, L. B., Mercier, B., & Shariff, A. (2020). Shifting attributions for poverty motivates opposition to inequality and enhances egalitarianism. *Nature Human Behaviour, 4*(5), 496–505. https://doi.org/10.1038/s41562-020-0835-8

14 Chance Nummer 1: Ein Gehirn braucht andere Gehirne

1 Im französischen Original: J'ai décidé d'être heureux parce que c'est bon pour la santé. Carrière, J., & Malle, L. (1990). *Milou en Mai (Blanche) (French Edition)*. GALLIMARD.

2 Handel, M. (2017). *Da es förderlich für die Gesundheit ist, habe ich beschlossen, glücklich zu sein*. Beltz Verlag.

3 Malik, N. (2020, September 10). *Our world is built for profit. Let's build one that protects us instead.* The Correspondent. https://thecorrespondent.com/683/our-world-is-built-for-profit-lets-build-one-that-protects-us-instead/579720938401-5297d952

4 Damasio, A., & Carvalho, G. B. (2013). The nature of feelings: evolutionary and neurobiological origins. *Nature Reviews Neuroscience, 14*(2), 143–152. https://doi.org/10.1038/nrn3403

5 Panksepp, J. (2011). The basic emotional circuits of mammalian brains: Do animals have affective lives? *Neuroscience & Biobehavioral Reviews, 35*(9), 1791–1804. https://doi.org/10.1016/j.neubiorev.2011.08.003

6 »Cogito ergo sum«, zu Deutsch »Ich denke, also bin ich«, ist der erste Grundsatz des Philosophen René Descartes in seinem Werk »Meditationes de prima philosophia« (1641).

7 *The Case for Optimism | Dr. Jonathan Salk*. (2020, August 17). Apple Podcasts. https://podcasts.apple.com/us/podcast/the-case-for-optimism-dr-jonathan-salk/id1087147821?i=1000488335243

8 Bis heute sind von diesem Buch über 30 Millionen Exemplare in 30 Spra-

chen verkauft worden. 1973 wurde der Club of Rome dafür mit dem Friedenspreis des Deutschen Buchhandels ausgezeichnet.
Meadows, D. H., Randers, J., Meadows, D. L., & Behrens, W. W. (1972). *The Limits to growth: A report for the Club of Rome's Project on the Predicament of Mankind*. Universe Books.

9 Salk, J. (1973). *The Survival of the Wisest* (1st ed.). Harper & Row.

10 Salk, J. (1975). *Wir können überleben. Die zweite Evolution des Menschen*. Herder.

11 Urner, M. (2020, July 12). *Eine Welt ohne Masken*. DER SPIEGEL, Hamburg, Germany. https://www.spiegel.de/kultur/corona-gesunder-egoismus-bedeutet-an-andere-zu-denken-kolumne-a-4cf1953b-344f-4702-babc-0511c88ef2e4

12 Salk, J. O. C. (2020, April 13). *What Jonas Salk would have said about COVID-19*. TheHill. https://thehill.com/opinion/healthcare/492438-what-jonas-salk-would-have-said-about-covid-19

13 Salk, J., & Salk, J. (1981). *World Population and Human Values: A New Reality*. Joanna Cotler Books.

14 Salk, J., & Salk, J. (2018). *A New Reality: Human Evolution for a Sustainable Future*. City Point Press.

15 Hier eine Zusammenfassung der Harvardstudie, die seit 1938 läuft: Mineo, L. (2017, April 11). *Over nearly 80 years, Harvard study has been showing how to live a healthy and happy life*. Harvard Gazette. https://news.harvard.edu/gazette/story/2017/04/over-nearly-80-years-harvard-study-has-been-showing-how-to-live-a-healthy-and-happy-life/

16 Diener, E., & Seligman, M. E. P. (2002). Very Happy People. *Psychological Science, 13*(1), 81–84. https://doi.org/10.1111/1467-9280.00415

17 Martin Seligman gilt neben Abraham Maslow als Begründer der Positiven Psychologie. Während die traditionelle Psychologie sich vor allem mit Defiziten des Menschseins beschäftigt, befasst sich die Positive Psychologie mit den positiven Aspekten. Martin Seligman ist außerdem für seine Studien zur sogenannten Erlernten Hilflosigkeit bekannt geworden. Darüber schreibe ich im Zusammenhang mit Medien und Informationsüberforderung in meinem Buch »Schluss mit dem täglichen Weltuntergang« (2019).

18 Zaraska, M. (2020). *Growing Young: How Friendship, Optimism, and Kindness Can Help You Live to 100*. Robinson.

19 Epley, N., & Schroeder, J. (2014). Mistakenly seeking solitude. *Journal of Experimental Psychology: General, 143*(5), 1980–1999. https://doi.org/10.1037/a0037323

20 Nelson, S. K., Kurtz, J. L., & Lyubomirsky, S. (2015). What Psychological

Science Knows About Achieving Happiness. *Health, Happiness, and Well-Being: Better Living Through Psychological Science,* 250–271. https://doi.org/10.4135/9781483385822.n15

21 Emmons, R. A. (2018). *Das kleine Buch der Dankbarkeit: Bewusst das Leben wertschätzen für mehr Zufriedenheit und Glück.* Heyne Verlag.

22 *20 years ago the first conference on the science of gratitude was held. We've learned a lot since then!* (2020, December 17). [Tweet]. Twitter. https://twitter.com/Dr_RobertEmmons/status/1339701013947662336?s=20

23 Wood, A. M., Froh, J. J., & Geraghty, A. W. A. (2010). Gratitude and well-being: A review and theoretical integration. *Clinical Psychology Review, 30*(7), 890–905. https://doi.org/10.1016/j.cpr.2010.03.005

24 Armenta, C. N., Fritz, M. M., & Lyubomirsky, S. (2017). Functions of Positive Emotions: Gratitude as a Motivator of Self-Improvement and Positive Change. *Emotion Review, 9*(3), 183–190. https://doi.org/10.1177/1754073916669596

25 Kini, P., Wong, J., McInnis, S., Gabana, N., & Brown, J. W. (2016). The effects of gratitude expression on neural activity. *NeuroImage, 128,* 1–10. https://doi.org/10.1016/j.neuroimage.2015.12.040

26 Emmons, R. (2010, November 16). *Why Gratitude Is Good.* Greater Good. https://greatergood.berkeley.edu/article/item/why_gratitude_is_good

27 Apostelgeschichte 20,35

28 Aknin, L. B., Whillans, A. V., Norton, M. I., & Dunn, E. W. (2019, March). *World Happiness Report 2019: Chapter 4 Happiness and Prosocial Behavior: An Evaluation of the Evidence.* Sustainable Development Solutions Network. https://worldhappiness.report/ed/2019/happiness-and-prosocial-behavior-an-evaluation-of-the-evidence/

29 Dunn, E., & Norton, M. (2014). *Happy Money: So verwandeln Sie Geld in Glück.* BOOKS4SUCCESS.

30 Dunn, E. W., Aknin, L. B., & Norton, M. I. (2008). Spending Money on Others Promotes Happiness. *Science, 319*(5870), 1687–1688. https://doi.org/10.1126/science.1150952

31 Harbaugh, W. T., Mayr, U., & Burghart, D. R. (2007). Neural Responses to Taxation and Voluntary Giving Reveal Motives for Charitable Donations. *Science, 316*(5831), 1622–1625. https://doi.org/10.1126/science.1140738

Moll, J., Krueger, F., Zahn, R., Pardini, M., de Oliveira-Souza, R., & Grafman, J. (2006). Human fronto-mesolimbic networks guide decisions about charitable donation. *Proceedings of the National Academy of Sciences, 103*(42), 15623–15628. https://doi.org/10.1073/pnas.0604475103

Tankersley, D., Stowe, C. J., & Huettel, S. A. (2007). Altruism is associated with an increased neural response to agency. *Nature Neuroscience, 10*(2), 150–151. https://doi.org/10.1038/nn1833

32 Lawton, R. N., Gramatki, I., Watt, W., & Fujiwara, D. (2020). Does Volunteering Make Us Happier, or Are Happier People More Likely to Volunteer? Addressing the Problem of Reverse Causality When Estimating the Wellbeing Impacts of Volunteering. *Journal of Happiness Studies*. https://doi.org/10.1007/s10902-020-00242-8

33 Bergland, C. (2016, February 21). *3 Specific Ways That Helping Others Benefits Your Brain*. Psychology Today. https://www.psychologytoday.com/us/blog/the-athletes-way/201602/3-specific-ways-helping-others-benefits-your-brain

34 Field, T. (2010). Touch for socioemotional and physical well-being: A review. *Developmental Review, 30*(4), 367–383. https://doi.org/10.1016/j.dr.2011.01.001

35 Safron, A. (2016). What is orgasm? A model of sexual trance and climax via rhythmic entrainment. *Socioaffective Neuroscience & Psychology, 6*(1), 31763. https://doi.org/10.3402/snp.v6.31763

36 Maitre, N. L., Key, A. P., Chorna, O. D., Slaughter, J. C., Matusz, P. J., Wallace, M. T., & Murray, M. M. (2017). The Dual Nature of Early-Life Experience on Somatosensory Processing in the Human Infant Brain. *Current Biology, 27*(7), 1048–1054. https://doi.org/10.1016/j.cub.2017.02.036

37 Fries, A. B. W., Ziegler, T. E., Kurian, J. R., Jacoris, S., & Pollak, S. D. (2005). From The Cover: Early experience in humans is associated with changes in neuropeptides critical for regulating social behavior. *Proceedings of the National Academy of Sciences, 102*(47), 17237–17240. https://doi.org/10.1073/pnas.0504767102

38 Grunwald, M. (2017). *Homo hapticus: Warum wir ohne Tastsinn nicht leben können*. Droemer HC.

39 Black, Y. (2019, September 2). *Anxiety and depression: why doctors are prescribing gardening rather than drugs*. The Conversation. https://theconversation.com/anxiety-and-depression-why-doctors-are-prescribing-gardening-rather-than-drugs-121841

40 *The* NHS *Long Term Plan*. (2019, January). NHS. https://www.longtermplan.nhs.uk/wp-content/uploads/2019/08/nhs-long-term-plan-version-1.2.pdf

41 Aknin, L. B., van de Vondervoort, J. W., & Hamlin, J. K. (2018). Positive feelings reward and promote prosocial behavior. *Current Opinion in Psychology, 20*, 55–59. https://doi.org/10.1016/j.copsyc.2017.08.017

42 Aknin, L. B., Hamlin, J. K., & Dunn, E. W. (2012). Giving Leads to Happi-

ness in Young Children. *PLoS* ONE, *7*(6), e39211. https://doi.org/10.1371/journal.pone.0039211

43 Barragan, R. C., Brooks, R., & Meltzoff, A. N. (2020). Altruistic food sharing behavior by human infants after a hunger manipulation. *Scientific Reports, 10,* 1785. https://doi.org/10.1038/s41598-020-58645-9

44 Hepach, R., Haberl, K., Lambert, S., & Tomasello, M. (2016). Toddlers Help Anonymously. *Infancy, 22*(1), 130–145. https://doi.org/10.1111/infa.12143

15 Chance Nummer 2: Unser Gehirn kann sich selbst hinterfragen

1 Gutterman, A. (2019, January 3). *How This Japanese Concept Can Help You Accept Your Imperfections.* Time. https://time.com/5492152/wabi-sabi-imperfection/

2 Kempton, B. (2018). *Wabi Sabi: Japanese Wisdom for a Perfectly Imperfect Life*. Harper Design.

3 ABC News. (2020, April 29). *#243: Can You Be* OK *With Uncertainty? | Jack Kornfield.* RadioPublic. https://radiopublic.com/ten-percent-happier-with-dan-harr-WwE9m8/s1!ba297

4 Kashdan, T. B., & Rottenberg, J. (2010). Psychological flexibility as a fundamental aspect of health. *Clinical Psychology Review, 30*(7), 865–878. https://doi.org/10.1016/j.cpr.2010.03.001

5 Hayes, S. C. (2019). *A Liberated Mind: How to Pivot Toward What Matters*. Avery.

6 Im englischen Original: »Science adjusts its views based on what's observed. Faith is the denial of observation so that belief can be preserved.«
Tim Minchin's Storm the Animated Movie. (2011, April 7). [Video]. YouTube. https://www.youtube.com/watch?v=HhGuXCuDb1U&ab_channel=stormmovie

7 Sagan, C. (1995). *The Demon-Haunted World: Science as a Candle in the Dark*. Random House.

8 Website der Forschungsgruppe von Benjamin de Haas an der Justus-Liebig-Universität Gießen: https://www.individual-perception.com/

9 Website der Forschungsgruppe von Sam Schwarzkopf an der University of Auckland und dem University College London: https://sampendu.net/

10 Schwarzkopf, S. (2020, September 1). *I was wrong …* NeuroNeurotic. https://neuroneurotic.net/2020/05/05/i-was-wrong/

11 *»Die Wissenschaft von heute ist der Irrtum von morgen.«* (2017, August

31). [Video]. »Die Wissenschaft von Heute Ist Der Irrtum von Morgen« -3sat-Mediathek. https://www.3sat.de/wissen/scobel/die-wissenschaft-von-heute-ist-der-irrtum-von-morgen-100.html

12 Mehl, M. R., Vazire, S., Ramirez-Esparza, N., Slatcher, R. B., & Pennebaker, J. W. (2007). Are Women Really More Talkative Than Men? *Science, 317*(5834), 82. https://doi.org/10.1126/science.1139940

13 Lakoff, G. (2004). *Don't Think of an Elephant!: Know Your Values and Frame the Debate –The Essential Guide for Progressives.* Chelsea Green Publishing.

14 In der Sprachwissenschaft und der Psychologie wird das als »Framing«, also »Rahmung« bezeichnet und wurde in den vergangenen Jahren auch medial sehr diskutiert. Unter anderem aufgrund des »Framing-Gutachtens«, das die ARD bei Elisabeth Wehling in Auftrag gegeben hatte, und eine strittige Diskussion anregte.
Beckedahl, M. (2019, February 19). *Wir veröffentlichen das Framing-Gutachten der* ARD. Netzpolitik.Org. https://netzpolitik.org/2019/wir-veroeffentlichen-das-framing-gutachten-der-ard/

15 Urner, M., & Walbrühl, D. (2019, January 18). *Du machst es täglich über 1.000 Mal. Und veränderst damit die Welt.* Perspective Daily. https://perspective-daily.de/article/719/4pjlo9vl

16 *Verrohte Gesprächskultur – Der Wille zum Missverständnis.* (2020, August 30). Deutschlandfunk Kultur. https://www.deutschlandfunkkultur.de/verrohte-gespraechskultur-der-wille-zum-missverstaendnis.2162.de.html?dram:article_id=483182

17 *Managing the* COVID-*19 infodemic: Promoting healthy behaviours and mitigating the harm from misinformation and disinformation.* (2020, September 23). WHO. https://www.who.int/news/item/23-09-2020-managing-the-covid-19-infodemic-promoting-healthy-behaviours-and-mitigating-the-harm-from-misinformation-and-disinformation

18 *Call for Action: Managing the Infodemic.* (2020, December 11). WHO. https://www.who.int/news/item/11-12-2020-call-for-action-managing-the-infodemic

19 Die psychologische Impfung wird in Anlehnung an das englische »debunking« (zu Deutsch: aufdecken/entlarven) auch als »pre-bunking« bezeichnet.
Vaidyanathan, G. (2020). News Feature: Finding a vaccine for misinformation. *Proceedings of the National Academy of Sciences, 117*(32), 18902–18905. https://doi.org/10.1073/pnas.2013249117

20 Die Inokulationstheorie wurde 1964 vom US-amerikanischen Sozialpsychologen William J. McGuire begründet und beschreibt ganz allgemein

ein Verfahren, Einstellungen resistent gegenüber Änderungsversuchen zu machen.

21 McGuire, W. J. (1961). Resistance to persuasion conferred by active and passive prior refutation of the same and alternative counterarguments. *The Journal of Abnormal and Social Psychology, 63*(2), 326–332. https://doi.org/10.1037/h0048344

22 Sandford, M. R. (2020). You can't fight feelings with facts: start with a chat. *Nature, 578*(7795), 339. https://doi.org/10.1038/d41586-020-00452-3

23 Maertens, R., Roozenbeek, J., Basol, M., & van der Linden, S. (2020). Long-term effectiveness of inoculation against misinformation: Three longitudinal experiments. *Journal of Experimental Psychology: Applied,* 10.1037/xap0000315. Advance online publication. https://doi.org/10.1037/xap0000315

Van der Linden, S., Leiserowitz, A., Rosenthal, S., & Maibach, E. (2017). Inoculating the Public against Misinformation about Climate Change. *Global Challenges, 1*(2), 1600008. https://doi.org/10.1002/gch2.201600008

24 Karanian, J. M., Rabb, N., Wulff, A. N., Torrance, M. K. G., Thomas, A. K., & Race, E. (2020). Protecting memory from misinformation: Warnings modulate cortical reinstatement during memory retrieval. *Proceedings of the National Academy of Sciences, 117*(37), 22771–22779. https://doi.org/10.1073/pnas.2008595117

25 Auch wenn der positive Effekt mindestens drei Monate anzuhalten scheint, verweisen sämtliche Wissenschaftler, die sich mit der Thematik beschäftigen, immer wieder darauf, wie wichtig es ist, kritisches Denken dauerhaft in den Alltag zu integrieren.

Roozenbeek, J., & van der Linden, S. (2019). Fake news game confers psychological resistance against online misinformation. *Palgrave Communications, 5,* 65. https://doi.org/10.1057/s41599-019-0279-9

26 Basol, M., Roozenbeek, J., & van der Linden, S. (2020). Good News about Bad News: Gamified Inoculation Boosts Confidence and Cognitive Immunity Against Fake News. *Journal of Cognition, 3*(1), 2. https://doi.org/10.5334/joc.91

27 Roozenbeek, J., van der Linden, S., & Nygren, T. (2020). Prebunking interventions based on the psychological theory of »inoculation« can reduce susceptibility to misinformation across cultures. *Harvard Kennedy School Misinformation Review.* https://doi.org/10.37016//mr-2020-008

28 Van der Linden, S., Leiserowitz, A., Rosenthal, S., & Maibach, E. (2017). Inoculating the Public against Misinformation about Climate Change. *Global Challenges, 1*(2), 1600008. https://doi.org/10.1002/gch2.201600008

29 *Skeptical Science* ist ein von einunddreißig Autoren betriebenes Wissenschafts-Weblog, gegründet 2007 von John Cook. Die Website befasst sich mit Falschbehauptungen von Klimaskeptikern und -leugnern und beschreibt rund zweihundert häufig genutzte Argumente sowie deren Widerlegung.

30 https://crankyuncle.com/ wurde von John Cook in Kooperation mit der Kreativagentur Autonomy entwickelt

31 De keersmaecker, J., & Roets, A. (2017). ›Fake news‹: Incorrect, but hard to correct. The role of cognitive ability on the impact of false information on social impressions. *Intelligence, 65,* 107–110. https://doi.org/10.1016/j.intell.2017.10.005

32 Schaeffer, K. (2020, July 24). *A look at the Americans who believe there is some truth to the conspiracy theory that* COVID-*19 was planned.* Pew Research Center. https://www.pewresearch.org/fact-tank/2020/07/24/a-look-at-the-americans-who-believe-there-is-some-truth-to-the-conspiracy-theory-that-covid-19-was-planned/

33 Pennycook, G., McPhetres, J., Zhang, Y., Lu, J. G., & Rand, D. G. (2020). Fighting COVID-19 Misinformation on Social Media: Experimental Evidence for a Scalable Accuracy-Nudge Intervention. *Psychological Science, 31*(7), 770–780. https://doi.org/10.1177/0956797620939054

34 Miller, B. L. (2020). Science Denial and COVID Conspiracy Theories. JAMA, *324*(22), 2255. https://doi.org/10.1001/jama.2020.21332

35 *Permanent suspension of @realDonaldTrump*. (2021). Twitter. https://blog.twitter.com/en_us/topics/company/2020/suspension.html

36 In der medienrechtlichen Plattformregulierung gilt Deutschland als Pionier. Nachdem das Bundesverfassungsgericht 2018 die Gefahren der Digitalisierung der Medien aufgezeigt hatte (BVerfG 149, 222), macht der Medienstaatsvertrag (MStV) von 2020 erstmals medienrechtliche Vorgaben für Gatekeeper wie Facebook und Google, dazu Holznagel/Kalbhenn, Sorgfaltspflichten auf YouTube und Instagram in: IT-Recht in Wissenschaft und Praxis, Frankfurt a.M., 2020. Und das Netzwerkdurchsetzungsgesetz (NetzDG) von 2017 gibt sozialen Netzwerken vor, rechtswidrige Inhalte zügig zu löschen. Spannend wird die Entwicklung auf europäischer Ebene sein, denn der Digital Services Act der EU Kommission kombiniert die Ansätze des NetzDG und des MStV. Er könnte mit dieser Kombination aus Compliance- und Transparenzvorgaben ähnlich einflussreich sein wie die Datenschutzgrundverordnung, dazu Kalbhenn/Hemmert-Halswick, Netzwerkdurchsetzungsrecht in: Handbuch Multimedia Recht, München, 2021.

37 Yoder, K. (2020, December 15). *This new game tries to vaccinate you*

against fake news. Grist. https://grist.org/climate/the-new-game-cranky-uncle-is-a-vaccine-against-fake-news/

38 Der Begriff der Gemeinschaftsimmunität ist die deutsche Übersetzung der von der US-amerikanischen Anthropologin Heidi Larson geforderten »community immunity«.

39 Henley, J. (2020, February 5). *How Finland starts its fight against fake news in primary schools.* The Guardian. https://www.theguardian.com/world/2020/jan/28/fact-from-fiction-finlands-new-lessons-in-combating-fake-news

40 Charlton, E. (2019, May 21). *How Finland is fighting fake news in the classroom.* World Economic Forum. https://www.weforum.org/agenda/2019/05/how-finland-is-fighting-fake-news-in-the-classroom/

16 Chance Nummer 3: Ein mutiges Gehirn ist gesund, aktiv und erfolgreich

1 *Rep. John Lewis on Rosa Parks' Enduring Legacy.* (2005, October 25). NPR. https://www.npr.org/templates/story/story.php?storyId=4974315

2 Salay, L. D., Ishiko, N., & Huberman, A. D. (2018). A midline thalamic circuit determines reactions to visual threat. *Nature, 557*(7704), 183–189. https://doi.org/10.1038/s41586-018-0078-2

3 Dieser Abschnitt ist teilweise aus meiner Kolumne »Nur Mut!« entnommen, die in der *Frankfurter Rundschau* am 21.12.2020 und am 20.12.2020 online erschien.
Urner, M. (2020, December 20). *Nur Mut!* Frankfurter Rundschau. https://www.fr.de/meinung/kolumnen/nur-mut-90147319.html

4 Jonauskaite, D., Wicker, J., Mohr, C., Dael, N., Havelka, J., Papadatou-Pastou, M., Zhang, M., & Oberfeld, D. (2019). A machine learning approach to quantify the specificity of colour-emotion associations and their cultural differences. *Royal Society Open Science, 6*(9), 190741. https://doi.org/10.1098/rsos.19074

5 Hupka, R. B., Zaleski, Z., Otto, J., Reidl, L., & Tarabrina, N. V. (1997). The Colors of Anger, Envy, Fear, and Jealousy. *Journal of Cross-Cultural Psychology, 28*(2), 156–171. https://doi.org/10.1177/0022022197282002

6 Cavalli, G., & Heard, E. (2019). Advances in epigenetics link genetics to the environment and disease. *Nature, 571*(7766), 489–499. https://doi.org/10.1038/s41586-019-1411-0

7 Sugovic, M., Turk, P., & Witt, J. K. (2016). Perceived distance and obesity: It's what you weigh, not what you think. *Acta Psychologica, 165,* 1–8. https://doi.org/10.1016/j.actpsy.2016.01.012

8 Proffitt, D. R. (2006). Embodied Perception and the Economy of Action. *Perspectives on Psychological Science, 1*(2), 110–122. https://doi.org/10.1111/j.1745-6916.2006.00008.x

9 Danziger, S., Levav, J., & Avnaim-Pesso, L. (2011). Extraneous factors in judicial decisions. *Proceedings of the National Academy of Sciences, 108*(17), 6889–6892. https://doi.org/10.1073/pnas.1018033108

10 Cardinali, L., Jacobs, S., Brozzoli, C., Frassinetti, F., Roy, A. C., & Farnè, A. (2012). Grab an object with a tool and change your body: tool-use-dependent changes of body representation for action. *Experimental Brain Research, 218*(2), 259–271. https://doi.org/10.1007/s00221-012-3028-5

11 Che, X., Cash, R., Chung, S., Fitzgerald, P. B., & Fitzgibbon, B. M. (2018). Investigating the influence of social support on experimental pain and related physiological arousal: A systematic review and meta-analysis. *Neuroscience & Biobehavioral Reviews, 92,* 437–452. https://doi.org/10.1016/j.neubiorev.2018.07.005

12 Schnall, S., Harber, K. D., Stefanucci, J. K., & Proffitt, D. R. (2008). Social support and the perception of geographical slant. *Journal of Experimental Social Psychology, 44*(5), 1246–1255. https://doi.org/10.1016/j.jesp.2008.04.011

13 Banks, S. J., Sreenivasan, K. R., Weintraub, D. M., Baldock, D., Noback, M., Pierce, M. E., Frasnelli, J., James, J., Beall, E., Zhuang, X., Cordes, D., & Leger, G. C. (2016). Structural and Functional MRI Differences in Master Sommeliers: A Pilot Study on Expertise in the Brain. *Frontiers in Human Neuroscience, 10,* 414. https://doi.org/10.3389/fnhum.2016.00414
Popescu, T., Sader, E., Schaer, M., Thomas, A., Terhune, D. B., Dowker, A., Mars, R. B., & Cohen Kadosh, R. (2019). The brain-structural correlates of mathematical expertise. *Cortex, 114,* 140–150. https://doi.org/10.1016/j.cortex.2018.10.009

14 Roosevelt, E. (1960). *You Learn by Living.* Westminster Press.

15 Proffitt, D., & Baer, D. (2020). *Perception: How Our Bodies Shape Our Minds.* St. Martin's Press.

16 Bai, X., Ramos, M. R., & Fiske, S. T. (2020). As diversity increases, people paradoxically perceive social groups as more similar. *Proceedings of the National Academy of Sciences, 117*(23), 12741–12749. https://doi.org/10.1073/pnas.2000333117

17 Owen, R. (2020, December 31). *How to create a government that considers future generations.* The Conversation. https://theconversation.com/how-to-create-a-government-that-considers-future-generations-148947

18 Bregman, R., Mehne, J., & Verlag, A. (2020). *Im Grunde gut: Eine neue Geschichte der Menschheit.* Argon Verlag.

19 Taylor, S. (2005). *The Fall: The Insanity of the Ego in Human History and the Dawning of A New Era.* Iff Books.
Taylor, S. (2020, August 20). *Humans aren't inherently selfish – we're actually hardwired to work together.* The Conversation. https://theconversation.com/amp/humans-arent-inherently-selfish-were-actually-hardwired-to-work-together-144145

20 Di Martino, S., & Prilleltensky, I. (2020). Happiness as fairness: The relationship between national life satisfaction and social justice in EU countries. *Journal of Community Psychology, 48*(6), 1997–2012. https://doi.org/10.1002/jcop.22398

21 Suttie, J. (2020, October 14). *Would More Social Justice Make You Happier?* Greater Good. https://greatergood.berkeley.edu/article/item/would_more_social_justice_make_you_happier

22 Vogt, T., Kluge, F., & Lee, R. (2020). Intergenerational resource sharing and mortality in a global perspective. *Proceedings of the National Academy of Sciences, 117*(37), 22793–22799. https://doi.org/10.1073/pnas.1920978117

23 Calel, R., Chapman, S. C., Stainforth, D. A., & Watkins, N. W. (2020). Temperature variability implies greater economic damages from climate change. *Nature Communications, 11,* 5028. https://doi.org/10.1038/s41467-020-18797-8

24 Garcia, D. (2020). Redirect military budgets to tackle climate change and pandemics. *Nature, 584*(7822), 521–523. https://doi.org/10.1038/d41586-020-02460-9

25 *Good Country – Source Data.* (2018). Good Country. https://www.goodcountry.org/index/source-data

26 *Which country does the most good for the world?* (2014, July 2). [Video]. TED Talks. https://www.ted.com/talks/simon_anholt_which_country_does_the_most_good_for_the_world?language=en

27 Sahakian, B., & LaBuzetta, J. N. (2015). *Bad Moves: How decision making goes wrong, and the ethics of smart drugs* (Illustrated ed.). Oxford University Press.

28 *Unfallursache Nr. 1 ist mittlerweile das Smartphone am ...* (2020, March 23). Be Smart! Kampagne Für Verkehrssicherheit. https://www.besmart-mobil.de/unfallursache-nr-1-smartphone-am-steuer/

29 Killingsworth, M. A., & Gilbert, D. T. (2010). A Wandering Mind Is an Unhappy Mind. *Science, 330*(6006), 932. https://doi.org/10.1126/science.1192439

30 Chambliss, D. F. (1989). The Mundanity of Excellence: An Ethnographic Report on Stratification and Olympic Swimmers. *Sociological Theory, 7*(1), 70. https://doi.org/10.2307/202063

31 *Grit: The power of passion and perseverance.* (2013, May 9). [Video]. TED Talks. https://www.ted.com/talks/angela_lee_duckworth_grit_the_power_of_passion_and_perseverance?language=en

32 Boecker, H., Sprenger, T., Spilker, M. E., Henriksen, G., Koppenhoefer, M., Wagner, K. J., Valet, M., Berthele, A., & Tolle, T. R. (2008). The Runner's High: Opioidergic Mechanisms in the Human Brain. *Cerebral Cortex, 18*(11), 2523–2531. https://doi.org/10.1093/cercor/bhn013

Tantimonaco, M., Ceci, R., Sabatini, S., Catani, M. V., Rossi, A., Gasperi, V., & Maccarrone, M. (2014). Physical activity and the endocannabinoid system: an overview. *Cellular and Molecular Life Sciences, 71*(14), 2681–2698. https://doi.org/10.1007/s00018-014-1575-6

33 Urner, M. (2016, November 2). *Warum verschreibt mir niemand das Wundermittel?* Perspective Daily. https://perspective-daily.de/article/112/bDHqfqbQ

34 UK PM *Johnson commits 2 billion pounds in cycling and walking health drive.* (2020, July 27). U.S. https://www.reuters.com/article/us-health-coronavirus-britain-cycling-idUSKCN24S2NY

35 MIYAZAKI, Y., LEE, J., PARK, B.-J., TSUNETSUGU, Y., & MATSUNAGA, K. (2011). Preventive Medical Effects of Nature Therapy. *Nippon Eiseigaku Zasshi (Japanese Journal of Hygiene), 66*(4), 651–656. https://doi.org/10.1265/jjh.66.651

36 Medizinische Universität Wien, Universität für Bodenkultur Wien, & Bundesforschungs- und Ausbildungszentrum für Wald Naturgefahren und Landschaft, Wien. (2014). *Zur Gesundheitswirkung von Waldlandschaften.* BFW-Berichte 147. http://bfw.ac.at/050/pdf/BFW_Bericht147_2014_GreenPublicHealth.pdf

37 Annerstedt, M., Jönsson, P., Wallergård, M., Johansson, G., Karlson, B., Grahn, P., Hansen, Å. M., & Währborg, P. (2013). Inducing physiological stress recovery with sounds of nature in a virtual reality forest – Results from a pilot study. *Physiology & Behavior, 118,* 240–250. https://doi.org/10.1016/j.physbeh.2013.05.023

38 Ulrich, R. (1984). View through a window may influence recovery from surgery. *Science, 224*(4647), 420–421. https://doi.org/10.1126/science.6143402

39 Der Begriff Biophilie (altgriechisch bios »Leben« und philia »Liebe«) wurde terminologisch vom deutsch-US-amerikanischen Sozialpsychologen und Philosophen Erich Fromm in *Die Seele des Menschen* (1964) im Kontext seiner Charakterologie und Ethik eingeführt und bedeutet »Liebe zum Leben« oder »Liebe zu Lebendigem«. Unabhängig von Fromm entwickelte der US-amerikanische Soziobiologe Edward O. Wilson in seinem Buch *Biophilia* (1984) die Biophilie-Hypothese.

40 Urner, M. (2018, August 13). *Mit diesem Zaubermittel erlebst du dein grünes Wunder.* Perspective Daily. https://perspective-daily.de/article/593/sL5rsLmg

41 *Ever look up at night and feel small? Don't. Instead feel large.* (2020, August 23). [Tweet]. Twitter. https://twitter.com/neiltyson/status/1297599280425861122?s=20

42 *Exercise is Medicine.* (2021). American College of Sports Medicine. https://www.exerciseismedicine.org/

43 Lobelo, F., Stoutenberg, M., & Hutber, A. (2014). The Exercise is Medicine Global Health Initiative: a 2014 update. *British Journal of Sports Medicine, 48*(22), 1627–1633. https://doi.org/10.1136/bjsports-2013-093080

44 *Deutsche Gesellschaft für Sportmedizin und Prävention e.V. – Rezept für Bewegung.* (2021). DGSP. https://www.dgsp.de/seite/375176/rezept-f%C3%BCr-bewegung.html

45 *Green Prescriptions.* (2016). Ministry of Health NZ. https://www.health.govt.nz/our-work/preventative-health-wellness/physical-activity/green-prescriptions

46 *Summaries of key studies into the effectiveness of Green Prescriptions.* (2017). Ministry of Health NZ. https://www.health.govt.nz/our-work/preventative-health-wellness/physical-activity/green-prescriptions/green-prescription-research/key-studies

47 Jorgensen, A., & Robinson, J. M. (2020, July 24). *Green prescriptions: should your doctor send you for a walk in the park?* The Conversation. https://theconversation.com/amp/green-prescriptions-should-your-doctor-send-you-for-a-walk-in-the-park-143231

Maren Urner

SCHLUSS MIT DEM TÄGLICHEN WELTUNTERGANG

Wie wir uns gegen die digitale Vermüllung unserer Gehirne wehren

Klimaerwärmung, Terror, Flüchtlingskrise, Insektensterben: Wer die Nachrichten verfolgt, bekommt den Eindruck, dass wir alle dem Untergang geweiht sind. Das überfordert uns und lässt uns hilflos zurück. Denn unser Gehirn reagiert jedes Mal automatisch mit einem Fluchtinstinkt. Die Neurowissenschaftlerin Maren Urner beschreibt, wie die alltägliche Informationsflut unserem Hirn schadet und zeigt zugleich neue Wege aus der digitalen Abhängigkeit und Überforderung – so dass wir den Herausforderungen unserer Zeit nicht mehr dauergestresst und zynisch, sondern kritisch und konstruktiv begegnen.

»Sobald mich meine Berufskrankheiten Zorn, Angst oder Verzweiflung befallen, lese ich Maren Urner. Klug und mit frischer Schärfe zeigt sie, was ein verantwortungsvoller Journalismus leisten kann.«
Hajo Schumacher

DROEMER

Carola Rackete

HANDELN STATT HOFFEN

Aufruf an die letzte Generation

Mit ihrer so mutigen wie spektakulären Entscheidung, sich über das Verbot der italienischen Küstenwache hinwegzusetzen und mit dem Schiff Sea Watch 3 und den 53 aus dem Mittelmeer geretteten Flüchtlingen den Hafen von Lampedusa anzusteuern, wurde Carola Rackete über Nacht weltweit bekannt – und zum Vorbild der jungen Generation, die nicht länger zusehen will, wie systematisch die Rettung von Menschenleben verhindert wird. In ihrem Buch erzählt Carola Rackete von ihren Beweggründen, ihr Leben dem Kampf für die Menschlichkeit, aber auch der globalen Gerechtigkeit und der Umweltrettung zu verschreiben. Denn die Flüchtlingswelle kann ohne die Klimakrise und die zunehmende globale Ungerechtigkeit nicht betrachtet werden. Und es sind Themen, die uns alle angehen, denn es geht um nichts weniger als unsere gemeinsame Zukunft auf unserem Planeten. Es ist Zeit, dass etwas geschieht – Zeit, dass wir handeln.

»Das Buch […] ist nicht nur eine Analyse.
Es enthält darüber hinaus viele Ideen zum Handeln.«
Tagesspiegel

DROEMER

Anne Weiss

MEIN LEBEN IN DREI KISTEN

Wie ich den Krempel rauswarf und das Glück reinließ

Anne Weiss hat scheinbar alles erreicht: Sie hat den Schrank voll schicker Klamotten und eine teure Wohnung in der Innenstadt, in der sich Luxusartikel stapeln. Doch eines Tages fragt sie sich: Was brauche ich wirklich, um glücklich zu sein? Und was macht unser Konsum eigentlich mit der Welt? Sie beschließt, ihr Leben umzukrempeln, und beginnt, sich nach allen Regeln der Nachhaltigkeit von jenen Dingen zu trennen, die sie nicht wirklich braucht. Was als kleines Experiment beginnt, stellt sie jedoch schon bald vor die ganz großen Fragen des Lebens …

»Anne Weiss bringt es auf den Punkt:
Gib ab, was du nicht brauchst,
und du bekommst, was du willst!"«
Petra Nadolny

KNAUR